EUL VERLAG

SCHRIFTEN ZU KOOPERATIONS- UND MEDIENSYSTEMEN

Herausgegeben von Prof. Dr. Volker Wulf, Siegen, Prof. Dr. Jörg Haake, Hagen, Prof. Dr. Thomas Herrmann, Bochum, Prof. Dr. Helmut Krcmar, München, Prof. Dr. Johann Schlichter, München, Prof. Dr. Gerhard Schwabe, Zürich, und Prof. Dr.-Ing. Jürgen Ziegler, Duisburg

Band 22
Bettina Thurnher
Adoption and Impact of Mobile Applications in the IT Service Domain – Results from a Controlled Usability Experiment and a Family of Case Studies
Lohmar – Köln 2008 • 268 S. • € 57,- (D) • ISBN 978-3-89936-751-5

Band 23
Ralf Reichwald, Helmut Krcmar und Michael Nippa (Hrsg.)
Hybride Wertschöpfung – Konzepte, Methoden und Kompetenzen für die Preis- und Vertragsgestaltung
Lohmar – Köln 2009 • 420 S. • € 67,- (D) • ISBN 978-3-89936-855-0

Band 24
Jan Marco Leimeister, Helmut Krcmar, Martin Halle und Kathrin Möslein (Hrsg.)
Hybride Wertschöpfung in der Gesundheitsförderung – Ergebnisse des Verbundprojekts „Systematisches Design zur Integration von Produkt und Dienstleistung in der Gesundheitswirtschaft" (SPRINT)
Lohmar – Köln 2010 • 272 S. • € 58,- (D) • ISBN 978-3-89936-914-4

Band 25
Zoulfa El Jerroudi
Eine interaktive Vorgehensweise für den Vergleich und die Integration von Ontologien
Lohmar – Köln 2010 • 200 S. • € 49,- (D) • ISBN 978-3-89936-916-8

JOSEF EUL VERLAG

Eine interaktive Vorgehensweise für den Vergleich und die Integration von Ontologien

Vom Fachbereich Ingenieurwissenschaften

der Universität Duisburg-Essen

zur Erlangung des akademischen Grades eines

Doktors der Naturwissenschaften

genehmigte Dissertation

von

Zoulfa El Jerroudi

aus Nador

Referent: Prof. Dr. Jürgen Ziegler

Korreferent: Prof. Dr. Heinz Ulrich Hoppe

Tag der mündlichen Prüfung: 16. Oktober 2009

Schriften zu Kooperations- und Mediensystemen · Band 25

Herausgegeben von Prof. Dr. Volker Wulf, Siegen, Prof. Dr. Jörg Haake, Hagen, Prof. Dr. Thomas Herrmann, Bochum, Prof. Dr. Helmut Krcmar, München, Prof. Dr. Johann Schlichter, München, Prof. Dr. Gerhard Schwabe, Zürich, und Prof. Dr.-Ing. Jürgen Ziegler, Duisburg

Dr. Zoulfa El Jerroudi

Eine interaktive Vorgehensweise für den Vergleich und die Integration von Ontologien

EUL VERLAG

Bibliografische Information der Deutschen Nationalbibliothek

Die Deutsche Nationalbibliothek verzeichnet diese Publikation in der Deutschen Nationalbibliografie; detaillierte bibliografische Daten sind im Internet über <http://dnb.d-nb.de> abrufbar.

Dissertation, Universität Duisburg-Essen, 2009

vom Fachbereich der Ingenieurwissenschaften der Universität Duisburg-Essen genehmigte Dissertation

Referent: Prof. Dr. Jürgen Ziegler
Korreferent: Prof. Dr. Heinz Ulrich Hoppe

Tag der mündlichen Prüfung: 16. Oktober 2009

ISBN 978-3-89936-916-8
1. Auflage April 2010

JOSEF EUL VERLAG GmbH
Brandsberg 6
53797 Lohmar
Tel.: 0 22 05 / 90 10 6-6
Fax: 0 22 05 / 90 10 6-88
E-Mail: info@eul-verlag.de
http://www.eul-verlag.de

Bei der Herstellung unserer Bücher möchten wir die Umwelt schonen. Dieses Buch ist daher auf säurefreiem, 100% chlorfrei gebleichtem, alterungsbeständigem Papier nach DIN 6738 gedruckt.

Für meine Eltern und für meine Tochter

Vorwort

Die vorliegende Dissertation ist während meiner Arbeit (August 2003 - April 2009) als wissenschaftliche Mitarbeiterin am Lehrstuhl für Interaktive Systeme und Interaktionsdesign an der Universität Duisburg-Essen im Kontext des ONTOVERSE-Projektes (gefördert vom BMBF) entstanden.

Ich bedanke mich ganz herzlich bei Prof. Dr. Jürgen Ziegler für die intensive Unterstützung in allen Phasen des Promotionsprozesses von der anfänglichen Themensuche und Einarbeitung bis hin zur abschließenden Disputation. Seine Anregungen und kritischen Hinweise zum Inhalt und zur methodischen Herangehensweise habe ich immer als gewinnbringend empfunden.

Auch bei Herrn Prof. Dr. Ulrich Hoppe bedanke ich mich sowohl für die Begutachtung der Dissertation als auch für die erfolgreiche Zusammenarbeit im Projekt ONTOVERSE.

Ich danke meinen Freunden und Kollegen an der Arbeitsgruppe Interaktive Systeme und Interaktionsdesign für die Kameradschaft und für das angenehme Arbeitsklima während meiner über fünfjährigen Tätigkeit in der Arbeitsgruppe.

Ich möchte mich auch bei einigen Diplomanden bedanken, die ich während meiner Promotionsphase betreut habe und auch einen Beitrag zu dieser Arbeit geleistet haben. Mein Dank gilt: Chuan Li, Thao Nguyen, Song Wang, David Kinker und Donata Schäfer.

Meinen Eltern danke ich für die vorbehaltlose Unterstützung und Förderung in allen Lebenslagen. Meinen Geschwistern danke ich dafür, dass sie immer an mich glauben. Mein ganz besonderer Dank geht an meine Schwester Fausia, die mir bei vielen Formulierungen und auch bei der Korrektur der Dissertation sehr hilfreich zur Seite stand.

Meinem Mann Abdessamia danke ich von ganzem Herzen für seine unermüdliche Unterstützung, seine Liebe und Motivation.

Düsseldorf, im März 2010

Zoulfa El Jerroudi

Zusammenfassung

In dieser Arbeit wurde eine interaktive Vorgehensweise für den *Vergleich* und der *Integration* von Ontologien entwickelt, die automatische Ontologie-Analyseverfahren mit interaktiven Visualisierungstechniken verbindet und nahtlos Aktivitäten zur *Exploration*, zum *Vergleich* und zur *Integration* von komplexen Ontologien unterstützt. Der Schwerpunkt der Arbeit liegt auf der expliziten Kontrolle des Merging-Prozesses durch den Nutzer, der Bereitstellung von Kontextinformationen zur Entscheidungsunterstützung bei der Integration und auf einer inkrementellen Vorgehensweise, um die Revidierbarkeit von Schritten mit unerwünschten Konsequenzen zu unterstützen.

Bei dem Vergleich und der Integration von Ontologien aus unterschiedlichen Quellen führen verschiedene Terminologien und semantische Unterschiede in der Repräsentation der Daten häufig zu Konflikten, dazu gehören z. B. mehrfach definierte Konzepte oder Konzepte, die durch Relationen auf andere Konzepte in der Ontologie verweisen und so Abhängigkeiten schaffen. Obwohl diese Konflikte oftmals nur durch Domänenexperten endgültig gelöst werden können, muss die Arbeit dieser Experten durch geeignete Werkzeuge unterstützt werden.

Der vorgestellte Ontologie-Editor *iMerge* erlaubt nicht nur die Erzeugung aussagekräftiger visueller Darstellungen, sondern ermöglicht auch ein hohes Maß an Interaktion. Die Analyse-Funktionalität wird nutzergesteuert ausgeführt und die Analyseergebnisse werden kontextabhängig und grafisch repräsentiert, so dass zu jedem Zeitpunkt nachvollzogen werden kann, was im Rahmen des Vergleichs- und Integrationsprozesses passiert. Dies bezieht sich sowohl auf die Steuerung der visuellen Repräsentation der Ontologie, als auch auf die Interaktion mit den Ergebnissen des Vergleichsprozesses.

Bisher entwickelte Verfahren für den Vergleich und die Integration von Ontologien versuchen mittels Verfahren des maschinellen Lernens, des Data Minings sowie der statistischen Analyse interessante Muster und Strukturen zu entdecken. Automatische Verfahren haben in einigen Anwendungsdomänen nur eingeschränkte Effektivität, da sie nicht das Wissen des Nutzers und seine Erfahrung mit einbeziehen. Es stellt sich außerdem die Frage, inwieweit der Nutzer einem automatischen Ergebnis vertraut, bei dem er nicht nachvollziehen kann, in welchen Bereichen und aus welchen Gründen bestimmte Ausschnitte aus der Ontologie zusammengeführt worden sind.

Die in dieser Arbeit vorgestellte interaktive Vorgehensweise erlaubt dem Nutzer eine Schrittfür- Schritt Integration zweier Ontologien, so dass er nachvollziehen kann, welche Konzepte, aus welchen Gründen, zusammengeführt werden. Bei diesem Vorgehen wird der Nutzer während des gesamten Prozesses visuell unterstützt. Während der Integration kann der Nutzer interaktiv in den Ablauf eingreifen und zum Beispiel einen unerwünschten Schritt rückgängig machen oder Konzepte umbenennen.

Inhaltsverzeichnis

Abbildungsverzeichnis

Teil I.

Einführung

1. Herausforderungen bei der kollaborativen Ontologieentwicklung

Ontologien gewinnen für die Erschließung, Strukturierung und bedarfsgerechten Bereitstellung von Informationen immer mehr an Bedeutung, da sie die Möglichkeit bieten, Wissen eindeutig zu beschreiben. Sie bieten ein für alle Beteiligten verständliches und klar strukturiertes Vokabular, welches die Fachsprache normiert, die Kommunikation auf allen Ebenen erleichtert und in einer transparenten und nachvollziehbaren Struktur repräsentiert sowie Wissensaustausch – vor allem im Rahmen technischer Informationssysteme - ermöglicht. Ontologien lassen sich nicht nur wie herkömmliche *Klassifikationen* und *Thesauri* zur Annotation verwenden, sie eignen sich auch dazu Schlussfolgerungsmechanismen bereitzustellen und somit das implizit in einer Ontologie vorhandene Wissen durch, nach logischen Regeln gefolgerten Informationen, zu erweitern. Systeme, die mit *Schlussfolgerungen* arbeiten, können Beweise liefern, warum sie eine bestimmte Antwort auf eine Anfrage geben.

Anwendungsgebiete für Ontologien liegen z. B. im Bereich des *Semantic-Webs* (Berners-Lee u. Hendler, 2001) zur besseren Zugänglichkeit von Informationsbeständen. Ontologien dienen hier als semantische Modelle, sowohl zur Interpretation maschinenlesbarer Daten, als auch dazu, diese Daten miteinander in Beziehung zu bringen. Damit sollen Suchmaschinen und andere elektronische Mechanismen wie Agenten unterstützt werden, benötigte Informationen gezielt und effizient zu finden und miteinander zu verbinden. Im Bereich des *E-Business* werden Ontologien als Repräsentationsformate für Produkte und Dienstleistungen verwendet und unterstützen damit die Überwindung der Heterogenität der oftmals unterschiedlich beschriebenen Informationen. Guarino (1998) betrachtet die Anwendungsmöglichkeiten aus der Perspektive der Informationssysteme. Danach sind Ontologien insbesondere in den Bereichen *Wissensverarbeitung-* und *repräsentation, Modellierung, Sprachentwicklung, Datenbankentwicklung, Informationsmodellierung-* und *integration, Informationsgewinnung-* und *extraktion,* sowie in der *agentenbasierten Systementwicklung* unverzichtbar.

In dieser Arbeit werden Ontologien im Anwendungskontext von *e-Science* zur *Forschungskooperation* (El Jerroudi u. a., 2008) betrachtet. Ziel ist die *Entwicklung virtueller Wissensumgebungen*, in denen die Nutzer dynamisch auf umfassende Datenbestände, Visualisierungen und wissenschaftliche Informationen aller Art zurückgreifen können. Diese Infrastruktur integriert dabei alle relevanten Ressourcen für einen Forschungsbereich und stellt zugleich Werkzeuge für ihre Verarbeitung bereit. Bei der *Erarbeitung von Forschungsergebnissen* müssen kollaborative Prozesse unterstützt und eine Plattform für die Publikation der Resultate bereitgestellt werden - die dadurch selbst wieder zu Ressourcen für die Weiterforschung werden können. Wesentlich für die fachübergreifende Zusammenarbeit ist, dass über die Disziplingrenzen hinweg ein Verständigungsprozess stattfindet, d. h. eine gemeinsame Sprache zur Verständigung gefunden wird, aber auch Kriterien, beispielsweise zur Bewertung der Qualität der wissenschaftlichen Leistung, geteilt werden. Ontologien können somit als gemeinsame Wissensbasis innerhalb einer *Community* aber auch zwischen Mensch und Maschinen oder Maschinen untereinander (*z. B. Softwareagenten*) dienen. Darüber hinaus können Ontologien auch dazu verwendet werden, Kompetenz- und Interessensprofile von Wissenschaftlern so zu beschreiben, dass damit zum Beispiel die Bildung von Teams für Spezialaufgaben oder andere personalisierte Vermittlungsaufgaben unterstützt werden kann. Um die Qualität der resultierenden Ontologien sicherzustellen, muss deren Entwicklung planvoll und methodisch durchgeführt werden.

Zur *Erstellung und Erweiterung von Ontologien* wurden verschiedene, formalisierte Prozessabläufe vorgeschlagen. Die Verfahren nach Holsapple u. Joshi (2002), nach Corcho u. a. (2003) oder Uschold u. King (1995) widmen sich verstärkt der Zusammenarbeit von Experten eines Wissensgebietes der Ontologie. Üblicherweise beinhaltet der *Entwicklungsprozess von Ontologien* mehrere kollaborative Aktivitäten, wie *Diskussionen, Abstimmungen* und *Vorschläge*. Dazu muss eine typischerweise große Anzahl von Experten des zu modellierenden Fachgebietes intensiv zusammenarbeiten. Eine wesentliche Herausforderung für die kollaborative Erstellung ist, dass nicht alle Beteiligten mit den Formalismen der Ontologieerstellung vertraut sind. Insgesamt ergibt sich ein *hoher Kommunikationsaufwand*, da den formal geschulten Personen, die einer Expertengruppe Ontologieerstellung nahe bringen können, das jeweilige Fachgebiet der Ontologie fremd ist. Hinzu tritt ein weiteres prinzipielles Problem: Bei zunehmender Größe einer Ontologie lässt die Überschaubarkeit der Gesamtdarstellung nach. Deshalb bedarf es an Werkzeugen und Plattformen, die eine Zusammenarbeit ermöglichen, welche nicht nur Benutzern vorbehalten ist, die eine formale Beschreibungssprache beherrschen, sondern insbesondere auch Domänenexperten offen stehen. Damit Ontologien als Übereinkunft und Modell einer gemeinsamen Wirklichkeit akzeptiert werden, müssen die Anwender dieses Modell und die damit verbundene Interpretation akzeptieren.

Die *kollaborative Bearbeitung* macht aus der Erstellung einer Ontologie einen dynamischen Prozess, in dem sich das Ergebnis schrittweise entwickelt und auf einem *gemeinsamen Konsens* beruht. Mechanismen für einen detaillierten *Diskurs* über die betrachtete Wissensdomäne ermöglichen eine stetige Revision des Kontextes bzw. Wahrheitsgehaltes und reduzieren damit die Gefahr von gegenseitigen Missverständnissen in Bezug auf Vokabular auf der einen und semantischen Vorstellungen auf der anderen Seite. Hier ist die *gegenseitige Wahrnehmung* (Awareness) ein zentraler Punkt, um den einzelnen Mitarbeiter zu unterstützen und seine Beteiligung zu erleichtern. Die mehrheitliche Übereinstimmung innerhalb einer Gruppe bezüglich eines semantischen Zusammenhanges, sei es nun interdisziplinär oder fachintern, erleichtert es nachfolgenden bzw. darauf aufbauenden Wissensprozessen zum einen, diesen Konsens mitzutragen, und zum anderen, die Validität der Wissensstruktur anzuerkennen.

Bei der *kollaborativen Ontologieentwicklung* kann es durch die gemeinsame Bearbeitung der Ontologie zu zwei unterschiedlichen Konflikt-Typen kommen:

1. Konflikte, die durch Inkonsistenzen *innerhalb* einer Ontologie entstehen. Z. B. mehrfach definierte Konzepte oder widersprüchlich definierte Axiome.
2. Konflikte, die durch die Integration *zwischen* zwei Versionen, oder Abzweigungen einer Ontologie oder durch die Integration neuer Ontologien entstehen können. Durch verschiedene Benutzervorschläge kann es zu mehreren Verzweigungen innerhalb einer Ontologie kommen.

Bei der Aufdeckung und Auflösung der Konflikte benötigen die Benutzer aufgrund der Komplexität der Ontologien automatische Unterstützung. Hier ist eine Integrationskomponente gefragt, die die unterschiedlichen Bestandteile der Ontologie zuverlässig zusammenfügt, dabei müssen auch indirekte Konflikte behandelt werden, die beispielsweise durch die parallele Bearbeitung einer Klasse und ihrer Subklassen entstehen können. In der Ontologieentwicklung werden die Aktivitäten des Vergleichens und Integrierens benötigt, wenn die zu entwickelnde Ontologie aus mehreren existierenden Ontologien zusammengestellt werden soll, wenn Unterschiede zwischen verschiedenen Ontologie-Versionen erkannt werden müssen oder wenn mehrere Gruppen mit spezialisiertem Fachwissen kollaborativ an der gleichen Ontologie arbeiten, aber Teilstrukturen unterschiedlich verfeinern. Die Zielsetzung bei dem Vergleich von Ontologien ist die Identifizierung von semantischen Entsprechungen zwischen zwei Elementen der Ontologien. Dabei führen verschiedene Terminologien und semantische Unterschiede in der Repräsentation der Ontologien häufig zu Konflikten, die oftmals nur durch Domänenexperten endgültig aufgelöst werden können.

In dieser Arbeit werden neue, interaktive und visuelle Analysetechniken vorgestellt, die den kognitiven Prozess bei dem Vergleichen und Integrieren von Ontologien unterstützen. Die Herausforderung liegt darin, den Nutzer bei seinen Aufgaben durch die Bereitstellung von Kontextinformationen so zu unterstützen und interaktiv mit einzubeziehen, dass er nachvollziehen und mitverfolgen kann, was bei dem Prozess der Ontologie–Integration geschieht.

1.1. Das Mapping- und Merging-Problem für Ontologien

Die Zielsetzung beim Vergleichen von Wissenstrukturen ist die Identifizierung von semantischen Entsprechungen zwischen zwei Elementen von Wissensstrukturen, wie z. B. Ontologien, semantischen Netzen oder Topic Maps. Der Vergleich wird benötigt, wenn es um die Integration von Wissen geht. Dabei führen verschiedene Terminologien und semantische Unterschiede in der Repräsentation der Daten häufig zu Konflikten, die oftmals nur durch Domänenexperten endgültig aufgelöst werden können.

Die in der Literatur auftauchenden Begriffe im Zusammenhang mit dem Vergleich und der Integration von Ontologien sind: *Matching, Mapping, Alignment* und *Merging*. Shvaiko und Euzenat definieren in (Shvaiko u. Euzenat, 2005), *Matching* als eine Operation, die zwei Ontologien als Eingabe und eine Zuordnung von korrespondierenden Elementen *(Mapping)* als Ausgabe hat. Eine Menge von solchen Zuordnungen wird als *Alignment* bezeichnet. Das Ontologie *Merging* bezeichnet das Zusammenführen zweier Ontologien, wobei die ermittelten Mappings als Zusammenführungspunkte verwendet werden. Im Folgenden wird die *Integration* von Ontologien als Synonym für das *Merging* von Ontologien verwendet.

Obwohl bisher schon einige automatische Verfahren und Tools entwickelt wurden, um Ähnlichkeiten und Unterschiede in Ontologien zu bestimmen, bleibt *Ontologie-Merging* immer noch ein mensch- bzw. nutzergesteuerter Prozess. Automatische Verfahren haben manchmal nur eingeschränkte Effektivität, da sie nicht das Wissen des Nutzers und seine Erfahrung mit einbeziehen. Nutzer trauen keinem automatischen Ergebnis, in dem sie nicht nachvollziehen können, in welchen Bereichen und aus welchen Gründen bestimmte Ausschnitte aus der Ontologie zusammengeführt worden sind.

Der Vergleich und die Integration von Ontologien sind zeitaufwändige und ressourcenintensive Prozesse, die für den Nutzer herausfordernde Aufgabenstellungen bereit halten:

1. *Verständnis gewinnen*
   Ontologien sind komplexe und formale Modelle, die vom Nutzer exploriert und verstanden werden müssen. Hierbei ist es wichtig, sowohl die *hierarchischen Beziehungen* und die *Relationen* zwischen den Konzepten, als auch die *Attribute* und *Instanzen* der Konzepte nachvollziehen zu können.
2. *Überblick bewahren*
   Bei dem Vergleich und der Integration von Ontologien ist der Nutzer gefordert mindestens zwei Ontologien im Überblick zu behalten. Wichtig sind hier unterschiedliche Zugangspunkte und Visualisierungskomponenten, aber vor allem auch die Möglichkeit beide Ontologien nebeneinander betrachten zu können.
3. *Abhängigkeiten erkennen*
   Der Nutzer muss sowohl Abhängigkeiten *innerhalb* einer Ontologie, als auch *zwischen* den beiden zu vergleichenden Ontologien erkennen und nachvollziehen können. Dies ist ohne geeignete Unterstützung schon bei Ontologien mit einer kleinen Konzeptmenge eine komplexe Aufgabe.
4. *Unterschiede identifizieren*
   Bei dem Vergleich von zwei sehr ähnlichen Ontologien, also Ontologien mit einem hohen Übereinstimmungsgrad, liegt der Fokus der Betrachtung für den Nutzer auf den Differenzen zwischen diesen. Wie können bei Konzepten, die auf den ersten Blick sehr ähnlich wirken (z. B. aufgrund des gleichen Namens), dennoch *Unterschiede festgestellt* werden?
5. *Gemeinsamkeiten feststellen*
   Bei dem Vergleich von zwei sehr unterschiedlichen Ontologien, also Ontologien mit einem sehr niedrigen Übereinstimmungsgrad, liegt die Aufmerksamkeit des Nutzers auf den *Gemeinsamkeiten* der Ontologien. An welchen Punkten überschneiden sich die beiden Ontologien?
6. *Entscheidungen treffen*
   Aufgrund der Vergleichsergebnisse muss der Nutzer nun Entscheidungen treffen, wie er die beiden Ontologien integrieren möchte. Welche Konzepte werden kopiert, bearbeitet oder gelöscht?
7. *Aufgaben umsetzen*
   Bei der Umsetzung der Integrationsaufgaben ist es sehr schwierig die Folgewirkung

vorherzusehen und eine sinnvolle Reihenfolge zu finden. Außerdem ist es eine besondere Herausforderung für den Nutzer, mitten im Integrationsprozess einen Überblick über die schon erfolgten Schritte und über die noch auszuführenden Schritte zu behalten.

8. *Konsequenzen nachvollziehen*
   Für den Nutzer ist es sehr schwierig Konsequenzen zu erkennen, die ein einzelner Integrationsschritt mit sich bringt. Beispielsweise verweisen einige Konzepte durch Relationen auf andere Konzepte. Wird ein Konzept in die Ergebnisontologie übernommen, so stellt sich die Frage, ob auch alle Konzepte übernommen werden sollen, auf die dieses Konzept verweist.
9. *Konflikte auflösen*
   Der Nutzer ist daran interessiert eine möglichst konsistente und konfliktfreie Ergebnisontologie zu erhalten, dazu gehören z. B. mehrfach definierte Konzepte. Bei der Aufdeckung und Auflösung der Konflikte benötigen die Benutzer aufgrund der Komplexität der Ontologien automatische Unterstützung.

Diese Aufgabenstellungen müssen im Rahmen einer interaktiven Vorgehensweise für den Vergleich und die Integration von Ontologien unterstützt werden. Die in dieser Arbeit vorgestellte interaktive Vorgehensweise erlaubt dem Nutzer eine schrittweise Integration zweier Ontologien, so dass er nachvollziehen kann, welche Konzepte aus welchen Gründen zusammengeführt werden. Bei diesem Vorgehen wird der Nutzer während des gesamten Prozesses visuell unterstützt.

1.2. Lösungsansatz: Interaktive Vorgehensweise für die Integration von Ontologien

Ziel der Arbeit ist die Entwicklung einer interaktiven Vorgehensweise für den Vergleich und die Integration von Ontologien, die automatische Ontologieanalyseverfahren mit interaktiven Visualisierungstechniken verbindet und nahtlos Aktivitäten zur *Exploration*, zum *Vergleich* und zur *Integration* von komplexen Ontologien unterstützt. Der Schwerpunkt der Arbeit liegt auf der Bereitstellung von Kontextinformationen zur Entscheidungsunterstützung bei der Integration, auf die Exploration von Vergleichsergebnissen durch dynamische Visualisierungskomponenten und der expliziten Kontrolle des Merging-Prozesses durch den Nutzer. Die Analyse-Funktionalität wird nutzergesteuert ausgeführt und die Analyseergebnisse werden kontextabhängig und grafisch repräsentiert, so dass zu jedem Zeitpunkt nachvollzogen werden kann, was im Rahmen des Vergleichs- und Integrationsprozesses passiert. Dabei erlauben zahlreiche Interaktionsmöglichkeiten dem Benutzer sein Expertenwissen in den Analyseprozess einzubringen.

Für einen Domänenexperten, der zwei Ontologien miteinander vergleichen und anschließend zusammenführen möchte, ergeben sich unterschiedliche Aufgabenstellungen (siehe Kapitel 1.1). Diese Aufgaben werden in dieser Arbeit in vier Phasen eingeteilt. Der Nutzer möchte die Ontologien *explorieren*, *vergleichen* und *integrieren* können. In jeder dieser drei Phasen muss er die Möglichkeit haben, die Ontologien zu *editieren*. Deshalb reiht sich diese Phase nicht sequenziell in den Prozess ein, sondern lässt sich zu jedem Zeitpunkt aus einer der drei anderen Phasen heraus aufnehmen, siehe Abbildung 1.1:

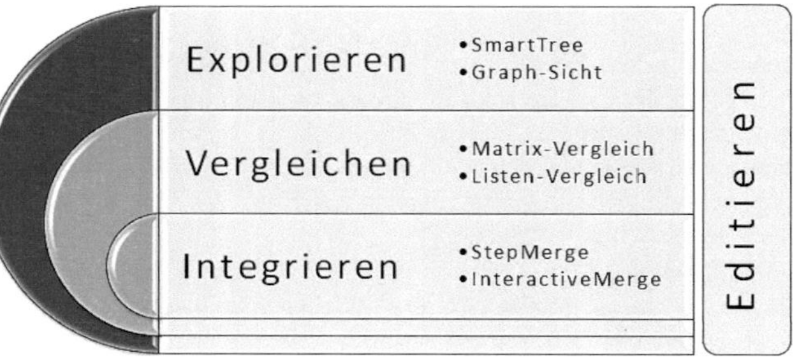

Abbildung 1.1.: Interaktiver Merging-Prozess für Ontologien

1. **Explorieren:** Im ersten Schritt möchte der Nutzer *Verständnis gewinnen* und einen *Überblick* über die beiden zu vergleichenden Ontologien erhalten. Dem Nutzer sollten an dieser Stelle unterschiedliche Zugänge zur Ontologie geboten werden.
2. **Vergleichen:** Das Ziel beim Vergleich zweier Ontologien besteht darin, eine Abbildung zwischen der Quell- und Zielontologie zu finden, die dem Nutzerverständnis einer semantischen Entsprechung am nächsten kommt. In diesem Schritt ist es wichtig, dass der Nutzer *Abhängigkeiten erkennt*, *Unterschiede identifiziert* und *Gemeinsamkeiten feststellt.*
3. **Integrieren:** Bei der Zusammenführung zweier Ontologien O_1 und O_2 soll basierend auf dem vorangegangen Vergleich und den daraus resultierenden Abbildungen $map: O_1 \rightarrow O_2$ eine neue Ontologie entstehen. Dabei muss der Nutzer *Entscheidungen treffen*, *Konsequenzen nachvollziehen* und *Konflikte auflösen* können.
4. **Editieren:** Der Nutzer muss fortlaufend die Möglichkeit haben, Änderungen an den Ontologien vorzunehmen, dies bezieht sich sowohl auf das Hinzufügen von neuen Konzepten, Instanzen und Eigenschaften, als auch auf das Bearbeiten von schon vorhandenen Ressourcen.

Die im Rahmen dieser Arbeit entwickelten Komponenten erlauben es dem Nutzer den Merging-Prozess visuell mitzuverfolgen und berücksichtigen die Nutzer-Interaktionen, um die Mapping-Ergebnisse zu steuern, zu optimieren und zu akzeptieren. Die entwickelte Methode erlaubt dem Nutzer eine Schritt-für-Schritt-Integration zweier Ontologien, so dass er nachvollziehen kann, welche Konzepte aus welchen Gründen zusammengeführt werden.

In dieser Arbeit wurden verschiedene Komponenten entwickelt, um die einzelnen Phasen im Integrationsprozess zu unterstützen (siehe Abbildung 1.1). Je nach Aufgabenstellung des Domänen-Experten können unterschiedliche Komponenten miteinander gekoppelt werden:

- SmartTree ist eine Komponente zur *Visualisierung* und *Exploration* der Ontologien. Sie erweitert die konventionelle Baumkomponente um einige Funktionalitäten, die die Ontologie-Exploration erleichtern. Zusätzlich zu der hierarchischen Struktur werden auch Relationen zwischen Konzepten visualisiert, wenn ein Knoten selektiert wird.

- Die GRAPH-SICHT visualisiert den strukturellen Zusammenhang der Konzepte als Graphen und bietet so einen Überblick über den Vernetzungsgrad der Ontologie.
- Der MATRIX-VERGLEICH bietet einen Überblick über die Vergleichsergebnisse. Dabei werden die zu vergleichenden Ontologien mit der Visualisierungstechnik *Matrix-Browser* (Ziegler u. a., 2002b) auf zwei Achsen gegenübergestellt. Eine hohe Übereinstimmung der beiden Ontologien wird mit grünen Verbindungspunkten signalisiert, Teilbereiche in denen Unterschiede auftauchen, werden mit roten Verbindungspunkten kenntlich gemacht. So erhält der Domänen-Experte erste Hinweise in welchen Regionen der Ontologien sich hohe Übereinstimmungen finden lassen und in welchen Bereichen die Ontologien eher unterschiedlich sind. Ein Pluszeichen in der Matrix deutet an, dass der Unterbaum weitere ähnliche Konzepte enthält. Für ein selektiertes Konzept wird ein Zahlenwert für das Ähnlichkeitsmaß angezeigt, sowie die Nachbarschaft des Knotens in einem Teilgraph visualisiert.
- Der LISTEN-VERGLEICH eignet sich eher für eine genauere Betrachtung der Mapping-Kandidaten. Für jeden selektierten Knoten wird mit einer Verbindungslinie der ähnlichste / die ähnlichsten Knoten angegeben. In dieser Sicht werden die Mapping-Kandidaten im Kontext der Ontologie angezeigt, wobei Detailinformationen wie Eigenschaften, Instanzen und Kommentare in einer *semantischen Lupe* angezeigt werden.
- STEPMERGE ermöglicht die schrittweise Integration zweier Ontologien. Um dies zu unterstützen, werden die beiden Ausgangsontologien farblich unterschiedlich markiert. Dem Nutzer werden zunächst in den Quellontologien die Unterschiede angezeigt und danach in der Ergebnisontologie visuell angezeigt, welche Merging-Schritte möglich sind. Der Domänenexperte kann die Vorschläge akzeptieren oder Änderungen vornehmen.
- INTERACTIVEMERGE erlaubt eine nutzergesteuerte Integration der Ontologien. In INTERACTIVEMERGE werden die Ergebnisse der Vergleichsverfahren in einer der beiden zu vergleichenden Ontologien angezeigt. Dem Nutzer werden Unterschiede angezeigt und systemseitig auch Merging-Vorschläge unterbreitet, die der Nutzer aber erst annehmen und bearbeiten muss, bevor sie ausgeführt werden.

Die einzelnen Komponenten wurden so miteinander in Verbindung gesetzt, dass sich der *aktuelle Fokus*, selbst beim Wechseln der Komponente direkt erkennen lässt und ein fließender Übergang zwischen den Sichten gewährleistet ist.

Zur Bestimmung der Ähnlichkeit zweier Ontologien wurden verschiedene Vergleichsalgorithmen miteinander kombiniert. Als Ergebnis der Ähnlichkeitsberechnung resultiert ein numerischer Wert, der die entsprechende Ähnlichkeit zwischen zwei *Entitäten* (Konzepte, Instanzen, Eigenschaften) angibt. Dabei wurden folgende Methoden umgesetzt:

1. Bestimmung der Editierdistanz (vgl. Seite 79)
2. Bestimmung der N-Gramme (vgl. Seite 81)
3. Methode zur Berücksichtigung der Abstraktionsebene (vgl. Seite 82)

4. Methode zur Berücksichtigung der Unterknoten (vgl. Seite 83)
5. Methode zur Berücksichtigung der Object-Properties durch Graph-Matching (vgl. Seite 84)
6. Methode zur Berücksichtigung des semantischen Kontextes (vgl. Seite 88)

Die einzelnen Ähnlichkeitswerte werden zur Laufzeit in einem Würfel abgespeichert. Die Dimensionen des Würfels werden bestimmt, durch die Anzahl der Konzepte in der Ontologie O_1, der Anzahl der Konzepte in der Ontologie O_2 und der Anzahl der Vergleichsmethoden + einer zusätzlichen Ebene, die die aggregierten Ähnlichkeitswerte enthält. Zur Verbesserung der Laufzeit werden nicht alle Methoden gleichzeitig ausgeführt. Verändert der Nutzer nun bestimmte Abbildungspaare, wird dies zur Laufzeit in der Matrix berücksichtigt und für weitere Aufgaben, wie z. B. der darauf folgenden Integration verwendet.

Für die Integration von Ontologien wurden in dieser Arbeit zwei Methoden entwickelt: STEPMERGE (siehe S. 93) und INTERACTIVEMERGE (siehe S. 95). Die Methode STEPMERGE ist *systemgesteuert*, der Nutzer bearbeitet jedoch den Integrationsprozess Schritt für Schritt und kann an jeder Stelle nachvollziehen was im Integrationsprozess gerade durchgeführt wird. Hier gibt es die Möglichkeit die Schritte wieder rückgängig zu machen oder aber zu verändern. Bei dieser Methode entsteht aus zwei Ontologien schrittweise eine *neue* Ergebnisontologie.

Die Methode INTERACTIVEMERGE ist *nutzergesteuert*. Hier entscheidet der Nutzer wie er bei der Integration vorgeht und mit welchen Konzepten er beginnen möchte. Die Methode startet zunächst einen Vergleichsprozess, so dass visuell angezeigt wird, welche Konzepte beispielsweise zusammengeführt werden sollen, weil sie einander sehr ähnlich sind. Die Komponente hat zwar für die Zusammenführung auch Merging-Vorschläge parat, der Nutzer muss aber die konkrete Ausführung steuern. In dieser Komponente wird einer der beiden Ausgangsontologien als Zielontologie definiert, die zum Schluss des Integrationsprozesses das Ergebnis enthält.

1.3. Aufbau der Arbeit

Die vorliegende Arbeit ist in zwei Abschnitte gegliedert. Der *erste* Abschnitt beschäftigt sich mit Grundlagen im Zusammenhang mit dem Vergleich und der Integration von Ontologien. Der *zweite* Abschnitt beschreibt die in dieser Arbeit entwickelte interaktive Vorgehensweise für den Vergleich und die Integration von Ontologien.

Im *ersten Kapitel* werden die Herausforderungen bei der kollaborativen Ontologieentwicklung herausgearbeitet und das Mapping- und Merging-Problem für Ontologien beschrieben. Das *zweite Kapitel* definiert den Begriff *Ontologie*, fasst Anwendungsgebiete und Repräsentations-sprachen für Ontologien zusammen. Außerdem wird die Beispielontologie BIO2ME eingeführt, die im weiteren Verlauf der Arbeit als Referenzontologie verwendet wird. Im *dritten Kapitel* werden *Ähnlichkeits-* und *Abstandsmaße* für Ontologien definiert. Zur Bestimmung der Ähnlichkeit zwischen Konzepten, Instanzen und Eigenschaften werden die Ähnlichkeitsmaße in dieser Arbeit in *linguistische, strukturelle,* und *semantische* Ähnlichkeit klassifiziert. Das *vierte Kapitel* bietet einen Überblick über aktuell existierende Methoden für den Vergleich und die Integration von Ontologien.

Der zweite Teil der Arbeit beschreibt den im Rahmen dieser Arbeit entwickelten nutzergesteuerten Prozess zur visuellen Ontologie-Integration. Das *fünfte Kapitel* ist entsprechend der Phasen (siehe Abbildung 1.1) des Prozesses in folgende Abschnitte gegliedert:

- *Explorieren* und *Editieren* der zu integrierenden Ontologien
- Interaktiver visueller *Vergleich* von Ontologien
- Interaktive *Integration* von Ontologien

In jedem dieser Unterkapitel werden die in dieser Arbeit entwickelten Methoden zur Unterstützung der Phasen erläutert, dabei lag der Schwerpunkt auf dem *Vergleich* und auf die *Integration* der Ontologien. Das *sechste Kapitel* beschreibt den Editor iMerge, der im Rahmen dieser Arbeit entwickelt wurde, um den kognitiven Prozess bei dem Vergleich und die Integration von Ontologien zu unterstützen. Der Schwerpunkt der Entwicklung lag auf der Nachvollziehbarkeit des Merging-Prozesses für den Nutzer und auf der Exploration von Vergleichsergebnissen durch dynamische Visualisierungskomponenten. *Kapitel sieben* gibt einen Überblick über die Architektur des Systems iMerge. Im Rahmen dieser Arbeit wurden für die Evaluation der Ontologie-Editoren iMerge und Prompt von Protégé (ein Referenztool) drei Evaluationsmethoden verwendet:

- Cognitives Walkthrough
- Usability Tests mit Nutzern
- Eye Tracking für die Komponenten Matrix-Sicht und Listen-Sicht

Der Schwerpunkt der in dieser Arbeit durchgeführten Evaluation lag darin, die Schwierigkeiten der Nutzer bei der Verwendung von iMerge zu erfassen und zu bewerten, um so Schwachstellen des Systems zu identifizieren und eventuell zu beheben. Die Auswertung und die Ergebnisse sind im *achten Kapitel* dokumentiert.

2. Ontologien als Basis für den Wissensaustausch

Effektiver Zugriff auf Wissensinhalte setzt eine gemeinsame Beschreibungssprache sowie Methoden und Werkzeuge voraus, die in der Lage sind, diese Beschreibung zu nutzen. Ontologien zielen darauf ab, Wissen einer Domäne explizit zu modellieren. Sie vermitteln ein allgemein anerkanntes Verständnis dieser Domäne, welches von *Anwendungen* und *Personengruppen* gemeinsam geteilt und wiederverwendet werden kann. Ontologien beinhalten die relevanten Konzepte der Domäne und ordnen diese in einer Taxonomie an. Diese Konzepthierarchie wird erweitert um Beschreibungen und Eigenschaften *(properties)* der Konzepte und deren Relationen untereinander.

In der Informatik wurde der Begriff *Ontologie* von (Gruber, 1993) wie folgt definiert: *An ontology is an explicit specification of a conceptualization. (...) A conceptualization is an abstract, simplified view of the world. Explicit* meint in diesem Zusammenhang, dass die verwendeten Konzepte und Regeln ausdrücklich definiert werden.

Diese Definition wird von einigen Autoren um weitere Bedingungen ergänzt, z. B.: *An ontology is an explicit, formal specification of a shared conceptualization of a domain of interest* (Stumme u. a., 2003). *Formal* bezieht sich hier auf die Maschinenlesbarkeit. *Shared* meint, dass das in der Ontologie beinhaltete Wissen, von einer Gruppe akzeptiert wird. *Domain of interest* beschränkt die Ontologie auf Modell-Ausschnitte, die für eine bestimmte Aufgabe relevant sind.

In dieser Arbeit wird der Begriff *Ontologie*, angelehnt an: *The Karlsruhe View on Ontologies* (Stumme u. a., 2003), formal definiert durch ein 3-Tupel $O = (C, R, A_O)$, dabei ist:

- C eine Menge von *Konzepten*.
- R mit $R : C \times C$ eine Menge von *Relationen*.
  - $h_C \in R$ eine partielle Ordnungsrelation, genannt *Konzept-Hierarchie* oder *Taxonomie*. Wobei $h_C(c_1, c_2)$ angibt, dass c_1 Unterkonzept von c_2 ist.
  - $rel \in R$ mit $rel \cap h_c = \emptyset$ eine homogene Relation, die *nicht-taxonomische Beziehungen* zwischen Konzepten beschreibt. $rel(c_1, c_2)$ gibt an, dass die beiden Konzepte c_1 und c_2 in Relation rel zu einander stehen.
- A_O eine *Menge von Axiomen*; Ausdrücke in einer logischen, deskriptiven Sprache, die Beziehungen zwischen Konzepten und/oder Relationen sowie Einschränkungen ausdrücken.

Datentypen D, wie Integer oder Strings werden in dieser Definition als spezielle Konzepte $D \subset C$ behandelt. Obige Definition beschreibt die Ontologie als *Wissensrepräsentation*. Sollen auch Instanzen der Konzepte betrachtet werden, muss eine *Wissensbasis* für die Ontologie definiert werden. Eine *Wissensbasis* KB_O ist eine Struktur $KB_O := (O, I, ins_C)$, wobei:

- O mit $O = (C, R, A_O)$ eine Ontologie ist.
- I die Menge der Instanzbezeichner oder kurz: *Instanzen.*
- $ins_C \subseteq C \times I$ eine Relation *Konzeptinstanzierung.* Dabei gibt $ins_C(c_1, i_1)$ an, dass i_1 eine Instanz von Konzept c_1 ist.

Die in der Literatur auftauchenden Begriffe im Zusammenhang mit dem Vergleich und der Integration von Ontologien sind die Begriffe: *Matching, Mapping, Alignment* und *Merging.* Shvaiko und Euzenat definieren in (Shvaiko u. Euzenat, 2005) *Matching* als eine Operation, die zwei Ontologien als Eingabe und eine Zuordnung von korrespondierenden Elementen *(Mapping)* als Ausgabe hat. Eine Menge von solchen Zuordnungen wird als *Alignment* bezeichnet. Das Ontologie-*Merging* bezeichnet das Zusammenführen zweier Ontologien, wobei die ermittelten Mappings als Zusammenführungspunkte verwendet werden.

Anwendungsgebiete für Ontologien. Ontologien dienen als Mittel zur Strukturierung und zum Datenaustausch, um bereits bestehende Wissensbestände zusammenzuführen – beispielsweise genetische Daten in der Bioinformatik. Experten aus verschiedenen Gebieten widmen sich der Modellierung ihres jeweiligen Spezialwissens und notwendiger Inferenzprozesse, so dass auf dieser Basis deklaratives Wissen, Problemlösungstechniken und Schlussfolgerungsmechanismen von mehreren Systemen geteilt werden können. Die Anwendungsgebiete von Ontologien haben ein breites Spektrum, das sich von maschineller Lesbarkeit von Daten bis hin zur Unterstützung von Menschen bei der Erfüllung komplexer, wissensintensiver Arbeit erstreckt.

Nach Grüninger u. Lee (2002) werden drei wesentliche Anwendungsgebiete unterschieden: *Kommunikation, automatisches Schließen* und *Repräsentation* sowie *Wiederverwendung* von Wissen. Guarino (1998) betrachtet die Anwendungsmöglichkeiten differenzierter aus der Perspektive der Informationssysteme. Danach sind Ontologien, insbesondere in den Bereichen *Wissensverarbeitung-* und *repräsentation*, *Modellierung, Sprachentwicklung, Datenbankentwicklung, Informationsmodellierung-* und *integration*, *Informationsgewinnung-* und *extraktion* sowie in der *agentenbasierten Systementwicklung* unverzichtbar. Darüber hinaus finden sie bei der natürlichsprachlichen Übersetzung, in der Medizin, im Maschinenbau sowie im eCommerce ihre Anwendung. McGuinness (2003) ergänzt das Semantic Web, die Bibliothekswissenschaften, die ontologiebasierte Suche sowie die Konfigurationsunterstützung (vgl. (McGuinness, 2003)).

In eCommerce-Anwendungen beispielsweise werden leichtgewichtige Ontologien für die Repräsentation der Produkte und Dienstleistungen verwendet, die in den eCommerce-Plattformen angeboten und den Benutzern in Katalogen präsentiert werden. Im Bereich des eCommerce werden Ontologien als Repräsentationsformate von Standards, wie zum Beispiel UNSPSC, eCl@ss und RosettaNet, eingesetzt (vgl. (Gomez-Perez u. a., 2003)) und unterstützen damit die Überwindung der Heterogenität der oftmals unterschiedlich beschriebenen Informationen.

Produktklassifikationsstandards bieten eine eindeutige Zuordnung von Produkten zu Produktklassen, möglichst internationale und branchenübergreifende Anwendung, einheitliche und zielgruppenorientierte Beschreibung von Produkten mittels eines standardisierten

Merkmalssystems, leichtes Auffinden von (ähnlichen) Produkten, leichte Vergleichbarkeit von Produkten und vereinfachte elektronische Weiterverarbeitung.

Klassifikation von Ontologien. Zur Klassifikation von Ontologien existieren unterschiedliche Ansätze. In diesen Ansätzen werden Ontologien unterschieden nach:

1. Formalisierungsgrad
2. Verwendungsmöglichkeit
3. Granularität der Konzeptualisierung

McGuinness (2003) klassifiziert Ontologien nach ihrem Formalisierungsgrad. Es werden alle Modelle zur Wissensrepräsentation als Ontologien aufgefasst, siehe Abbildung 2.1. Selbst *Thesauri* und *Glossare* stellen in dieser Topologie Ontologien dar, nur eben schwach formalisierte Ontologien, die *lightweight*-Ontologien genannt werden. Die Typologie nach (McGuinness, 2003) nimmt eine Einteilung vor in:

- **Lightweight-Ontologien**:
  Diese Ontologien beinhalten Begriffe, Taxonomien und Beziehungen zwischen Begriffen und Eigenschaften, um die Relationen zwischen den Begriffen näher zu beschreiben.
- **Heavyweight-Ontologien**:
  Diese Ontologien sind eine Erweiterung von *lightweight-Ontologien* und fügen diesen Axiome und Einschränkungen hinzu, wodurch die beabsichtigte Bedeutung einzelner Aussagen innerhalb der Ontologie klarer wird.

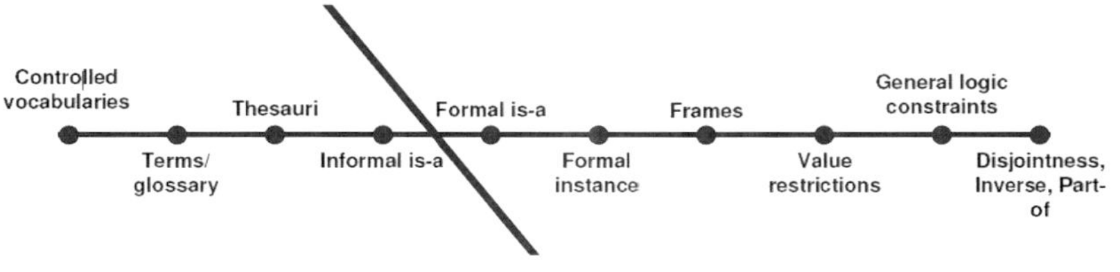

Abbildung 2.1.: Ontologiespektrum nach (McGuinness, 2003)

In der Abbildung 2.1 wird diese Einteilung durch einen Querbalken verdeutlicht. Die Ontologietypen aus der Abbildung 2.1 sind im Einzelnen:

1. **Controlled vocabulary:** Eine endliche Liste vereinbarter oder genormter Begriffe, um Informationen zu indizieren.
2. **Terms / glossary:** Eine endliche Liste von Ausdrücken, die umgangssprachlich erklärt werden.
3. **Thesauri:** Eine Erweiterung oder Spezialisierung von Glossaren, in der Ausdrücke zueinander in Beziehung gesetzt werden (Synonyme, Antonyme,...). Typischerweise werden Thesauri in lexikalischen Anwendungen wie Wörterbüchern und Rechtschreibprüfungen eingesetzt.
4. **Informal is-a:** Informelle Klassenbildung, die bevorzugt bei Portalen und thematischen Katalogen (z. B. bei www.yahoo.de) verwendet wird. Die Bildung der Taxono-

mie beruht hier nicht auf eindeutigen Klassenbeziehungen und Vererbung, sondern auf informellen Bedeutungszusammenhängen.

5. **Formal is-a:** Bezeichnet die erste Stufe von *heavyweight-Ontologien*, weil die Bedeutungsstrukturierung ab hier nach den formalen Prinzipien von Klassenbildung, Vererbungshierarchien, logischen Regeln und Einschränkungen erfolgt. Auf dieser Stufe ist die Klassenbeziehung formal vorgegeben, d.h. wenn B Unterklasse von A ist, ist jedes Objekt von B gleichzeitig Objekt von A.
6. **Formal Instance:** Enthält als Erweiterung zu einer *Formal is-a*-Ontologie konkrete Exemplare oder Ausprägungen einer Klasse.
7. **Frames:** Bilden die nächste Erweiterung in Richtung eines formalen Klassenmodells durch die Hinzunahme von Eigenschaften, die vererbt werden.
8. **Value restrictions:** Bei dieser Kategorie von Ontologien können Domänenbeschränkungen für die Attribute in Form von Datentypen und Kardinalitäten definiert werden.
9. **General logic constraints:** Schließen die Möglichkeit zur Formulierung von Regeln ein, die den Gebrauch von Konzepten in Abhängigkeit von ihren Eigenschaften (sinnvoll) einschränken.

Die Ausdrucksstärke nimmt in der Abbildung 2.1 von links nach rechts zu. Die sog. einfachen Ontologien, zunächst ein kontrolliertes Vokabular, eignen sich zur Webseitenorganisation und zur Navigations- und Suchunterstützung. Sie können des Weiteren zur Disambiguierungsunterstützung verwendet werden. Dagegen eignen sich komplexere Ontologien für die Übereinstimmungsprüfung, zur automatischen Text-Vervollständigung sowie zur Interoperabilitätsunterstützung, weiterhin zur Validierung und Verifikation, zur Kodierung ganzer Testeinheiten, zur Konfigurationsunterstützung, zur Unterstützung strukturierter, komparativer und personalisierter Suche und schließlich zur Generalisierung und Spezialisierung.

Betrachtet man die *Modelle zur Wissensrepräsentation* aufgrund ihrer semantischen Reichhaltigkeit, so stehen die Ontologien an der Spitze, siehe Abbildung 2.2 (vgl. (Ullrich u. a., 2004)).

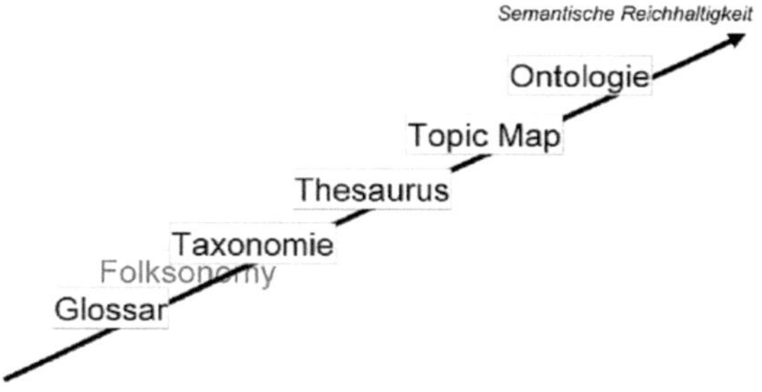

Abbildung 2.2.: Mächtigkeit der Wissensrepräsentationsmodelle in Anlehnung an (Ullrich u. a., 2004)

Die Mächtigkeit bzw. semantische Reichhaltigkeit der Ansätze nimmt in folgender Reihenfolge zu: *Glossar – Taxonomie – Thesaurus – Topic Map – Ontologie.*

Ein **Glossar** ist eine einfache Liste von Begriffen mit zugehöriger Erklärung. Beziehungen zu anderen Begriffen werden nicht formell festgehalten.

Die **Taxonomie** ist eine Hierarchie von Begriffen, die Elemente in einer Über-/Unterordnung darstellt. Es lassen sich – außer der hierarchischen Struktur – keine Beziehungen zwischen Elementen definieren.

Der **Thesaurus** erweitert das Modell einer Taxonomie durch zwei fest definierte Relationen der Objekte untereinander: Die *Ähnlichkeits-* und *Synonymrelation.* Zwei gleichbedeutende Begriffe (Synonyme) können als solche definiert werden und Objekte mit ähnlichen Eigenschaften können in Beziehung gesetzt werden.

Die **Topic Map** ist ein ISO Standard auf XML-Basis[1]. Sie besteht aus Topics (abstrakten Entitäten), Assoziationen, Scopes (Gültigkeitsbereiche für Topics) und zugeordneten Dokumenten außerhalb der Topic Map.

Ein Merkmal, welches Ontologien maßgeblich von anderen Strukturen zur Organisation von Wissen unterscheidet ist die Verwendung von Axiomen. Ontologien werden aufgrund ihres allgemein gültigen Charakters innerhalb der modellierten Domäne dazu genutzt, neues Wissen durch Inferenz, also durch Schlussfolgerung mittels logischer Regeln aus vorhandenem Wissen, herzuleiten. Ebenso können die Regeln dazu verwendet werden, um Inkonsistenzen innerhalb von Ontologien aufzudecken. Einige Regeln sind bereits implizit in den häufigsten Relationen enthalten, indem vorausgesetzt wird, dass sie bestimmte Eigenschaften (z. B. [Anti]symmetrie, Transitivität) einhalten. Andere Regeln betreffen Vereinbarungen über die Einhaltung von Wertebereichen oder komplexere Zusammenhänge zur Schlussfolgerung aus bestehenden Relationen.

(Blumauer u. Pellegrini, 2006) und (Fensel, 2003) nehmen eine Typisierung von Ontologien vor, die die Verwendungsmöglichkeiten von Ontologien aufzeigen:

- **Domänen-Ontologien**
  Erfassen Informationen und Wissen bestimmter Anwendungsbereiche (z.B Programme in der Bioinformatik). Es wird nur ein begrenzter Ausschnitt der Realwelt beschrieben.
- **Metadaten-Ontologien**
  Dienen als Vokabular zur Beschreibung von Informationsquellen bzw. -typen.
- **Upper-Level-Ontologien**
  Versuchen grundlegendes Wissen unabhängig von jeglichen Domänen zu erfassen. Diese Art von Ontologien beschreibt Konzepte wie z. B. *Zeit, Raum, Zustand, Ereignis* usw. und sind somit domänenübergreifend gültig. Diese Ontologien zur Beschreibung des Allgemeinwissens sind von Problem- und Anwendungsdomänen unabhängig und können die Basis für eine Vielzahl von Domänen-Ontologien bilden.
- **Light-Weight-Ontologien**
  Drücken nur strukturelle Beschreibungen von Konzepten aus, die u. A. durch Topic-Maps-Standards modelliert werden können.

[1] http://www.isotopicmaps.org/sam/

Eine andere Möglichkeit Ontologien zu klassifizieren ist in Abbildung 2.3 nach Guarino (1998) dargestellt. Guarino (1998) benutzt die Granularität der Konzeptualisierung als Hauptkriterium für die Klassifikation. Er schlägt vor, verschiedene Arten von Ontologien für unterschiedliche generische Stufen zu entwickeln.

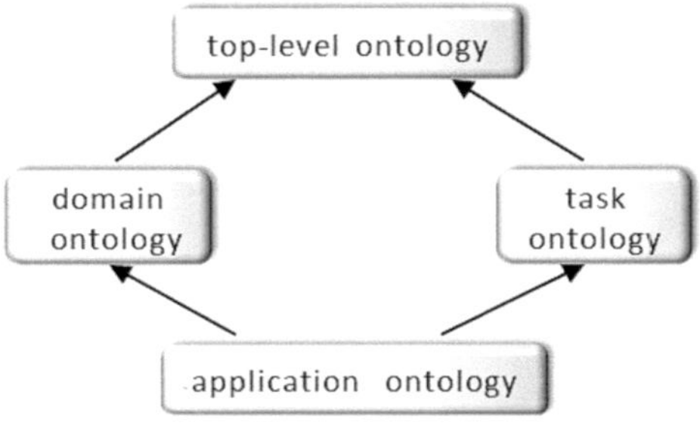

Abbildung 2.3.: Typen von Ontologien (in Anlehnung an Guarino (1998))

- **Top-level ontologies (Generische Ontologien):**
  Beschreiben sehr allgemeine Begriffe, wie Raum und Zeit, Objekt, Ereignis, Aktion, etc. Durch die Unabhängigkeit von Anwendungsbereichen oder spezifischen Problemen lassen sich generische Ontologien sehr gut wiederverwenden.
- **Domain ontologies (Domänen-Ontologien):**
  Spezialisieren die Konzepte einer oder mehrerer generischer Ontologie(n), um ein größeres Anwendungsgebiet wie zum Beispiel Recht, Medizin, Automobil-Industrie u. ä. zu beschreiben.
- **Task ontologies (Aufgaben-Ontologien):**
  Fassen typische Aufgaben und Aktionen eines Anwendungsgebietes zusammen (z. B. Antrag stellen, diagnostizieren, verkaufen, ...).
- **Application ontologies (Applikations-Ontologien):**
  Enthalten Konzepte, die spezifisch für einen relativ eng umgrenzten Anwendungsbereich sind. Es sind spezielle, auf eine konkret fokussierte Domäne oder Aufgabe zugeschnittene Ontologien, die in der Regel eine *Domänen-* und/oder *Aufgaben-*Ontologie spezialisieren.

Die Klassifikation von Guarino (1998) nutzt also die Konzepte, die in einer Ontologie enthalten sind, als Unterscheidungskriterium. Dabei nimmt der Generalitätsgrad der Konzepte, wie in Abbildung 2.3 ersichtlich, von oben nach unten ab. Während eine *top-level*-Ontologie sehr generelle Konzepte beinhaltet, sind die Konzepte der *Applikations-*Ontologie auf eine bestimmte Domäne, die für eine Anwendung gebraucht wird, spezialisiert. Dies wirkt sich auf die Größe des Benutzerkreises aus, der von der jeweiligen Ontologiekategorie Gebrauch machen wird. So können die generellen Ontologien von einer Vielzahl unterschiedlicher Anwender benutzt werden. Ontologien mit spezifischen Konzepten hingegen sind nur einer begrenzten Anzahl Benutzern zugänglich.

Ontologie-Entwicklungsprozesse. Fernandez Lopez (2001) bietet einen Überblick über veröffentlichte Methoden zur Ontologie-Entwicklung und analysiert diese im Hinblick auf die Entwicklung eines Standards.

Fernandez Lopez erläutert u. a. Ontologiedesign-Methoden von Uschold u. King (1995), die sie aus den Erfahrungen bei der Erstellung der *Enterprise Ontology* entwickelten, Grüninger u. Fox (1995), die ihre Erfahrungen mit dem Design der TOVE Projektontologie zusammen fassten, und die Methode des Projekts KACTUS. Das Unternehmen *Knowledge Based Systems Inc.* (KBSI) entwickelte die IDEF5 (Integrated DEFinition Method 5), was die Erfordernis einer ausgearbeiteten Methode auch für die Wirtschaft zeigt.

In (Gangemi u. a., 1999) wird das Problem der Ontologieerstellung in erster Linie als Relevanz- und Eingrenzungsproblem beschrieben. Das Ziel der Vorgehensweise Gangemis besteht in einer Ontologie, die keine überflüssigen Teile beinhaltet und daher nur dort begriffliche Unterscheidungen trifft, wo es notwendig ist. Nach Gangemi u. a. (1999) müssen die einzelnen Mechanismen, die zu einer Einführung von Begriffen in den bereits existierenden Ontologien geführt haben, einer Prüfung und Integration unterzogen werden. Die Fachgebietsexperten werden insofern beteiligt, als dass sie die Plausibilität der Modellierung überprüfen. Eine Kooperation im engeren Sinne findet nicht statt.

An der Ontologieerstellung nach Methontology (Gomez-Perez u. a., 2003) sind sowohl Experten der Wissensrepräsentation als auch Fachexperten des Wissensgebietes der Ontologie beteiligt. Die Aufgabentrennung ist sehr deutlich, denn das Festhalten der Ergebnisse obliegt allein den Experten der Wissensrepräsentation. Die Methontology-Methode stellt stark auf eine strikte Formalisierung und den intensiven Einsatz mehrerer Ontologieexperten ab. Dieses Verfahren ist bei größeren Projekten zu langsam und zu teuer, da die Kritik der Fachgebietsexperten erst sehr spät wieder in die Interaktion miteinbezogen wird.

Automatisch unterstützende Verfahren haben entweder das Ziel, eine vollständige Konstruktion der Ontologie vorzunehmen (wie etwa das Verfahren von Maedche u. Staab (2000)) oder bestehende Ontologien durch Begriffsvorschläge zu erweitern (beispielsweise das Verfahren von Faatz u. Steinmetz (2004)).

Werkzeuge zur Entwicklung von Ontologien. Für die Erstellung von Ontologien wurden Werkzeuge entwickelt, die einen Entwickler bei den verschiedenen Arbeitsschritten unterstützen. Dazu gehören beispielsweise Aktivitäten wie die Konzeptualisierung, die Implementierung oder die Konsistenzprüfung einer Ontologie. Da es eine große Vielzahl an verschiedenen Ontologiewerkzeugen gibt, kann durch eine Kategorisierung eine bessere Übersicht gewährleistet werden. Eine solche Übersicht von unterschiedlichen Werkzeuggruppen im Kontext von Ontologien wird von Corcho u. a. (2003) gegeben. Es werden folgende Gruppen beschrieben:

- *Entwicklungswerkzeuge für Ontologien:*
  Diese Werkzeuge dienen dazu, Ontologien von Grund auf neu zu entwickeln oder bestehende Ontologien von neuem zu verwenden. Neben der Möglichkeit des Editierens bieten solche Werkzeuge normalerweise auch die folgenden Funktionen: Ontologie-Dokumenta-tion, Browsing, Exportieren und Importieren von verschiedenen Sprachformaten, Visualisierung der Ontologie, Ontologie-Bibliotheken.
- *Werkzeuge für das Integrieren von Ontologien:*
  Werkzeuge dieser Kategorie sind darauf ausgerichtet verschiedene Ontologien, die

für dieselbe Anwendungsdomäne erstellt wurden, in einer gemeinsamen Ontologie zu vereinen.

- *Evaluationswerkzeuge für Ontologien:*
  Diese Werkzeuge kommen zum Einsatz, um sicherzustellen, dass Ontologien sowie die damit verbunden Technologien den geforderten Qualitätsansprüchen genügen. Dies ist von großer Bedeutung, um Probleme bei der Integration von Ontologien und ontologiebasierten Technologien zu vermeiden.
- *Annotationswerkzeuge auf der Basis von Ontologien:*
  Sinn und Zweck dieser Gruppe von Werkzeugen ist das Verbinden von Inhalten von Webseiten mit den entsprechenden Konzepten einer Ontologie. Solche Werkzeuge werden vor allem im Zusammenhang mit dem *Semantic-Web* verwendet.
- *Speicher- und Anfragewerkzeuge:*
  Diese Art von Werkzeugen wurde entwickelt, um den Gebrauch von und die Anfragestellung an Ontologien zu erleichtern. In diese Gruppe fallen ebenfalls die so genannten *inference engines*, die zusätzliche Informationen aus einer Ontologie ableiten können.
- *Ontologielernwerkzeuge:*
  Diese Werkzeuge ermöglichen die semi-automatische Ableitung von Ontologien aus natürlichsprachlichen Texten.

Der in dieser Arbeit vorgestellter Editor iMerge ist sowohl ein *Entwicklungswerkzeug für Ontologien* als auch ein *Werkzeug für das Zusammenlegen und Integrieren von Ontologien.*

2.1. Ontologie-Repräsentationen

Um eine Ontologie in einer formalen Struktur ausdrücken zu können, benötigt man eine Sprache, mit deren Hilfe die einzelnen Bestandteile einer Ontologie definiert werden. Formale Sprachen zur Beschreibung von Ontologien sind unter anderem die Description Logic (DL) das RDF-Schema, DAML + OIL, die vom World-Wide-Web-Consortium propagierte Web Ontology Language (OWL) und die unter ISO/IEC 13250:2000 normierten Topic Maps. Auch das Knowledge Interchange Format (KIF) wird gelegentlich benutzt.

2.1.1. Beschreibungslogiken (Description Logic)

Beschreibungslogiken (description logics DL) sind eine Familie von Sprachen zur Wissensrepräsentation. Als Ursprung der *Beschreibungslogiken* werden die Wissensrepräsentationsformalismen *Semantische Netze* (Quillian, 1968) und *Frames* (Minsky, 1975) angesehen. In *Semantischen Netzen* werden Konzepte und Individuen als beschriftete Graphen modelliert, während in *Frames* Wissen in tabellenartigen Datenstrukturen dargestellt wird. In keinem der beiden Formalismen gibt es jedoch eine formale Semantik.

Beschreibungslogiken repräsentieren das implizite und explizite Wissen über die Struktur einer Anwendungsdomäne in Form von *Konzepten* und *Rollen*. Ein Konzept wird hierbei als Begriff verstanden, der wie die einstelligen Prädikate der Prädikatenlogik für sich selbst steht, ohne die Existenz zweier Objekte zu implizieren. Eine Rolle hingegen ist eine Relation oder Eigenschaft, die wie die zweistelligen Prädikate der Prädikatenlogik mindestens zwei Begriffe miteinander verbindet.

Eine Wissensbasis $W = (T, A)$ in DL unterteilt sich in die *T-Box (terminological box)*, die die Konzepte einer Anwendungsdomäne beschreibt *(intensionales Wissen)*, sowie die *A-Box (assertional box)*, die einzelne Instanzen beschreibt *(extensionales Wissen)*.

In einer *Beschreibungslogik* werden wichtige Begriffe einer Anwendungsdomäne durch Konzeptbeschreibungen dargestellt. Konzeptbeschreibungen werden ausgehend von einer Menge von Konzeptnamen (unären Prädikaten) und einer Menge von Rollennamen (binären Prädikaten) induktiv mit Hilfe einer Menge von Konstruktoren aufgebaut. Komplexere Beschreibungen entstehen also durch die Komposition von Begriffen *(atomare Konzepte)* oder Rollen *(atomare Rollen)* mittels der Booleschen Operatoren $\sqcap$ für *Konjunktion*, $\sqcup$ für *Disjunktion* und $\neg$ für *Negation*. Für die Modellierung des inhaltlichen Zusammenhangs zwischen Konzepten oder Rollen bedient man sich der Zeichen $\sqsubseteq$ für eine *Inklusion* und $\equiv$ für die *Gleichheit*. Für weitere Definitionen stehen der All- und Existenz-Quantor zur Verfügung. Diese Ausdrücke können zur Definition von Konzepten sowie dem Aufbau einer Konzepthierarchie benutzt werden. Dies geschieht durch *terminologische Axiome* der Form $X \sqsubseteq Y$ (X beschreibt eine Teilmenge dessen, was Y beschreibt). Die *A-Box* enthält dann die eigentlichen Fakten über Instanzen. Die Ausdrucksstärke einer Beschreibungslogik *DL* ergibt sich aus der Menge der Konstruktoren, die zur Bildung von Konzeptbeschreibungen in *DL* verwendet werden dürfen. Einen Überblick über viele in der Literatur betrachteten Konstruktoren findet man z. B. in (Baader u. a., 1990).

Die meisten Beschreibungslogiken sind eine Untermenge der Prädikatenlogik erster Stufe, im Gegensatz zu dieser aber entscheidbar. Dies ermöglicht über eine Beschreibungslogik zu schließen, d.h. aus vorhandenem Wissen neues Wissen zu gewinnen.

Ontologiesprachen wie DAML+OIL und OWL besitzen - ebenso wie Beschreibungslogiken - eine definierte Syntax, die sich zum Beispiel auf eine Beschreibungslogik abbilden lässt. Mit der Beschreibungslogik als Basis lassen sich daher über Ontologien Inferenzen ableiten.

Neben der Repräsentation von Wissen ist ein ebenso wichtiger Aspekt eines Beschreibungslogik-Systems das Ziehen von Schlussfolgerungen aus dem explizit in der Wissensbasis gespeicherten Wissen. Hierzu stellen Beschreibungslogik-Systeme - so genannte Inferenzdienste - zur Verfügung. *Inferenz* bedeutet im Zusammenhang von Wissensrepräsentation, das Wissen einer Wissensbasis durch Schlussfolgerungen *(reasoning)* zu externalisieren. Dies ist umso komplexer, je größer die Wissensbasis ist. In der Beschreibungslogik werden die Inferenzprobleme auf *T-Box* und *A-Box* aufgeteilt, um durch diese Trennung von Struktur und Individuen eine Verminderung der Komplexität zu erreichen.

Die Regeln zum Schließen über eine bestimmte Logik werden auch *Kalkül* genannt. Konkrete Kalküle für Prädikatenlogiken sind zum Beispiel: *Hilbertkalkül, Baumkalkül* und *Resolution*. Die *Reasoner* verwenden oft das *Baumkalkül*, auch *Tableaux Methode* (siehe Abschnitt 2.1.3) genannt.

Bei dieser Methode wird nicht die Gültigkeit einer Aussage bewiesen, sondern die Ungültigkeit widerlegt. Daher werden solche Kalküle auch als Wiederlegungskalküle bezeichnet.

Mit steigender Ausdrucksmächtigkeit der Sprache wird auch das Schließen immer schwieriger, was sich direkt auf die Anforderungen an die Reasoner auswirkt.

2.1.2. RDF und RDF-Schema

Das *Resource Description Framework* (RDF) ist eine formale Sprache für die Beschreibung strukturierter Informationen. RDF kann für den Web-basierten und interoperablen Austausch von Metadaten genutzt werden. Ziel von RDF ist es zu erreichen, dass die Semantik, die durch Metadaten repräsentiert wird, von Maschinen interpretiert werden kann. Solche Beschreibungen können nach dem RDF-Modell als Graph oder in Form der RDF-Syntax als XML-Hypertext vorliegen.

Das eigentliche RDF-Modell besteht aus den drei Objekttypen: *Ressourcen, Eigenschaften* und *Objekten.* Jeweils eine *Ressource,* eine *Eigenschaft* und ein *Objekt* bilden zusammen ein so genanntes *RDF-Tripel.* Durch die Kombination, bei der man auch von *Subjekt, Prädikat* und *Objekt* spricht, wird eine Aussage über ein bestimmtes Objekt innerhalb einer Domäne gemacht, was auch als ein so genanntes *Statement* bezeichnet wird, wobei das Objekt ebenfalls wieder eine Ressource und Subjekt für weitere Statements sein kann. Daher ist ein RDF-Modell, welches eine beliebige Anzahl an Subjekten, Prädikaten und Objekten besitzt, immer eine Sammlung von Statements, wodurch ein Netzwerkeffekt entsteht. Zur Identifikation von Ressourcen benutzt RDF URIs (*Uniform Resource Identifier).* Die Interpretation der durch den URI referenzierten Ressourcen hängt von dem MIME-Type der Ressource ab.

Datenwerte werden in RDF durch so genannte *Literale* dargestellt. Diese sind reservierte Bezeichner für RDF-Ressourcen eines bestimmten Datentyps. Im Folgenden werden die Bestandteile der RDF-Tripel näher erklärt:

- **Ressourcen** werden durch `rdfs:Resource` eingeleitet und sind Entitäten, die eindeutig durch einen URI identifiziert werden können. Jede Ressource wird durch ihre Eigenschaften beschrieben. In der grafischen RDF-Modellierung werden Ressourcen durch eine Ellipse symbolisiert.
- **Eigenschaften** sind ein Aspekt, ein Charakteristikum oder eine Relation, welche zum Beschreiben einer Ressource verwendet wird, verstanden. Jede Eigenschaft (*property*) besitzt eine besondere Bedeutung; sie definiert Wertebereiche, die Typen oder das Verhältnis zu anderen Eigenschaften.
- **Objekte** spezifizieren einen Wert für ein bestimmtes Prädikat. Das *Objekt* einer Aussage kann eine andere Ressource oder eine Zeichenkette (benannt als Literal) sein.

Um strukturierte Aussagen modellieren zu können, werden noch andere Konstrukte wie Container, zu denen Bags, Sequenzen und Alternativen gehören, eingeführt. `RDF:Seq, RDF:Bag und RDF:Alt` sind Elemente der Menge Ressource, aber nicht der Menge Properties. Diese Elemente können genutzt werden, um Repräsentationen für Sammlungen *(collection)* von Ressource oder Literale zu erstellen. Eine Ressource oder ein Literal darf in einer Sammlung mehrfach vorkommen.

Eine Ressource vom Typ `RDF:Bag` dient der Repräsentation einer ungeordneten Sammlung, eine Ressource vom Typ `RDF:Seq`, der Repräsentation einer geordneten Sammlung *(sequence)* und eine Ressource vom Typ `RDF:Alt`, der Repräsentation einer Sammlung von zueinander alternativen Ressourcen oder Literalen.

Reification. Mit dem Prinzip der *Reification* ist es möglich, mittels Rekursion Aussagen höherer Ordnung, also Aussagen über andere RDF-Aussagen zu treffen. Dadurch lassen sich Properties selbst mit RDF beschreiben und als Metadatenformat ablegen. Andere RDF-Angaben können diese Vokabulare durch Referenzierung weiterverwenden.

Das RDF-Modell ist unabhängig von einer speziellen Darstellungsform. Am verbreitetsten ist die Repräsentation in XML. Eine kürzere Syntax ist die von Tim Berners-Lee entworfene Notation 3 (N3). Für die Speicherung von RDF in Datenbanken und Datenstrukturen gibt es verschiedene Konzepte, da ein reines Ablegen der N-Tripel in einer Tabelle nicht sehr effizient ist.

Hilfsknoten. Mehrwertige Beziehungen (man spricht auch von n-ären Relationen) können in RDF nicht direkt dargestellt werden, man kann sie jedoch durch Einführung von *Hilfsknoten* beschreiben. Diese Hilfsknoten verweisen typischerweise nicht auf Ressourcen, die ursprünglich beschrieben werden sollten, sondern auf Helfer-Ressourcen mit lediglich struktureller Funktion. RDF bietet daher die Möglichkeit, Knoten ohne eigene Bezeichner zu generieren. Obwohl RDF eine Äquivalenzprüfung ermöglicht, bietet es keine Mechanismen zur automatischen Beweisführung, wie sie aus Bereichen der Beschreibungslogiken bekannt sind.

RDF-Schema. RDF wird erweitert durch *RDF-Schema (RDFS)*, mit dem komplexere Beziehungen zwischen Ressourcen beschrieben werden können. RDF-Schema stellt die Möglichkeit bereit, Begriffe und die damit verbundenen Elemente semantisch zueinander in Beziehung zu setzen und ist somit eine einfache Sprache um Domänen-Ontologien zu spezifizieren. Mit RDFS können die Aussagen (Statements), die mittels RDF formuliert wurden, hierarchisch in Klassen und Instanzen organisiert werden, bzw. die Beziehungen zwischen *Ressourcen, Eigenschaften* und deren *Werte* näher spezifiziert werden.

RDF-Schema liegt die Idee eines mengentheoretischen Klassenmodells zugrunde. Das Klassenkonzept macht es möglich, eine formale Beschreibung der Semantik der verwendeten RDF-Elemente festzulegen. Es wird für jede Eigenschaft festgelegt, welche Werte diese annehmen kann, welche Bedeutung diese haben, welche Beziehungen zu anderen Eigenschaften bestehen und welche Arten von Ressourcen diese Eigenschaft verwenden darf. Dabei wurde vom W3C nicht ein allgemein gültiges Schema definiert, in dem verschiedene Klassen und Eigenschaften festgelegt werden, sondern es wird eine *Schema Definition Language* beschrieben, mit deren Hilfe die eigentlichen Schemata definiert werden können.

RDF-Schemata können erweitert und miteinander kombiniert werden. Durch die Verwendung bereits vorhandener RDF-Schemata soll die Interoperabilität von RDF Ressourcenbeschreibungen im Web verbessert werden. Eine RDF-Beschreibung kann unterschiedliche RDF-Schemata nebeneinander verwenden. Wenn ein RDF-Schema verwendet werden soll, wird es durch eine URI referenziert. Die XML-Syntax von RDF erlaubt es, den Namen einer RDF-Klasse im XML-Tag zu verwenden, um eine Instanz dieser Klasse zu erzeugen.

Ontologien in RDF-Schema

RDF und RDF-Schema verfügen über ein einfaches Vokabular, das die Modellierung sehr einfacher Ontologien zulässt. RDF-Schema bietet die Möglichkeit Schemawissen zu spezifizieren, mit dem es möglich ist eine Reihe der in einer Domäne vorkommenden semantischen Abhängigkeiten zu beschreiben. Die wichtigsten Merkmale sind die einfache Beschreibung von primitiven Aussagen und ihrer Bedeutung sowie die Möglichkeit, Informationen in Klassen und Subklassen einzuteilen und die Beziehungen zwischen diesen zu beschreiben. RDF-Schema definiert eine Reihe von Eigenschaften und Klassen, die zur Erstellung von Schemas benutzt werden können. Einige wichtige RDF-Schema-Elemente sind nachfolgend aufgeführt:

- `rdfs:Resource`: Alle in RDF beschriebenen Entitäten sind Instanzen dieser Klasse, haben also implizit eine `rdf:type`-Eigenschaft mit dem Wert `rdfs:Resource`.
- `rdfs:Class`: Ressourcen können (wie im objektorientierten Sinne) in Klassen gruppiert werden. Jede Klasse, die definiert wird, muss eine `rdf:type`-Eigenschaft mit Wert `rdfs:Class` haben.
- `rdfs:Property`: Eigenschaften von Ressourcen und Beziehungen zwischen Ressourcen können durch Eigenschaften *(properties)* dargestellt werden. Eigenschaften sind nach der RDF-Schema-Syntax auch Ressourcen, werden aber nicht als Subjekt sondern als Prädikat in RDF-Aussagen ausgedrückt.
- `rdfs:subClassOf`: Um Unterklassenbeziehungen zu beschreiben, stellt das RDFS-Vokabular eine vordefinierte Möglichkeit zur Verfügung und zwar mittels `rdfs:sub ClassOf`. Mithilfe der Unterklassenbeziehung ist es möglich ganze *Klassenhierarchien* zu modellieren. Ein Element A der Menge Classes kann in `subClassOf`-Relation zu einem Element B der Menge Classes stehen. Steht B in `subClassOf`-Relation zu A, dann ist ein Element b der Menge B auch Element der Menge A.
- `rdfs:subPropertyOf`: Ermöglicht Vererbungshierarchien für Eigenschaften zu modellieren.
- `rdfs:range` und `rdfs:domain`: Durch diese beiden Attribute wird es möglich, den Wertebereich (`rdfs:range`) und den Definitionsbereich (`rdfs:domain`) einer Eigenschaft festzulegen. Eine Eigenschaft kann jeweils höchstens eine `rdfs: range`- und `rdfs:domain`-Eigenschaft haben.

Mit RDF-Schema können die Aussagen *(statements)*, die mittels RDF formuliert wurden, hierarchisch in Klassen und Instanzen organisiert werden, bzw. die Beziehungen zwischen *resources, properties* und *values* näher spezifiziert werden. Vereinfacht betrachtet ist die Ausdrucksmächtigkeit von RDF(S) beschränkt auf die Bildung von Hierarchien über Klassen und Eigenschaften sowie auf die Definition von Wertebereichen und Domänen.

Die wichtigsten Einschränkungen von RDF-Schema im Hinblick auf die Modellierung von Ontologien sind:

- In RDF-Schema gibt es keine Möglichkeit negative Aussagen zu formulieren. Es ist *nicht* möglich auszudrücken, dass etwas nicht gilt.
- In RDF-Schema ist es nicht möglich Axiome wie Transitivität, Inverse oder Symmetrie zu definieren.

- In RDF-Schema werden keine booleschen Ausdrücke verwendet, um neue Konzepte aus vorhandenen Konzepten zu bilden.
- Die lokale Definition von Definitions- und Wertebereichen (domain und range) von Eigenschaften ist in RDF-Schema nicht möglich.
- Für die Verwendung von Kardinalitäten gibt es nur unzureichende Unterstützung.
- Es ist nicht möglich die Äquivalenz von Klassen zu definieren.
- Es ist nicht möglich zu spezifizieren, dass zwei Klassen keine gemeinsamen Elemente enthalten dürfen.

RDF-Schema ist zur Modellierung von einfachen Ontologien geeignet und erlaubt die Ableitung vom impliziten Wissen, hat aber für die Darstellung komplexer Zusammenhänge nicht ausreichende Mittel (s.o.). Um die genannten Einschränkungen aufzuheben benötigt man ausdrucksstarke Repräsentationssprachen, die auf formaler Logik basieren. Durch logisches Schlussfolgern wird damit Zugriff auf implizites Wissen ermöglicht. Die im Folgenden eingeführte Sprache OWL *(Web Ontology Language)* basiert auf der Prädikatenlogik erster Stufe.

2.1.3. OWL - Web Ontology Language

Die *Web Ontology Language (OWL)* ist eine Spezifikation des W3C, um Ontologien anhand einer formalen Beschreibungssprache erstellen, publizieren und verteilen zu können.

OWL unterscheidet *Klassen*, *Eigenschaften* und *Instanzen*. Klassen stehen für Begriffe (auch Konzepte). Sie können Eigenschaften besitzen. Instanzen sind Individuen einer oder mehrerer Klassen. Für Klassen können verschiedene Eigenschaftsbeschränkungen festgelegt werden, die ihre Instanzen erfüllen müssen.

OWL basiert technisch auf der RDF-Syntax und historisch auf DAML+OIL, und geht dabei über die Ausdruckskraft von RDF-Schema hinaus. Zusätzlich zu RDF und RDF-Schema werden weitere Sprachkonstrukte eingeführt, die es erlauben, Ausdrücke ähnlich der Prädikatenlogik zu formulieren.

OWL besteht aus drei Untergruppen mit steigendem Komplexitätsgrad, *OWL Lite, OWL DL* und *OWL Full*, die sich durch ihre Ausdrucksfähigkeiten unterscheiden. *OWL Lite* ist die einfachste Variante, mit der die Hauptkomponenten einer Ontologie, Hierarchien zur Klassifizierung von Individuen, beschrieben werden können. *OWL DL* soll möglichst umfangreiche Beschreibungsmöglichkeiten bieten, wobei die Entscheidbarkeit jeder Aussage jedoch garantiert bleiben soll. In *OWL DL* gibt es als Ergänzung zu den hierarchischen Beziehungen zwischen Klassen weitere Typen von Beziehungen, mit denen z. B. ausgedrückt werden kann, dass zwei Klassen disjunkt oder äquivalent sind. *OWL Full* bietet die größte Ausdrucksstärke und kann mit den Möglichkeiten, die RDF und RDF-Schema bieten, um eigene Konzepte zur Beschreibung von Ontologien erweitert werden. Die Wahl des Dialekts hängt von der Komplexität und der für ihr semantisches Modell erforderlichen Detailliertheit ab.

Die Grundbausteine von OWL bestehen aus Klassen und Eigenschaften, wie sie schon von *RDF-Schema* bekannt sind, sowie Individuen, die als RDF-Instanzen von Klassen deklariert werden. OWL-Eigenschaften werden auch *Rollen* genannt. In OWL lässt sich eine Ontologie durch folgende Sprachkonstrukte beschreiben (siehe auch (Hitzler u. a., 2007)):

- **Atomare Klassen:**
  Klassen werden in OWL durch die Verwendung des Tags `<owl:Class>` in Verbindung mit dem Attribut `rdf:ID` definiert. Mit seiner Hilfe ist es möglich benannte Klassen zu definieren: `<owl:Class rdf:ID= "BioinformaticsTool">` definiert das Konzept *BioinformaticsTool*. Das Attribut `rdf:ID` dient dazu, den Namen der Klasse festzulegen. Innerhalb der Ontologie, in der sie definiert werden, können diese Klassen nun mit dem Zeichen `#` gefolgt von ihrem Namen, also per `#BioinformaticsTool` referenziert werden. Andere Ontologien können die Klassen verwenden, in dem sie der Referenz die URI, unter der die Definition zu finden ist voranstellen. Es gibt zwei vordefinierte Klassen. Die Klasse `owl:Thing` ist die allgemeinste Klasse, die alles enthält. Die Klasse `owl:Nothing` hingegen ist leer.
- **Unterklassen:**
  OWL ermöglicht Mehrfachvererbung. Eine Klasse kann Subklasse von beliebig vielen anderen Klassen sein. Um eine Klassenhierarchie aufzubauen, verwendet man den Tag `<rdfs: subClassOf>`. Das Konstrukt `<rdfs:subClassOf>` wird in OWL transitiv verstanden. Dadurch ergeben sich erste Möglichkeiten zu Inferenzen.
- **Individuen:**
  Instanzen von Klassen werden in OWL *Individuen* genannt. Ein Individuum kann durch ein Tag definiert werden, das den Namen der instanzierten Klasse trägt. Mit Hilfe des Attributs `rdf:ID` wird der Name des Individuums festgelegt: `<Bioin-for-maticsTool rdf:ID= "STRAL" />` definiert also eine Instanz `STRAL` der Klasse *BioinformaticsTool*.
- **Eigenschaften:**
  Mit Hilfe von Eigenschaften *(properties)* lassen sich in OWL Beziehungen ausdrücken. Properties modellieren Eigenschaften von Instanzen, die über Relationen zu anderen Instanzen oder zu Datenwerten dargestellt werden. Die Begriffe *Eigenschaft, Property* und *Relation* werden synonym verwendet. Eine `ObjectProperty` stellt eine Beziehung zwischen zwei Individuen her. Eine `DatatypeProperty` stellt eine Beziehung zwischen einem Individuum und einem XML-Schema-Datentyp oder einem RDF-Literal her. Eigenschaften vom Typ `AnnotationProperty` oder `OntologyProperty` stellen Metainformationen über Ontologien bzw. deren Teile zur Verfügung und tragen zur eigentlichen Semantik nichts bei.
- **Eigenschaftshierarchien:**
  Eigenschaftshierarchien können erstellt werden, indem man eine oder mehrere Aussagen macht, dass eine Eigenschaft eine Untereigenschaft von einer oder mehreren Eigenschaften ist. Dazu wird das Tag `rdfs:subPropertyOf` verwendet.
- **Eigenschaftsbeschreibungen:**
  Für Eigenschaften kann in OWL deklariert werden, dass sie bestimmte Charakteristiken besitzen. Dazu gehören neben der Angabe der *Definitons-* und *Wertebereiche* auch Eigenschaften wie *Transitivität* und *Symmetrie*. Das Tag `<rdfs: domain>` beschränkt die Klassenzugehörigkeit der Individuen, die das Subjekt der

Eigenschaft sein können. Das Tag `<rdfs:range>` beschränkt die Klassenzugehörigkeit der Individuen, die Objekt der Eigenschaft sein können. Mit Hilfe des Tags `<rdf:type rdf:resource="&owl; TransitiveProperty"/>` lässt sich eine Eigenschaft als transitiv definieren. Mit Hilfe des Tags `<rdf:type rdf:resource= "&owl; SymmetricProperty"/>` lässt sich eine Eigenschaft als symmetrisch definieren. Es ist auch möglich, eine Eigenschaft als die Inverse einer anderen zu definieren. Hierzu wird das Tag `<owl:inverseOf>` benutzt. Bei einer Eigenschaften P, die Inverse einer Eigenschaft Q ist, gilt für alle Individuen x und y: $P(x,y)$ genau dann, wenn $Q(y,x)$.

- **Beschränkungen:**
  Zusätzlich zu der Möglichkeit *einfache Klassen* mit einem Namen zu definieren, bietet OWL die Möglichkeit, *unbenannte Klassen* über Beschränkungen zu definieren. Hierbei kommt das Tag `<owl:Restriction>` zum Einsatz. Beschränkungen definieren, wie Properties durch Instanzen einer Klasse verwendet werden können. Mit Hilfe des Tags `<owl:allValuesFrom>` lässt sich eine Klasse darüber definieren, dass alle Objekte einer Eigenschaft einer bestimmten Klasse angehören. Die Beschränkung `<owl:someValuesFrom>` ähnelt `<owl:allValuesFrom>`. Sie definiert eine anonyme Klasse darüber, dass Individuen mindestens eine Instanz der angegebenen Eigenschaft haben müssen, deren Objekt einer bestimmten Klasse angehört. Mit Hilfe der Beschränkung `<owl:hasValue>` lässt sich eine Klasse darüber definieren, dass eine Eigenschaft einen ganz bestimmten Wert hat, also der Wert nicht nur einer bestimmten Klasse angehört. Die Beschränkung `<owl:minCardinality>` bzw. `<owl:maxCardinality>` definiert eine Klasse über die Anzahl der mit einem Individuum in Verbindung stehenden anderen Individuen. Angehörige der Klasse müssen mindestens (höchstens) die angegebenen Werte für die Eigenschaft haben.
- **Komplexe Klassen:**
  Mit Hilfe logischer Konstruktoren auf Klassen lässt sich auch komplexeres Wissen ausdrücken. Zur Verfügung stehen *Konjunktion, Disjunktion* und *Negation*, realisiert durch die OWL-Sprachelemente `owl:intersectionOf, owl:unionOf` und `owl:commplementOf`. Bei der Definition einer Klasse mittels des Tags `<owl:oneOf>` werden alle Individuen, die der Klasse angehören, aufgezählt. Andere Individuen als die aufgezählten gehören der Klasse nicht an. Mit diesen Sprachelementen lassen sich *atomare Klassen* - d.h. solche, die durch einen Klassenbezeichner beschrieben werden - zu *komplexen Klassen* verbinden.

Die Semantik von OWL kann durch Rückführung auf die Semantik der Prädikatenlogik erster Stufe definiert werden. Dadurch wird OWL - genauer OWL DL - mit einem Fragment der Prädikatenlogik erster Stufe identifiziert. Der Vorteil dieser Vorgehensweise liegt darin, dass die Prädikatenlogik erster Stufe ein sehr etablierter Formalismus ist. Resultate, Einsichten und Erfahrungen aus der Logik können damit für Ontologien nutzbar gemacht werden.

Reasoning in OWL

In OWL können Informationen so dargestellt werden, dass spezielle Computerprogramme, sogenannte *Reasoner*, daraus weitere Informationen ableiten können, die nicht explizit angegeben sind. *Reasoner* verwenden Algorithmen, mit deren Hilfe eine Automatisierung des Schlussfolgerns mit der Beschreibungslogik möglich ist. Ein einfaches Beispiel hierfür ist die Subklassen-Beziehung. Eine andere Möglichkeit auf die Klassenzugehörigkeit von Individuen zu schließen, ist die Verwendung der Informationen über *Domain* und *Range* von Eigenschaften. Auch aus Beschränkungen der Kardinalität kann auf die Klassenzugehörigkeit geschlossen werden. Auf die Identität zweier Individuen kann unter anderem geschlossen werden, wenn sie beide das Objekt von Instanzen derselben funktionalen Eigenschaft mit demselben Subjekt sind. Es gibt einige Anfragen an OWL aus denen automatisch Informationen hergeleitet werden können, siehe (Hitzler u. a., 2007):

- *Klassenäquivalenz:* Um zu entscheiden, ob die Klassen A und B äquivalent sind, muss überprüft werden, ob $A \equiv B$ eine logische Konsequenz der gegebenen Wissensbasis W ist. Dies ist genau dann der Fall, wenn sowohl $A \sqsubseteq B$ als auch $B \sqsubseteq A$ gelten.
- *Klassendisjunktheit:* Um zu entscheiden, ob die Klassen A und B disjunkt sind, muss überprüft werden ob, $A \sqcap B \equiv \perp$ eine logische Konsequenz der gegeben Wissensbasis W ist. Dies ist genau dann der Fall, wenn $W \cup \{A \sqcap B(a)\}$ unerfüllbar ist, wobei a ein neues, noch nicht in W vorkommendes Individuum ist.
- *Klassenkonsistenz:* Um zu entscheiden, ob eine Klasse A konsistent ist, muss überprüft werden, ob $A \equiv \perp$ eine logische Konsequenz der gegeben Wissensbasis W ist. Dies ist genau dann der Fall, wenn $W \cup \{A(a)\}$ unerfüllbar ist, wobei a ein neues, noch nicht in W vorkommendes Individuum ist.
- *Unterklassenbeziehung:* Um zu entscheiden, ob die Klasse A Unterklasse von B ist, muss überprüft werden, ob $A \sqsubseteq B$ eine logische Konsequenz der gegeben Wissensbasis W ist. Dies ist genau dann der Fall, wenn $W \cup \{A \sqcap \neg B(a)\}$ unerfüllbar ist, wobei a ein neues, noch nicht in W vorkommendes Individuum ist.
- *Instanzprüfung:* Um zu entscheiden, ob ein Individuum a zu einer Klasse A gehört, muss überprüft werden, ob $A(a)$ logisch aus der gegebenen Wissensbasis W folgt. Dies ist genau dann der Fall, wenn $W \cup \{\neg A(a)\}$ unerfüllbar ist.
- *Klasseninstanzen:* Um alle bekannten Individuen einer gegebenen Klasse A zu erhalten, muss man für alle bekannten Individuen eine Instanzprüfung durchführen.
- *Globale Konsistenz:* Um zu entscheiden, ob eine gegebene Wissensbasis W global konsistent ist, muss überprüft werden, ob sie im Sinne der Prädikatenlogik widerspruchsfrei ist. Um dies zu zeigen, weist man nach, dass W *nicht* unerfüllbar ist.

Die Überprüfung der *Klassenkonsistenz* dient meist der Suche nach Modellierungsfehlern. Dabei nennt man eine Klasse *inkonsistent*, wenn sie äquivalent der Klasse `owl:Nothing` ist. Ein einfaches Beispiel für *Klasseninkonsistenz* aufgrund eines Modellierungsfehlers kann folgendermaßen aussehen:

```
<owl:Class rdf:about="BiologicalTask">
   <rdfs:subClassOf rdf:resource="Task"/>
   <owl:disjointWith rdf:resource="Task"/>
<owl:Class>
```

Diese Definition erzwingt, dass es keine *BiologicalTask* gibt. Gäbe es nämlich eine *BiologicalTask*, so wäre sie auch vom Typ *Task*. Das ist aber nicht möglich, da *Task* und *BiologicalTask* disjunkt sind.

Bei den Reasonern in OWL wird meistens die *prädikatenlogische Resolution* oder das *Baumkalkül*, auch *Tableaux Methode* genannt, verwendet. Bei der *Tableaux-Methode* wird nicht die Gültigkeit einer Aussage bewiesen, sondern die Ungültigkeit widerlegt. Daher werden solche Kalküle auch als Widerlegungskalküle bezeichnet.

Die Ungültigkeit wird dabei durch die Unerfüllbarkeit der Negation der Aussage gezeigt. Die Negation der Aussage besteht dabei aus der Disjunktion von Prämisse und der negierten Konklusion. Theorembeweiser, die sich auf die *Resolution* stützen, arbeiten normalerweise sättigungsbasiert: Sie versuchen mit Hilfe von Inferenzregeln neue Klauseln abzuleiten; der Beweiser terminiert, wenn die leere Klausel abgeleitet wird oder keine neuen Klauseln mehr erzeugt werden können. Im ersten Fall kann die klare Antwort gegeben werden, dass das Problem unerfüllbar ist (das Verfahren ist korrekt, d.h. die leere Klausel kann nur erzeugt werden, wenn die Aufgabe unerfüllbar ist). Im anderen Fall ist dies nicht so klar, da nicht alle Strategien auch vollständig sind.

Die einfachste Form eines Widerspruchs ist, wenn $C(a)$ als auch $\neg C(a)$ vorliegt, wobei C eine Klasse und a ein Individuum ist. (C(a) wird genau dann als *wahr* ausgewertet, wenn das mit a bezeichnete Individuum zur mit Klasse C bezeichneten Klasse gehört. Das Tableaux-Verfahren versucht, solange logische Konsequenzen der Form $C(a)$ und $\neg C(a)$ aus der Wissensbasis abzuleiten, bis ein Widerspruch entsteht.

Das Ziehen von logischen Schlussfolgerungen basiert in *OWL-Full* auf dem Konzept *Open World Assumption* (OWA). Es bedeutet, dass ein Reasoner nicht annimmt, dass etwas nicht existiert, solange nicht explizit definiert wurde, dass es nicht existiert. Allgemein ausgedrückt gilt, dass solange etwas nicht als Wahr ausgesagt wurde, ein Reasoner nicht annimmt, dass es Falsch ist – es wird lediglich angenommen, dass das Wissen noch nicht zur Wissensbasis hinzugefügt wurde.

In dem *Closed-World-Modell* wird angenommen, dass die Wissensbasis alles Wissen besitzt. Nicht in ihr enthaltene Aussagen besitzen den Wahrheitswert *falsch*, und alle enthaltenen Aussagen sind verläßlich.

Mapping von Ontologien in OWL

In OWL können verschiedene Ontologien durch expliziten Import von Information aus anderen Ontologien miteinander in Beziehung gesetzt werden. Außerdem macht OWL eine *open world*-Annahme. Das bedeutet, dass Beschreibungen von *Resourcen* nicht auf eine einzige Datei oder einen einzigen Gültigkeitsbereich beschränkt sind. Eine Klasse C_1 mag ursprünglich in der Ontologie O_1 definiert worden sein, kann jedoch in anderen Ontologien erweitert werden. Die Folgen dieser Erweiterungen von C_1 sind monoton. Neue Informationen können vorhergehende Informationen nicht überschreiben. Neue Informationen können widersprüchlich sein, aber Fakten und Schlussfolgerungen können nur hinzugefügt, nie entfernt werden. Beim Entwurf einer Ontologie muss die Möglichkeit solcher Widersprüche beachtet werden.

Die Fähigkeit von OWL, ontologische Informationen über Instanzen, welche in mehreren Dokumenten erscheinen, auszudrücken, hilft beim konsequenten Verknüpfen von Daten aus unterschiedlichen Quellen. Die zugrunde liegende Semantik unterstützt Schlussfolgerungen aus diesen Daten, was zu unerwarteten Resultaten führen kann. Die Möglichkeit, Äquivalenz mittels `owl:sameAs` auszudrücken, kann benutzt werden um festzustellen, dass scheinbar unterschiedliche Instanzen *(Individuals)* tatsächlich dieselben sind. `Owl:InverseFunctional Property` kann ebenfalls genutzt werden um Instanzen *(Individuals)* miteinander zu verbinden. Wenn Instanzen *(Individuals)* durch solche Mittel als identisch erkannt werden, kann Information aus unterschiedlichen Quellen über sie zusammengeführt werden. Diese Aggregation kann benutzt werden, um Fakten festzustellen, die in keiner einzelnen Quelle direkt repräsentiert werden.

Ein großer Teil des Aufwands der Ontologieentwicklung liegt im Zusammenführen von Klassen und Properties (vgl. OWL Spezifikation W3C Consortium). Im Folgenden sollen simple Aussagen über die Mitgliedschaft in einer Klasse ausgedrückt werden, um möglichst umfassende und nützliche Schlussfolgerungen ziehen zu können:

- **Äquivalenz zwischen Klassen und Properties:** Um eine Menge von Teilontologien zu verbinden und als Teil zu einer Dritten hinzuzufügen, muss gekennzeichnet werden, dass eine bestimmte Klasse oder Property der einen Ontologie der Klasse oder Property der anderen Ontologie entspricht. Die Property `owl:equivalentClass` wird gebraucht um anzugeben, dass zwei Klassen exakt dieselben Instanzen besitzen. Um Properties auf ähnliche Weise zusammenzuführen wird `owl:equivalentProperty` verwendet.
- **Identität zwischen Individuen:** In OWL Full kann `owl:sameAs` zwischen zwei Klassen benutzen werden, um anzugeben, dass sie in jeder Hinsicht identisch sind. Mit `owl:sameAs` wird die Äquivalenz von zwei Individuen deklariert.
- **Unterschiedliche Individuen:** `owl:differentFrom` ermöglicht es zu definieren, dass zwei Werte voneinander verschieden sind. Es gibt Fälle, wo es wichtig ist, solche verschiedenen Identitäten zu garantieren.

In OWL gibt es nicht die Prämisse *einzigartiger Namen.* Nur weil zwei Namen sich unterscheiden, heißt das noch nicht, dass sie auf unterschiedliche Individuals verweisen.

Ontologieversionierung in OWL

Ontologien werden erweitert und gepflegt und ändern sich deshalb im Laufe der Zeit. Innerhalb eines `owl:Ontology`-Elements, ist es möglich auf eine früher definierte Version einer Ontologie zu verweisen. Die Property `owl:priorVersion` ist dazu gedacht, diesen Verweis zu ermöglichen und kann verwendet werden, um die Geschichte einer Ontologie zu verfolgen. Zusätzlich bietet `owl:versionInfo` einen geeigneten Ansatzpunkt für Versionierungssysteme. Die Auszeichnung `owl:versionInfo` ist ein Literal und kann verwendet werden, um zusätzlich zu Ontologien auch zu Klassen oder Properties Anmerkungen zu machen. Um auszudrücken, dass die dargestellte Ontologie eine frühere Version derjenigen ist, die definiert wird, verwendet OWL folgende Ausdrücke:

```
<owl:Ontology rdf:about="">
  ...
  <owl:priorVersion rdf:resource="http://www.w3.org/TR/Owl-guide-2003/wine"/>
  ...
</owl:Ontology>
```

Versionen einer Ontologie müssen nicht miteinander kompatibel sein. Zum Beispiel kann eine frühere Ontologie Ausdrücke enthalten, die der aktuellen Version widersprechen. Innerhalb eines `owl:Ontology`-Elements werden `owl:backwardCompatibleWith` und `owl:incompatible With` verwendet, um die (In-)Kompatibilität mit früheren Versionen der Ontologie anzuzeigen.

Für viele Zwecke ist die Versionsverfolgung auf der Ebene ganzer Ontologien nicht ausreichend. In einigen Anwendungen kann es nötig werden Versionierungsinformationen für *Klassen, Properties* und *Individuals* vorzuhalten - selbst das könnte in einigen Fällen noch nicht ausreichend sein. Die inkrementelle Natur von Klassenausdrücken in OWL hat zur Folge, dass eine Ontologie einer (benannten) Klasse, die in einer anderen Ontologie definiert ist, Einschränkungen auferlegt und dass diese zusätzlichen Einschränkungen selbst Versionierungsinformationen beinhalten. OWL bietet zur Versionsverwaltung folgende Tags an:

- `VersionInfo`: Versionsinformation eines Dokuments.
- `priorVersion`: Angabe der früheren Version.
- `backwardCompatibleWith`: Angabe der Rückwärtskompatibilität.
- `incompatibleWith`: Angabe, dass die gegebene Ontologie nicht kompatibel zu einer anderen Ontologie ist.
- `DeprecatedClass`: Angabe einer veralteten und nicht mehr zu nutzenden Klasse.
- `DeprecatedProperty`: Angabe einer veralteten und nicht mehr zu nutzenden Eigenschaft.

OWL Full bietet die Ausdrucksstärke, um jede Art von Zuweisung über eine Klasse zu machen, z. B. dass sie eine Instanz einer anderen Klasse ist, oder dass sie (und nicht ihre Instanzen) eine Property und einen Wert für diese Property besitzt. Dieses Rahmenwerk kann man verwenden, um eine Ontologie aus Klassen und Properties zur Versionsverfolgung aufzubauen. Der OWL-Namespace beinhaltet zwei vordefinierte Klassen, die dafür verwendet werden können: `owl:DeprecatedClass` und `owl:DeprecatedProperty`. Sie sind dafür gedacht anzuzeigen, dass die Klasse oder Property sich voraussichtlich in einer folgenden Version auf inkompatible Weise ändern wird.

Andere OWL-Ontologien können außerdem mit Hilfe von `owl:imports` importiert werden. Der Inhalt der importierten Ontologie wird dann als Teil der aktuellen Ontologie aufgefasst. Der Import einer weiteren Ontologie bringt auch die gesamte Menge an Aussagen aus jener Ontologie in die gegenwärtige Ontologie. Normalerweise würde dieses mit einer Namespace-Deklaration gehandhabt werden. Man beachte den Unterschied zwischen diesen zwei Mechanismen.

Die Namespace-Deklarationen stellen eine bequeme Methode zur Verfügung, Namen, die in anderen OWL-Ontologien definiert wurden, zu *referenzieren*. `owl:imports` soll anzeigen, dass man die Aussagen einer Zielontologie *inkludieren* möchte. Der Import einer weiteren Ontologie O_2, importiert auch all jene Ontologien, die O_2 importiert. Dies kann jedoch zu Inkonsistenzen führen. Insbesondere dann, wenn gleiche oder ähnliche Konzepte und Attribute verwendet werden.

2.2. Die Ontologie Bio2Me

In dem vom BMBF geförderten Verbundprojekt ONTOVERSE[2] wurde eine Ontologie über bioinformatische Werkzeuge und Methoden (*BioInformatics Ontology Tools and Methods)* BIO2ME erstellt, um die vielfältigen Applikationen und zahlreichen biomedizinischen Datenbanken, die für Datenanalysen und Experimente benötigt werden, zu ordnen und so die Suche nach geeigneten Tools in der Bioinformatik zu beschleunigen. Die Entwicklung der Ontologie BIO2ME ist in Mainz (2006) beschrieben. In der vorliegenden Arbeit werden zur Illustration zwei Versionen der BIO2ME-Ontologie als Beispiel für den Vergleich und die Integration von Ontologien verwendet. Im folgenden Abschnitt wird eine kurze Einführung in die Struktur und die Entstehungsgeschichte der BIO2ME-Ontologie gegeben, um die Verständlichkeit der Beispiele zu erhöhen.

Die Entwicklung der Ontologie ist motiviert durch die gewaltige Menge verfügbarer Software in der Bioinformatik. In der modernen Biologie, sowie auch in anderen Lebenswissenschaften, ist der Einsatz von (bio-)informatischen Werkzeugen unerlässlich. Ohne diese könnten die enormen Datenmengen aus Microarray- und Sequenzierungsanalysen nicht verarbeitet werden. Weiterhin dienen sie Molekülstrukturvorhersagen und Simulationen. Biologische Fragestellungen werden häufig durch verschiedenste Ansätze gelöst, so dass teilweise ein breites Spektrum an Werkzeugen für eine einzige Problematik vorhanden ist. Selbst Experten auf dem Gebiet der Bioinformatik fällt es schwer zu entscheiden, welches Werkzeug am besten für die Lösung ihres jeweiligen Problems geeignet ist.

Eine wichtige Zielsetzung der Ontologie ist eine intuitive Klassifikation, so dass eine eindeutige Einordnung neuer Werkzeuge von mehreren Ontologie-Designern vorgenommen werden kann. Die Entwicklung der Ontologie begann mit der Spezifikation der Anforderungen an die Ontologie. Dafür wurde zunächst mit Hilfe einiger Domänenexperten ein Fragenkatalog erarbeitet, den die Ontologie beantworten können soll (Mainz, 2006). Eine Mind Map wurde im Middle-out Ansatz erstellt, in der ausgehend von dem Konzept *Program* alle wichtigen Fragen bzgl. dessen Eigenschaften erfasst sind (siehe Abbildung 2.4).

Zunächst werden bioinformatische Programme mit Hilfe relevanter Eigenschaften modelliert. Diese wurden dann im Anschluss um Programmpakete, Programmierbibliotheken und Datenbanken erweitert. Über Relationen zwischen der Klassifikation von Bioinformatik bzw. Labormethoden werden die Anwendungen eines Programms separat aus der Sicht von Bioinformatikern und Laborbiologen modelliert. Den einzelnen Methoden werden Programme und bioinformatische Anwendungen zugeordnet, um ihre Beziehung sowohl zu ihrer Verwendung in bioinformatischen Werkzeugen, als auch ihre Anwendung in verschiedenen bioinformatischen Bereichen darzustellen.

[2]Das ONTOVERSE-Projekt wird vom Bundesministerium für Bildung und Forschung gefördert (Projekt-Nr. 01C5975).

Abbildung 2.4.: Mind Map zur Ontologie BIO2ME nach (Mainz, 2006)

Mit der Ontologie BIO2ME als Wissensbasis kann eine Beispielanwendung in Form eines Informationssystems erstellt werden, das Nutzern erlaubt am besten geeignete Tools anhand verschiedener Kriterien auszuwählen.[3]

Im Fokus der Ontologie stehen die Programme (siehe Abbildung 2.5), die in erster Linie bezüglich ihrer Einsatzgebiete (application range) aus bioinformatischer Perspektive beschrieben werden. Sie werden näher spezifiziert durch Relationen wie *utilized computational method, supported biological task, processed data formats* usw. Den ersten Entwurf der Ontologiestruktur zeigt Abbildung 2.5. Dieser Entwurf wurde im weiteren Arbeitsverlauf schrittweise erweitert.

Für die Ontologie wurde auch ein Spezifikationsdokument erstellt, darin wurden die Motivation, Domäne, Anwendungsgebiete und zukünftige Anwender der Ontologie festgehalten. In den sich anschließenden Entwicklungsphasen der *Konzeptualisierung* und *Implementierung* erfolgte die Identifikation relevanter Konzepte für die Domäne, die dann in der Ontologie strukturiert wurden. Diese Struktur besteht aus mehreren hierarchischen Teilbäumen, von denen einer das Konzept bioinformatischer Werkzeuge umfasst. Mit der Definition von *Object-* und *Datatype-Properties* konnten die Attribute eines Programms zu diesem in Bezug gesetzt werden. Die inhaltliche Evaluation von BIO2ME erfolgte anhand der Spezifikation und in Diskussion mit den Fachexperten.

Spezielle Herausforderungen während der Entwicklungsphasen der Konzeptualisierung und Implementierung sind für die Ontologiedesigner die Entscheidung, welche Konzepte über hierarchische Beziehungen und welche über andere Relationen zueinander in Beziehung gesetzt werden sollen. Werden Konzepte nicht hierarchisch in Beziehung gesetzt, muss festgelegt werden, ob ein Attribut über *ObjectProperties* oder *DatatypeProperties* modelliert wird. Diese Wahl ist von mehreren Faktoren abhängig. Zunächst muss geprüft werden, ob ein Attribut als Konzept modellierbar ist oder eine weitere Strukturierung sinnvoll ist. In BIO2ME wurde z. B. die Komplexität der Programme über *DatatypeProperties* realisiert, da eine Modellierung über *ObjectProperties* aufgrund der ausschließlichen Abhängigkeit des Laufzeit- und Speicheraufwandes von programmspezifischen Parametern nicht sinnvoll ist.

[3] www.ontoverse.org

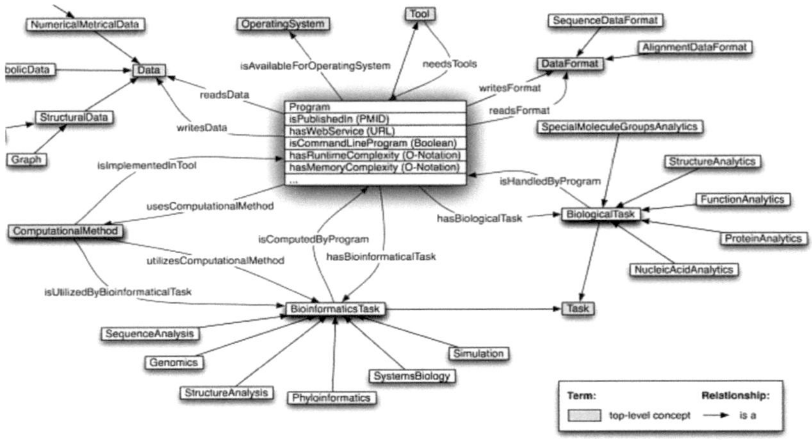

Abbildung 2.5.: Erste Konzeptualisierung der Ontologie ausgehend von Konzept Programm (Mainz, 2006)

Weiterhin verlangt die Abbildung einer Domäne die Festlegung was als Instanz bzw. Klasse realisiert wird. In den meisten Fällen konnten diese klar getrennt werden. Jedoch verlangte die Bestimmung der Instanzen eines Programms die Berücksichtigung der Domäne der Ontologie.

2.2.1. Erfassung und Strukturierung relevanter Konzepte

Zur Erfassung relevanter Konzepte wurden Fragen gesammelt, die die Ontologie beantworten können sollte. Grüninger u. Fox (1995) schlagen eine solche Sammlung von Fragen vor. Die Domäne bioinformatischer Werkzeuge und Methoden ist sehr umfangreich. In der ersten Version der BIO2ME-Ontologie wurden zunächst jedoch nur Programme unter dem Konzept *Tool* klassifiziert, siehe Abbildung 2.6. *Datenbanken* und *Methoden* kamen erst in der zweiten Version hinzu.

Zunächst werden bioinformatische Programme mit Hilfe relevanter Eigenschaften modelliert. Die Erweiterung um Datenbanken, Programmpakete und Programmierbibliotheken wurde im Anschluss daran sukzessiv durchgeführt. Die Anwendungen eines Programms wurden separat aus der Sicht von Bioinformatikern und Laborbiologen über Relationen zwischen der Klassifikation von Bioinformatik bzw. Labormethoden modelliert. Methoden wurden Programmen und bioinformatischen Anwendungen zugeordnet, um ihre Beziehung sowohl zu ihrer Verwendung in bioinformatischen Werkzeugen, als auch ihre Anwendung in verschiedenen bioinformatischen Bereichen darzustellen.

Methoden und Algorithmen, mit denen *Programme* Aufgaben lösen, werden in dem Konzept *ComputationalMethod* zusammengefasst. Generelle Konzepte der Ontologie werden im Folgenden näher erläutert:

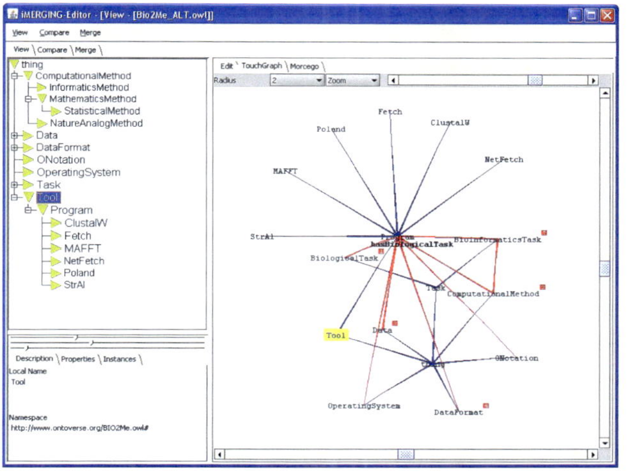

Abbildung 2.6.: Erste Version der Ontologie Bio2Me

- **Tool:** Das Konzept *Tool* soll bioinformatische Werkzeuge kategorisieren. In der ersten Version der Bio2Me enthält es nur das Unterkonzept *Program*. Verschiedene Programm-Versionen stellen spezielle Ausprägungen (Instanzen) von Programmen dar, da eine weitere Spezifizierung in der gegebenen Domäne nicht für notwendig erachtet wurde. Eine Einordnung nur der aktuellsten Version eines Programms verbot sich durch die Fragen des *Questionnaires*, die den Wunsch von Programmierern und Anwendern bioinformatischer Programme ausdrücken, verschiedene Programmversionen miteinander vergleichen zu können. Wichtig sind diese Informationen z. B. für einen Wissenschaftler, der eine ältere Programmversion verwendet. Durch die Ontologie Bio2Me wird er sich darüber informieren können, ob von ihm genutzte Programmfunktionen in der neuesten Version vorhanden sind und ob neue Funktionen für ihn hilfreich sind. Anders als bei kommerzieller Software ist das Auffinden solcher Informationen der oft frei erhältlichen bioinformatischen Programme z. T. sehr schwierig, falls überhaupt dokumentiert. Programmversionen stellen daher in der erstellten Ontologie *Instanzen* der Klassen dar, die ein einzelnes Programm beschreiben (siehe Abbildung 2.6).
- **Data:** Das Konzept *Data* umfasst Datenstrukturen, die von Programmen eingelesen, verarbeitet und ausgegeben werden können. Die Gliederung unterteilt sich in numerische/metrische, symbolische und strukturelle Daten. Numerische und metrische Daten sind Zahlenwerte, wie z. B. Temperaturen, Nukleotidfrequenzen oder Scoring-Matrizen. Symbolische Daten umfassen momentan die Konzepte *Alignment* und *Sequence*. Sekundärstrukturen, Moleküle und Graphen fallen in die Kategorie struktureller Daten.
- **OperatingSystem:** Die Klasse *OperatingSystem* beinhaltet Betriebssysteme, die ihr als Instanzen zugeordnet sind. Das Konzept ist in der gegebenen Domäne von Bedeutung, da in der Bioinformatik Programme häufig nicht für alle Betriebssysteme angeboten werden.

- **DataFormat:** Neben weit verbreiteten Dateiformaten, wie PDF, PS und JPG, fallen unter dieses Konzept besonders Datenformate im Bereich der Bioinformatik. Spezielle Datenformate sind u. a. Alignment- und Sequenzformate sowie Formate von Strukturdaten. Die Angabe der Datenformate kann z. B. dazu dienen Programmketten aufzufinden, in denen die Ausgabe eines Programms in das nächste eingelesen wird, und dessen Ausgabeformat wiederum Eingabeformat eines weiteren Programms sein kann usw.
- **Task:** Die Mind Map (Abbildung 2.4) enthält die Fragen *Was macht das Programm?* und *Wofür wird das Programm verwendet?*. Während die erste Frage hauptsächlich Anwendungsfelder in der Bioinformatik aufwirft (z. B. *Strukturvorhersage*), sind Antworten der zweiten in praktischen Anwendungen innerhalb der Lebenswissenschaften zu finden (z. B. *Strukturbestimmung*). Diese Unterscheidung spiegelt sich in den Unterklassen *BioinformaticsTask* und *BiologicalTask* wieder. Die biologischen Anwendungsfelder enthalten derzeit Labormethoden aus allen Bereichen der Biologie, die der Strukturierung aus dem Buch *Bioanalytik* von Lottspeich (2006) entnommen wurden.
- **ComputationalMethod:** Die bisher vertretenen Unterklassen von *ComputationalMethod* umfassen Methoden und Algorithmen, die in dem speziellen Feld der Alignment-Programme eingesetzt werden. Die Klasse wird nach Bedarf erweitert, wenn andere Programmgruppen in die Ontologie eingeordnet werden. Die Ausnahme hiervon stellt das Konzept *NatureAnalogMethod* dar, welches Methoden beschreibt, die der Natur nachgeahmt wurden (z. B. Genetische Algorithmen und Neuronale Netze). Die Integration der Methoden ist v. a. für Programmierer wichtig, die sich Anregungen für ihre Arbeit und detaillierte Informationen zu Programmen wünschen. Instanzen dieser Klasse werden Verweise zu exakten Beschreibungen der Methoden zugeordnet.

Die Zusammenhänge der oben beschriebenen Konzepte wurden erst durch *ObjectProperties* hergestellt. Abbildung 2.7 zeigt einen Überblick über die Grundstruktur der aktuellen Bio2Me, dabei wird die rein hierarchische Darstellung aufgebrochen und in der eigentlichen Form der Ontologie als Graph mit Programmen im Fokus dargestellt. Zu erkennen ist die Vernetzung über Relationen, die Programmen ihre Attribute zuordnen. Die Relation *hasBiologicalTask* beschreibt z. B. den Einsatz eines Programms im Laboralltag. Der Beschreibung (über *rdfs:comment*) der Beziehung in der Ontologie ist zu entnehmen, dass ein *Program* darüber einem *BiologicalTask* zuzuordnen ist. Literatur wird in Bio2Me derzeit durch Identifikatoren angegeben, die auf Veröffentlichungen in der ONTOVERSE-Publikationsdatenbank verweisen.

Die Klassen *Data* und *DataFormat* zeigen, dass Konzepte auch durch mehrere Relationen mit einem anderen Konzept verbunden werden können, um verschiedene Bedeutungen zu modellieren. Damit sich Anwender von Bio2Me einen Überblick darüber verschaffen können, in welchen Bereichen der Bioinformatik bestimmte Methoden eingesetzt werden, hat *ComputationalMethod* nicht nur Beziehungen zu *Program*, sondern auch zu *BioinformaticsTask*.

Die Definition von *Einschränkungen* wurden bisher für die Klassen *SequenceAlignmentProgram* und *StructureAlignmentProgram* angegeben. Zum Beispiel liest ein Sequenz-Alignment-Programm nur Sequenzen vom Typ *SequenceDataFormat* ein und gibt nur Alignments in Form von *AlignmentDataFormat* aus. Angaben weiterer *Restriktionen* in der gesamten Ontologie werden zu einer genaueren Abbildung der Semantik der Domäne führen.

2.2.2. Version 2 der Bio2Me-Ontologie

Zu Beginn der Ontologiemodellierung umfasste das Konzept *Program* ausschließlich Unterklassen, die individuelle Programme darstellten. Die Kategorisierung der Programme definierte sich

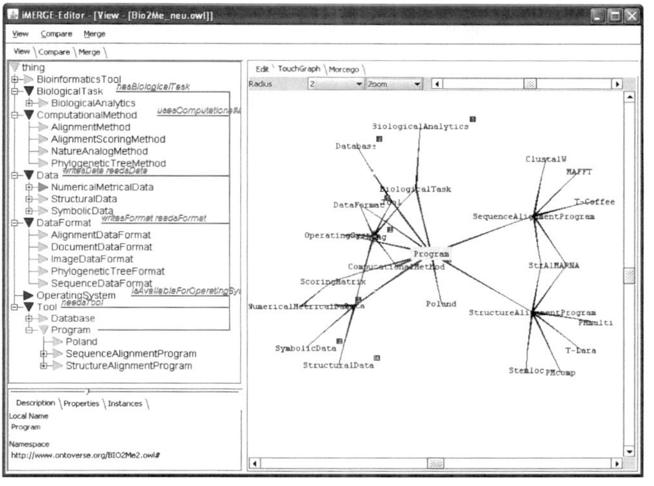

Abbildung 2.7.: Zweite Version der Ontologie BIO2ME

über Relationen zu Konzepten anderer Teilbäume. Diese Strukturierung stellte sich im Laufe der Modellierung als Nachteil heraus, da sich Programme typischerweise in Kategorien mit gleichen Eigenschaften einteilen lassen. Das Konzept *Tool* wurde sukzessive um bioinformatische Werkzeuge ergänzt. Bislang enthält es die Unterkonzepte *Program, Datenbanken* und *Programmpakete.* Die Einordnung von Bibliotheken ist geplant.

Zur Unterteilung des Konzeptes *Program* wurden bisher die Klassen *SequenceAlignmentProgram* und *StructureAlignmentProgram* eingeführt, in denen Programme eingeordnet wurden und auf denen bestimmte Restriktionen definiert werden können. Mit Einführung dieser beiden Klassen wurde eine neue Version der Ontologie begonnen, siehe dazu Abbildung 2.7.

Die Umstrukturierung des Konzepts *Program* hat auch Auswirkungen auf die Klasse *BioinformaticsTask.* Die zuvor nur über die Relation zu der genannten Klasse abgebildeten Programmkategorien, werden nun nach und nach als Unterklassen der Klasse *Program* modelliert, damit diese Struktur zur Definition von Restriktionen ausgenutzt werden kann.

In der zweiten Version wurden einige Programme in BIO2ME eingeordnet. Ein Problem stellte dabei die Implementierung einiger Teilbäume dar. Um die Programminstanzen ihren Anwendungsgebieten zuzuordnen, mussten einige Konzepte auf der tiefsten Ebene der Hierarchie in Instanzen umgewandelt werden. Während andere Konzepte offensichtliche Instanzen enthalten (*FASTA* ist eine kleine Einheit von *DataFormat*), wurde die Wahl *Klasse* oder *Instanz* je nach Bedarf getroffen.

Die bisher modellierten Strukturen von BIO2ME stellen eine gute Grundlage für die kooperative Erweiterung durch weitere Fachexperten dar. Einzelne Klassifikationen werden sich bewähren müssen und können gegebenenfalls umstrukturiert werden.

Anhand dieser bisherigen Arbeiten konnten wichtige Erfahrungen für den Ablauf kooperativer Ontologieerstellungsszenarien gesammelt werden. Daraus ergaben sich im Wesentlichen drei Problemkategorien für den kollaborativen Ontologieaufbau:

- Die wesentliche Herausforderung liegt in der Konzipierung der grundlegenden Ontologiestruktur, da hier nachträgliche Änderungen kaum oder nur schwer durchführbar sind. Daher ist eine kollaborative Planung des Ontologieaufbaus vor dem eigentlichen Editiervorgang von immenser Bedeutung und muss gesondert unterstützt werden.
- Während das Fundament der Ontologie gut von einer kleinen Gruppe von Experten angelegt werden kann, wird für die feinere Ausdifferenzierung einzelner Abzweigungen Spezialwissen aus einer breiter gefächerten Community benötigt. Am Beispiel der BIO2Me wurde besonders deutlich, dass Fachwissen aus dem gesamten Bereich der Bioinformatik und Biologie jeweils mit den speziellen Bezügen zum Themengebiet benötigt wurde, was von einer kleineren Gruppe allein nicht geleistet werden kann. Hier sind Wege nötig, wie die bereits vorhandene Strukturierung an externe Experten vermittelt werden kann, damit diese neue Verfeinerungen einbringen können.
- Noch deutlicher erweitert werden muss die Nutzer-Community, wenn es um die Anreicherung mit Instanzen und die langfristige Pflege der Ontologie geht. Hier geht es vor allem darum, dauerhaft kleinere Fakten-Änderungen (vor allem auf Instanzebene der Ontologie) vorzunehmen, wobei Veränderungen konstant mit verfolgt und einem Urheber zugewiesen werden müssen.

2.2.3. Anwendungsszenario für die Ontologie Bio2Me

Ausgangssituation: Eine Molekularbiologin möchte 12 RNA-Sequenzen bezüglich ihrer Strukturen miteinander vergleichen. Sie benötigt ein Programm, das sie bei dem Vergleich der Sequenzen unterstützt. Sie weiß jedoch nicht, welche Programme für diese Aufgabe in Frage kommen. Zudem bevorzugt sie ein Werkzeug, das über einen Webservice ihr Alignment direkt berechnen kann, ohne sich Gedanken über die Installation oder technische Voraussetzungen machen zu müssen. Diesen Service würde sie von jedem Rechner aus starten können, ohne eine Anwendung auf dem Rechner zu installieren.

Lösung: Die Molekularbiologin durchsucht die Ontologie Bio2Me nach Alignment-Programmen, die sowohl die Struktur als auch die Sequenz berücksichtigen. Die Biologin erhält eine Liste mit mehreren Programmen, darin enthalten sind T-LARA, MARNA und STRAL. Sie kann jetzt die Ergebnisse reduzieren, indem sie die zu den Programmen erhältlichen Informationen über vorhandene Webservices einbezieht.

Die Wissenschaftlerin studiert dann Kommentare und Bewertungen anderer Nutzer oder Entwickler der verbleibenden Programme und liest referenzierte *Benchmarks*. Auf Basis dieser Informationen entscheidet sie sich, dass STRAL ihren Anforderungen am besten zu erfüllen vermag, weil es gute Ergebnisse mit niedrigem Rechenaufwand kombiniert und über ein Webformular nutzbar ist. Die Biologin folgt dem in der Ontologie vermerkten Link zur Internetseite des Webservices und startet STRAL mit ihrem Sequenzset /(Anwendungsszenario nach (Mainz, 2006)).

3. Der Ähnlichkeitsbegriff für Ontologien

Für den Vergleich und die Zusammenführung von Ontologien spielt der *Ähnlichkeitsbegriff* eine zentrale Rolle. In diesem Kapitel werden verschiedene Ansätze zur Definition von *Ähnlichkeit* für Ontologien vorgestellt.

Die Ähnlichkeit zweier Ontologien kann mit Hilfe von *Ähnlichkeitsmaßen* oder *Abstandsmaßen* berechnet werden. *Ähnlichkeitsmaße* sind Funktionen $sim : O_1 \times O_2 \rightarrow [0,1]$, die für zwei Entitäten aus O_1 und O_2 eine Zahl $sim(O_1, O_2) \in [0,1]$ berechnen, wobei diese umso größer ist, je größer die Ähnlichkeit der Ontologien bezüglich des Ähnlichkeitsmaßes sim ist. *Abstandsmaße* $dist : O_1 \times O_2 \rightarrow \mathbb{R}$ berechnen für zwei Ontologien O_1 und O_2 eine Zahl $dist(O_1, O_2)$. Diese Zahl ist umso größer, je unähnlicher die Ontologien bezüglich dieses Abstandsmaßes $dist$ zueinander sind. Durch den Abstand kann man auf die Ähnlichkeit von zwei Objekten schließen; je näher die Objekte aneinander sind (je geringer der Abstand), desto ähnlicher sind sie (*Ähnlichkeitsmetrik*).

Mit dem Ähnlichkeitsbegriff für Ontologien beschäftigen sich eine Vielzahl von Arbeiten, wie z.B: (Maedche u. Staab, 2002), (Rodríguez u. Egenhofer, 2003), (Ehrig u. a., 2004), (Euzenat u. Valtchev, 2004) und (Kwon u. a., 2006). Viele Ansätze verwenden eine *Ähnlichkeitsmetrik*. Hierbei wird eine Distanzfunktion als Grundlage des Ähnlichkeitsmaßes angenommen, wobei die Distanzwerte auf das Ähnlichkeitsintervall $[0,1]$ abgebildet werden. In der Mathematik wird als Metrik eine Funktion verstanden ($dist : O_1 \times O_2 \rightarrow \mathbb{R}$), die je zwei Punkten eines n-dimensionalen Raums einen reellen Wert zuordnet, welcher als Abstand der beiden Punkte voneinander aufgefasst wird. Dabei gelten für beliebige Objekte x,y,z *aus* $O_1 \cup O_2$ folgende Bedingungen:

1. $dist(x,x) = 0$ (identische Objekte haben Abstand 0),
2. $dist(x,y) = 0 \Rightarrow x = y$ (nichtidentische Objekte haben nicht den Abstand 0),
3. $dist(x,y) = dist(x,y)$ (Symmetrie)
4. $dist(x,y) \leq dist(x,z) + dist(z,y)$ (Dreiecksungleichung)

Die Dreiecksungleichung besagt, dass der Abstand von x zu y stets kleiner oder gleich dem Abstand über den *Umweg* von y nach z und von z nach y ist.

Amos Tversky zeigt in (Tversky, 1977) einige Mängel der metrischen Distanzen zur Bestimmung der Ähnlichkeit von Objekten auf. Insbesondere die *Dreiecksungleichung* entspricht nicht immer dem Ähnlichkeitsempfinden des Menschen. Tversky (1977) betrachtet ein Objekt als eine Sammlung von Merkmalen. Objekte werden durch Mengen binärer Merkmale kodiert. Die Bestimmung der Ähnlichkeit zweier Objekte a und b wird durch den Vergleich der jeweiligen Merkmale A und B bestimmt. Die Ähnlichkeitsformel berücksichtigt jedoch nicht nur die Menge der übereinstimmenden Merkmale, sondern auch die Mengen der nicht übereinstimmenden Merkmale.

$$T(A,B)) = \alpha * f(A \cap B) - \beta * f(A \setminus B) - \gamma * f(B \setminus A) \tag{3.1}$$

Jede Eigenschaft von Objekt a wird mit den Eigenschaften des Objektes b verglichen, um Übereinstimmungen zu lokalisieren. Das Tversky-Maß errechnet sich aus der Menge der gemeinsamen

Merkmale des Objektes a und b, aus der Menge der Merkmale von a, die b nicht teilt und der Menge der Merkmale von b, die a nicht teilt.

Dieser Ähnlichkeitsbegriff basiert auf der Beobachtung, dass im menschlichen Wahrnehmen Objekte durch Eigenschaften unterscheidbar sind und dies die Ähnlichkeit beeinflusst. In dieser Arbeit wird zur Berechnung der Ähnlichkeit basierend auf Tversky (1977) die gemeinsamen Eigenschaften zwischen den Objekten ermittelt und zueinander in Beziehung gesetzt.

Zur Bestimmung der Ähnlichkeit zwischen Konzepten, Instanzen und Eigenschaften *(properties)* werden die Ähnlichkeitsmaße in dieser Arbeit in *linguistische, strukturelle* und *semantische* Ähnlichkeit klassifiziert. Diese Einteilung orientiert sich an dem Framework für den Vergleich von Ontologien von Ehrig (2006b):

- Die *linguistische Ähnlichkeit* erfasst alle sprachlichen Vergleiche, die in einer Ontologie stattfinden, wie Namensvergleiche, Attributvergleiche und der Vergleich von Instanzen. Dabei muss sowohl die syntaktische Ähnlichkeit zweier Wörter betrachtet werden als auch die *Bedeutung* der Wörter. Dies betrefft insbesondere *Synonyme* und *Hyperonyme*. Hierfür bedarf es jedoch externe Quellen, wie Wörterbücher oder Thesauri. Die Vergleiche auf dieser Ebene befinden sich in dem Framework von Ehrig (2006b) auf der Daten-Schicht *(Data Layer)*.
- Die *strukturelle Ähnlichkeit* berücksichtigt die Organisation der einzelnen Konzepte in der Ontologie *(Ontology Layer)*. Um die Ähnlichkeit von zwei Konzepten zu bewerten, können verschiedene Nachbarschaftsbeziehungen berücksichtigt werden. In Betracht kommen: *Oberkonzepte*, also Konzepte auf dem Pfad von dem zu vergleichenden Konzept bis hin zur Wurzel, *Unterkonzepte* oder auch Eigenschaften *(properties)* eines Konzeptes.
- Bei der *semantischen Ähnlichkeit* wird der semantische Kontext von zwei Konzepten berücksichtigt. Auf dieser Ebene wird die Ähnlichkeit aufgrund zusätzlich vorhandener Informationen wie die Verknüpfung mit Dokumenten untersucht. Die Vergleiche auf dieser Ebene befinden sich in dem Framework von Ehrig (2006b) auf der Kontext-Schicht *(Context Layer)*.

Als Ergebnis der Ähnlichkeitsberechnung resultiert ein numerischer Wert, der die entsprechende Ähnlichkeit zwischen zwei Entitäten (*Konzepte, Instanzen, Eigenschaften)* angibt. In folgenden Abschnitt wird die Definition einer Ähnlichkeitsfunktion für Ontologien vorgestellt.

3.1. Definition Ähnlichkeit

Proximitätsmaße ermöglichen es, die Ähnlichkeit bzw. Unähnlichkeit von Objekten durch reelle Zahlen auszudrücken. Der Grad der Verschiedenheit oder Ähnlichkeit zweier Objekte X mit Merkmalsvektor $x = (x_1, ..., x_p)$ und Y mit Merkmalsvektor $y = (y_1, ..., y_p)$ wird entweder durch ein Distanzmaß $dist = (x, y)$ oder ein Ähnlichkeitsmaß $sim = (x, y)$ wiedergegeben.

Mit einem *Ähnlichkeitsmaß* wird der Grad an Übereinstimmungen zwischen zwei Objekten bestimmt. Aufbauend auf der Definition von (Bisson, 1995) wird in dieser Arbeit eine Ähnlichkeitsfunktion $sim(x, y)$ für zwei Entitäten x und y definiert als:

- $sim(x, y) \in [0..1]$: Ähnlichkeit ist *positiv*
- $sim(x, x) = 1$: Ähnlichkeit ist *reflexiv*
- $sim(x, y) = sim(y, x)$: Ähnlichkeit ist *symmetrisch*
- $sim(x, y) = 1 \rightarrow x = y$: Zwei Entitäten sind identisch

- $sim(x, y) = 0 \rightarrow x \neq y$: Zwei Entitäten sind unterschiedlich und haben keine gemeinsamen Eigenschaften

Ein Ähnlichkeitsmaß lässt sich in ein Abstandsmaß umwandeln durch: $dist(x, y) = 1 - sim(x, y)$ oder $dist(x, y) = \sqrt{1 - sim(x, y)}$.

Für die Berechnung der Funktion *sim(x,y)* werden in dieser Arbeit verschiedene Methoden verwendet. Für zwei Konzepte x und y kann *sim(x,y)* zum Beispiel ermittelt werden, indem approximative String-Matching-Verfahren für die Namen von x und y betrachtet werden. Diese Ähnlichkeit wird dann $sim_{ling}(x, y)$ genannt. Wird für die Ermittlung der Ähnlichkeit von zwei Konzepten x und y die strukturelle Position in der Taxonomie berücksichtigt, so wird der resultierende Ähnlichkeitswert $sim_{struc}(x, y)$ genannt. $sim_{semantic}(x, y)$ wird der Ähnlichkeitswert genannt, der bei der Ermittlung der Ähnlichkeit den Kontext der beiden Konzepte berücksichtigt.

Die *Ähnlichkeit* zweier Konzepte bezieht sich somit auf eine Teilmenge von Merkmalen und auf einer Ähnlichkeitsdefinition zwischen diesen Merkmalsausprägungen. Die Ähnlichkeit kann durch eine Funktion repräsentiert werden, die die Ähnlichkeiten der Merkmalsausprägungen miteinander verknüpft. Für die Aggregation von Ähnlichkeitswerten gibt es verschiedene Verfahren. In dieser Arbeit wurde eine Linearkombination gewählt, vgl. (Bisson, 1995; Maedche u. Staab, 2002; Ehrig u. a., 2004), die mit Gewichtungsfaktoren versehen ist, welche die Bedeutung der einzelnen Merkmale widerspiegeln. Diese Gewichtungsfaktoren wurden heuristisch ermittelt und lassen sich durch den Nutzer an den jeweiligen Anwendungskontext anpassen. Durch die Gewichte lassen sich die Ergebnisse der einzelnen Vergleichsmethoden je nach Anwendungsdomäne stärker oder auch schwächer berücksichtigen.

$$sim_{ges}(x, y) = \frac{w_1 * sim_{ling}(x, y) + w_2 * sim_{struc}(x, y) + w_3 * sim_{semantic}(x, y)}{w_1 + w_2 + w_3} \tag{3.2}$$

Die ermittelten Ähnlichkeitswerte sind die Basis für die Abbildung der Konzepte und auch für die Integration der Ontologien. Zwei Konzepte, die einen höheren Ähnlichkeitswert haben als ein vorher festgelegter Schwellwert, werden in der Ergebnisontologie zusammengeführt.

Zwei Systeme, die für dasselbe Konzept zwei unterschiedliche Bezeichner verwenden, können nicht problemlos kommunizieren. Gleich verhält es sich, wenn sie dieselben Bezeichner für zwei verschiedene Konzepte verwenden. Daher ist ein Abbilden der beiden Begriffsysteme aufeinander notwendig, eine solche Abbildung nennt man *Ontologie-Mapping*.

3.2. Repräsentation der Vergleiche

Formell kann eine Ontologieabbildung (*Ontologie-Mapping*) als Aufgabe verstanden werden, die Vokabulare zweier Ontologien mit gleicher Anwendungsdomäne in Beziehung zu setzen, so dass die mathematische Struktur der ontologischen Signaturen und ihre beabsichtigte Interpretationen, wie durch ihre spezifizierten Axiome definiert, beachtet werden (vgl. Kalfoglou u. Schorlemmer (2005)). Solche strukturerhaltenden Abbildungen zwischen mathematischen Strukturen werden als Morphismen bezeichnet.

In dieser Arbeit wird das *Mapping* (oder die Abbildung) zwischen zwei Konzepten aus zwei unterschiedlichen Ontologien definiert als: Konzept x wird auf das Konzept y abgebildet, wenn x und y identisch oder einander ähnlich sind, also wenn $sim(x, y)$ größer als ein vorher festgelegter Schwellwert t ist. Formal kann ein Mapping zwischen zwei Ontologien O_1 und O_2 folgendermaßen definiert werden:

- $map : O_1 \rightarrow O_2$
- $map(x) = y$, falls $sim(x, y) > t$, wenn t ein Schwellwert ist

Ein Ontologie-Mapping heißt *vollständig*, wenn es jedem Konzept aus der Ausgangsontologie ein Konzept aus der Zielontologie zuordnet. Ein Ontologie-Mapping, das nicht vollständig ist, heißt *partiell*. Die in dieser Arbeit verwendeten Ontologie-Mappings sind partiell, da nicht zu jedem Konzept der Ausgangsontologie eine Entsprechung in der Zielontologie angegeben werden kann.

Ein Ontologie-Mapping ist *nicht* immer *eindeutig*, das heißt, es kann mindestens ein Konzept der Ausgangsontologie geben, dem mehr als ein Konzept der Zielontologie zugeordnet ist.

3.3. Syntaktische Ähnlichkeit

Bei der *syntaktischen Ähnlichkeit* wird die Ähnlichkeit der Bezeichner der zu vergleichenden *Entitäten* (Konzepte, Eigenschaften, Instanzen, usw.) einer Ontologie auf Basis von approximativen String-Matching-Verfahren ermittelt.

3.3.1. Ähnlichkeitswert basierend auf Editierdistanz

Die Levenshtein-Distanz (Levenshtein, 1966), häufig auch als Editierdistanz bezeichnet, gibt die Anzahl an Änderungsoperationen an, die notwendig sind, um eine Zeichenkette in eine andere zu überführen. Als Änderungsoperation gilt das Einfügen, Löschen, Ersetzen oder das Verschieben von einzelnen Zeichenketten. Aus der Editierdistanz, die den Unterschied zwischen den Strings ausdrückt, kann der Wert für deren Ähnlichkeit abgeleitet werden. Die Levenshtein-Distanz zur Bestimmung der syntaktischen Übereinstimmung zweier Zeichenketten ist definiert als:

$$sim_{LDist}(w_1, w_2) = 1 - \frac{ed(w_1, w_2)}{max(|w_1|, |w_2|)} \tag{3.3}$$

Dabei ist $ed(w_1, w_2)$ die Levenshtein-Distanz zwischen zwei zu vergleichenden Wortpaaren (w_1, w_2), die durch die Länge der längeren Zeichenkette von beiden Wörtern dividiert wird.

Die Levenshtein-Distanz kann als Erweiterung des *Hamming-Abstands* angesehen werden, welche sich auf das Ersetzen von Zeichen beschränkt und daher nur Zeichenketten gleicher Länge bemessen kann. Erweiterungen der Levenshtein-Distanz oder parallele Entwicklungen, wie z. B. von Damerau, berücksichtigen auch weitere Operationen wie beispielsweise das Vertauschen zweier Zeichen oder gewichten die Operationen unterschiedlich.

Maedche u. Staab (2002) verwenden die Editierdistanz nach Levenshtein, um ein Ähnlichkeitsmaß für das String-Matching zwischen zwei Ontologiekonzepten zu berechnen. Dabei wird die Anzahl an Änderungsoperationen gegen die kürzere Zeichenkette zweier Ontologiekonzepte gewichtet. Das Ergebnis der Ähnlichkeitsberechnung liegt zwischen 0 und 1; dabei gibt 1 an, dass zwei Ontologiekonzepte identisch sind. Das String-Matching nach Maedche und Staab ist invers zur Editierdistanz und wird wie folgt definiert:

$$sim_{LSim}(w_1, w_2) = max(0, \frac{min(|w_1|, |w_2|) - ed(w_1, w_2)}{min(|w_1|, |w_2|)}) \tag{3.4}$$

Das Ähnlichkeitsmaß sim_{LSim} ist 0, wenn die kleinste Zeichenkettenlänge von zwei Elementnamen kleiner ist als $ed(w_1, w_2)$. Im Falle zweier identischer Zeichenketten ist sim_{LSim} immer gleich

1. Im Folgenden wird der Ähnlichkeitswert sim_{LSim} für die beiden Konzepte *BioinformaticsTask* und *InformaticsTask* ermittelt.

$$sim_{LSim}(BioinformaticsTask, InformaticsTask) = max(0, \frac{15-4}{15}) = 0,7$$

Der Ähnlichkeitswert sim_{LSim} für die beiden Wörter ist 0.7, da die Anzahl der Editieroperationen zur Überführung von *InformaticsTask* in *BioinformaticsTask* 4 beträgt und die Anzahl der Zeichen im kürzeren Wort 15 beträgt.

3.3.2. Ähnlichkeitswert basierend auf n-Grammen

Die Ähnlichkeitsberechnung basierend auf *n-Grammen* (Ukkonen, 1992) teilt die beiden zu vergleichenden Wörter in Substrings der Länge n auf und ermittelt die Anzahl der gemeinsamen Substrings der Länge n. Die Annahme besteht darin, dass die beiden Zeichenketten umso ähnlicher zueinander sind, je mehr n-Gramme übereinstimmen. Als n-Gramme eines Wortes $W = w_0..w_{m-1}$ bezeichnet man die Menge aller Teilstrings, mit

$$\{w_0..w_{n-1}, w_1..w_n, w_{n-m}..w_{m-1}\}, also \{w_i..w_{i+n-1} \mid 0 \leq i \leq m-n\}$$

Abhängig von der gewünschten Genauigkeit wird häufig mit 2-Gramme (Bigramme) oder 3-Gramme (Trigramme) gearbeitet.

Zur Berechnung der n-Gramm-Distanz zweier Wörter w_1 und w_2 wird verglichen, inwieweit die ermittelten n-Gramme in w_1 und w_2 gleich häufig auftreten. Der *Dice-Koeffizient* ist eine Möglichkeit mittels n-Grammen Wortähnlichkeiten zu berechnen. Der Dice-Koeffizient zweier Wörter berechnet sich nach der Formel:

$$sim_{Dice}(w_1, w_2) = \frac{2 \mid nGram(w_1) \cap nGram(w_2) \mid}{\mid nGram(w_1) + nGram(w_2) \mid} \tag{3.5}$$

Wobei *nGram(w)* die Zerlegung des Wortes w in seine n-Gramme ist. Das Ergebnis der Berechnung ist ein Wert zwischen 0 und 1 und gibt den Grad der Ähnlichkeit an, wobei höhere Werte eine höhere Ähnlichkeit angeben.

3.4. Strukturelle Ähnlichkeit

Für eine Ontologie können verschiedene *strukturelle Eigenschaften* betrachtet werden. Für den Vergleich zweier Konzepte können z. B.:

- Die Unterknoten betrachtet und verglichen werden. D.h. Konzepte, die sich in der Hierarchie unterhalb des aktuellen Konzeptes befinden.
- Die Oberknoten bis zur Wurzel, also der Pfad vom aktuellen Konzept bis zur Wurzel.
- Die Geschwisterknoten, d.h. Konzepte, die sich auf derselben Hierarchie-Ebene befinden.
- Die Instanzmengen zu den Konzepten
- Konzepte, zu den durch Relationen eine Verbindung besteht

Die ersten drei Kriterien werden bei den Vergleichen *basierend auf der taxonomischen Hierarchie* berücksichtigt. Der letzte Vergleich findet bei der Ähnlichkeit basierend auf dem Graphen-Modell Berücksichtigung. Dabei wird die Ontologie als gerichteter Graph mit den Konzepten als Knoten und den Relationen als Kanten betrachtet. Somit kann das strukturelle Matching von Ontologien auf das Graph-Matching-Problem zurückgeführt werden.

Zwei Graphen $G_1 = (V_1, E_1)$ und $G_2 = (V_2, E_2)$ sind einander ähnlich, wenn sie durch eine bestimmte (zulässige) Anzahl von Änderungsoperationen, solchen wie z. B. das Hinzufügen, das Löschen und das Umbenennen von Kanten oder Knoten, zu isomorphen Graphen gemacht werden können. Der Grad der Ähnlichkeit hängt von der zulässigen Anzahl der Operationen ab.

Wird die Ontologie auf ihre hierarchische Struktur beschränkt, dann können für das Matching auf taxonomischer Basis auch Baum-Traversier-Algorithmen bzw. Baum-Matching-Algorithmen hilfreich sein. Verfahren zur Bestimmung der *strukturellen Ähnlichkeit* können unterteilt werden in jene, die nur die *hierarchische Struktur der Ontologie* berücksichtigen und solchen, welche die *Gesamtstruktur der Ontologie* berücksichtigen.

3.4.1. Ähnlichkeit basierend auf der taxonomischen Hierarchie

Um den Abstraktionsgrad zweier Konzepte in einer Taxonomie zu bestimmen, muss die relative Entfernung der Konzepte zur Wurzel berücksichtigt werden.

Wu und Palmer (Wu u. Palmer, 1994) haben eine Metrik zur Bestimmung der konzeptuellen Entfernung definiert, die die Spezialisierung der Konzepte, also ihrer Tiefe in der Taxonomie, berücksichtigt.

$$sim_{Wu}(a,b) = \frac{2 * N_3}{N_1 + N_2 + 2 * N_3} \tag{3.6}$$

Zunächst muss der nächste gemeinsame Elternknoten von a und b (zwei Konzepte) gefunden werden, der c genannt wird. Dann ist N_1 die Anzahl an Knoten von a nach c und N_2 die Anzahl an Knoten von b nach c. N_3 ergibt sich durch die Anzahl der Knoten von c zum Wurzelelement der Taxonomie. Somit wird die Tiefe der Konzepte in der Taxonomie berücksichtigt, nicht aber die Dichte der Taxonomie.

Resnik (1999) hat den Ansatz von *Wu und Palmer (Wu u. Palmer, 1994)* erweitert, indem er den Informationsgehalt von Konzepten mit Hilfe eines Textkorpus (Ansammlung von Dokumenten, die den Wortschatz für bestimmte Anwendungsgebiete angeben) bestimmt. Jedem Konzept wird eine Zahl (die *Dichte*) zugeordnet, diese Zahl beschreibt die Häufigkeit, mit der das Wort in einem Textkorpus vorkommt.

Li, Bandar und McLean (Li u. a., 2003) haben zur Berechnung der konzeptuellen Distanz zwischen zwei Konzepten neben der Pfadlänge zwischen zwei Konzepten auch die Dichte und Tiefe in der Hierarchie berücksichtigt. Sie definieren für die ontologiebasierte Ähnlichkeit von zwei Konzepten drei Einflussfaktoren:

1. Die minimale Pfadlänge zwischen den Konzepten im Graphen *(Länge)*.
2. Die Abstraktionsebene des direkten Oberbegriffs zweier Konzepte. Als Abstraktionsebene wird die Länge des kürzesten Pfades zwischen einem Konzept und dem Wurzelkonzept bezeichnet *(Tiefe)*.
3. Die aus einem fachspezifischen Textkorpus errechnete *Dichte*.

Li, Bandar und McLean haben die Ähnlichkeit sim zwischen zwei Konzepten a und b als Funktion der drei Parameter (l Länge, t Tiefe, d Dichte) definiert mit:

$$sim_{struc}(a,b) = f(l,t,d) \tag{3.7}$$

Zwei Faktoren β und γ gewichten den Einfluss der einfachen Entfernung im Netz und der Tiefe vom ersten gemeinsamen Elternknoten von a und b. Das bedeutet, dass bei gleicher Entfernung im Graph die sim_{struc} trotzdem unterschiedlich sein kann. Zwei abstraktere Konzepte, deren Entfernung vom Wurzelknoten gleich ist, haben weniger gemeinsam, als zwei spezialisierte Konzepte, die tiefer in der Hierarchie sind. Die Lösung von Li u. a. (2003) kann für Taxonomien und semantische Netze verwendet werden. Also wenn vorausgesetzt wird, dass alle Beziehungen im Netz vom Typ *is-a*-Relation sind. Zu beachten ist, dass mit diesem Verfahren die konzeptuelle Distanz zwischen zwei Konzepte in derselben Ontologie ermittelt wird.

Der *Edit-Distanz-Algorithmus (restricted edit-distance algorithm)* existiert in mehreren Varianten für verschiedene Typen von Bäumen. Gegeben seien zwei Bäume T_1 und T_2. Die Edit- Distanz $D(T_1, T_2)$ ist das Minimum der Kosten $k(S)$ aller Edit-Sequenzen S, die T_1 in T_2 überführen. Dabei versteht man unter der Edit-Sequenz eine Sequenz von Edit-Operationen. Mögliche Edit-Operationen sind ein *Knoten einfügen*, ein *Knoten löschen* und ein *Knoten umbenennen*. Jede einzelne Edit-Operation hat bestimmte Kosten, die einheitlich oder unterschiedlich sein können und deren Summe die Kosten der entsprechenden Edit-Sequenz bildet. Die Berechnung der allgemeinen Edit-Distanz ist NP-hart.

Der *Ansatz von Wang u. a. (1999)* beschränkt die Edit-Distanz nur auf Grad-2-Operationen. Das bedeutet, nur Knoten mit höchstens zwei Kanten werden eingefügt oder entfernt. *Selkows* Edit-Distanz: Nur Knoten vom Grad 1 (d.h. Blätter) werden eingefügt oder entfernt. Die Grad-2-Distanz $d(T_1, T_2)$ zweier Bäume T_1 und T_2 ist das Minimum über die Kosten g(S) aller Edit-Sequenzen S vom Grad 2, die T_1 in T_2 überführen. Diese Einschränkung ist eigentlich keine echte Einschränkung: Um Knoten mit einem höheren Grad zu entfernen, eliminiert man zuerst einige der Nachbarknoten. Die berechnete Edit-Distanz wird dann als Ähnlichkeitsmaß für zwei Bäume eingesetzt.

3.4.2. Ähnlichkeit basierend auf dem Graphen-Modell einer Ontologie

Die Eigenschaften bilden durch die Relation zu anderen Konzepten einen Graphen mit den Konzepten als Knoten und den Eigenschaften als Kanten. Deshalb liegt es nahe für die strukturelle Ähnlichkeitsbetrachtung der Ontologien die zugrunde liegenden Graphen zu betrachten. Graph-Matching ist der Prozess des Findens von Übereinstimmungen zwischen Knoten und Kanten in zwei Graphen. Graph-Matching-Algorithmen lassen sich in zwei Gruppen einteilen: Algorithmen, die eine exakte Übereinstimmung ermitteln und Algorithmen, die auch nicht exakte Übereinstimmungen aufdecken:

- **Exact Graph-Matching:** Beim *Exact Matching* geht es darum, die genaue Übereinstimmung zwischen zwei Graphen, oder aber wenigstens zwischen Teilgraphen zu finden. Die strengste Form des *Exact Matching* verlangt nach *Graph-Isomorphismus*. Das bedeutet, dass zwei Graphen identisch sein müssen, um eine Übereinstimmung zwischen diesen anzuzeigen. Die Laufzeit dieser Algorithmen ist im schlimmsten Fall exponentiell.
- **Inexact Graph-Matching:** Zur zweiten wichtigen Gruppe gehören die Algorithmen, die auch nicht exakte Übereinstimmungen ermitteln. Im Bereich der Ähnlichkeitsberechnung ist es oft so, dass die Konzepte eine gewisse Variabilität besitzen dürfen, sodass auch approximative Ergebnisse reichen.

Für den Vergleich von Ontologien auf Basis der zugrunde liegenden Graphen eignen sich *Inexact Graph-Matching*-Methoden, die auch eine Toleranz bei geringer Abweichung zulassen.

Eine Methode für das approximative, inexakte Graph-Matching (Hummel u. Zucker, 1987) basiert auf *Relaxation Labeling*. In dieser Methode wird jedem Knoten des Graphen G_1 eine Beschriftung aus einer endlichen Menge möglicher Beschriftungen der Knoten des Graphen G_2 zugewiesen. Die Beschriftung legt fest, welcher Knoten aus Graph G_1 auf welchen Knoten aus Graph G_2 gemappt wird. Die initiale Label-Zuweisung erfolgt ohne Berücksichtigung der Nachbarschaft, z. B. durch die linguistische Ähnlichkeit der Knotennamen.

Für das Graph-Matching wird für jeden Knoten aus dem Graph G_1 ein Vektor mit den Wahrscheinlichkeiten des zugehörigen Knotens aus dem Graphen G_2 angelegt. Jedes Mapping besitzt also eine festgelegte Wahrscheinlichkeit. Durch mehrere Iterationen werden die Wahrscheinlichkeiten modifiziert, jeweils unter Beachtung der Wahrscheinlichkeiten der Nachbarknoten, solange bis das Verfahren gegen einen Fixpunkt konvergiert oder eine maximale Anzahl Iterationen erreicht ist. Zu diesem Zeitpunkt wird dann für jeden Knoten die Beschriftung mit der höchsten Wahrscheinlichkeit zugewiesen und so das Mapping konstruiert. Das Problem beim *Relaxation Labeling* besteht darin, dass nach Terminierung des Algorithmus jeder Knoten ein Label besitzt, jedoch keine Garantie besteht, dass ein Label aus Graph B nicht auf zwei verschiedenen Knoten aus Graph A zugewiesen wurde (Conte u. a., 2004).

Der *Similarity-Flooding-Algorithmus* (Melnika u. a., 2002) wandelt zunächst die beiden Ontologie-Modelle in zwei gerichtete, gekennzeichnete Graphen (G und F) um und liefert eine gewichtete Abbildung zwischen einzelnen Knoten dieser Graphen. Bei der Suche nach strukturähnlichen Elementen wird angenommen, dass zwei Knoten ähnlich sind, wenn ihre Umgebungsknoten Ähnlichkeiten aufweisen. Als Ausgangspunkt wird in diesem Verfahren die Ähnlichkeit der Knotenbezeichnungen (linguistische Ähnlichkeit) verwendet. Die Ähnlichkeiten der Namen dienen lediglich als Ausgangsbasis für eine Fixpunktiteration über einen *Pairwise-Connectivity*-Graphen, auf dem die Ähnlichkeitswerte über die Kanten an die Nachbarn propagiert werden. In Abbildung 3.1 ist der Algorithmus an einem sehr einfachen Beispiel zu sehen. Die beiden Graphen haben nur jeweils drei Knoten und drei Kanten, wobei es nur zwei Arten von Kanten gibt: *d1* und *d2*.

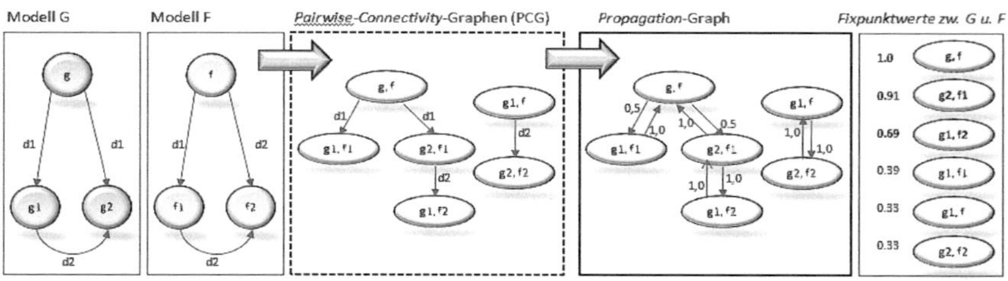

Abbildung 3.1.: Similarity Flooding: Ein Beispiel nach Melnika u. a. (2002)

Pairwise-Connectivity-Graphen (PCG) bilden aus den beiden ursprünglichen Graphen G und F einen neuen Graphen. Es werden also alle gleich beschrifteten Kanten in G und F gesucht und diese mit den jeweiligen Knoten in den neuen Graph übertragen. Die Knoten des *PCG* sind also Elemente aus der Menge $G \times F$ und geben schon durch die Nachbarschaft an, welche Knoten die Ähnlichkeiten welcher anderen Knoten beeinflussen.

Die Ähnlichkeit zweier Knoten *flutet* die Ähnlichkeit der benachbarten Knoten. Das Verfahren basiert auf dem Prinzip der Fixpunktiteration. Hierbei wird eine Operation so lange ausgeführt, bis sie keine Veränderung (der Ähnlichkeitswerte) mehr ergeben, ein Fixpunkt ist erreicht. Die Ähnlichkeit *fließt* während der Fixpunktiteration von einem benachbarten Knoten zum nächsten, daher der Name *Similarity Flooding*. *Similarity Flooding* funktioniert also nach folgendem Ablauf:

1. Gegeben ist die initiale Ähnlichkeit zwischen Knoten (z. B. durch die Editierdistanz oder durch Analyse der darunter liegenden Daten).
2. Lasse Ähnlichkeiten *abfärben* auf die Nachbarn.
   - Nachbarknoten sind durch die Struktur definiert.
   - Sind alle Nachbarn von g und f ähnlich zueinander, sind (vielleicht) auch g und f ein Match.
3. Analogie: Man *flutet* das Netzwerk der Ähnlichkeiten bis ein Gleichgewicht erreicht ist.

Der Algorithmus kann für alle Domänen eingesetzt werden, in denen Datenstrukturen als gerichtete, gekennzeichnete Graphen dargestellt werden können. Aus den global berechneten Ähnlichkeitswerten für die Knotenpaare kann nach dem Filtern durch einen Schwellenwert über verschiedene Metriken die Menge der korrespondierenden Elemente ausgewählt werden. Neben der Formel zur Berechnung der Ähnlichkeitspropagierung müssen auch Schwellwerte sowie die Auswahlmetrik geeignet festgelegt werden.

3.5. Semantische Ähnlichkeit

Bei der Bestimmung der semantischen Ähnlichkeit zweier Ontologien wird der semantische Kontext zweier Konzepte berücksichtigt. Auf dieser Ebene wird die Ähnlichkeit aufgrund zusätzlich vorhandener Informationen wie die Beschreibung der Konzepte, der Verknüpfung der Konzepte mit Dokumenten und das Auftauchen dieser Konzepte in anderen Ontologien berücksichtigt.

Dazu muss auf ein Dokumentenmodell zurückgegriffen werden. Ein Dokumentenmodell erlaubt die Darstellung von Dokumenten auf einer abstrakteren Ebene. Die Dokumente werden darin durch eine Reihe von Merkmalen repräsentiert. Das ermöglicht die weitere Verarbeitung und den Vergleich der Dokumente. Außerdem ist es in einem Dokumentenmodell möglich, Aussagen über die Ähnlichkeit zweier Dokumente aufgrund ihrer Merkmale zu treffen. Dabei bezieht sich *Ähnlichkeit* auf ihre *inhaltliche Übereinstimmung*. Dazu wird in den meisten Fällen ein Ähnlichkeitsmaß definiert, das einen Wert im Intervall $[0; 1]$ errechnet.

Zur Bestimmung von Dokumentenähnlichkeiten sind aus dem Fachgebiet *Infomation-Retrieval* einige Modelle bekannt. Diese lassen sich nach Kuropka (2004) in folgende Gruppen einteilen:

- *Mengentheoretische Modelle* zeichnen sich dadurch aus, dass sie natürlichsprachliche Dokumente auf Mengen abbilden und die Ähnlichkeitsbestimmung von Dokumenten (in erster Linie) auf die Anwendung von Mengenoperationen zurückführen.
- *Algebraische Modelle* stellen Dokumente und Anfragen als Vektoren, Matrizen oder Tupel dar, die zur Berechnung von paarweisen Ähnlichkeiten über eine endliche Anzahl algebraischer Rechenoperationen in ein eindimensionales Ähnlichkeitsmaß überführt werden.
- *Probabilistische Modelle* sehen den Prozess der Dokumentensuche bzw. der Bestimmung von Dokumentenähnlichkeiten als ein mehrstufiges Zufallsexperiment an. Zur Abbildung von Dokumentenähnlichkeiten wird daher auf Wahrscheinlichkeiten und probabilistische Theoreme (insbesondere auf den *Satz von Bayes*) zurückgegriffen.

Das Vektorraummodell nach Salton ((Salton u. a., 1975)) gehört in die Gruppe der *algebraische Modelle* und ist eines der verbreitetsten Methoden zur Bestimmung von Dokumentähnlichkeit. Es wird davon ausgegangen, dass zwei Dokumente dann eine inhaltliche Ähnlichkeit aufweisen, wenn sie möglichst viele Terme gemeinsam enthalten. Terme sind die Wörter, die nach Stopwortelimination, Stammformreduktion und ggf. weiteren Abstraktionsschritten in dem Korpus vorkommen.

Jedes Dokument wird repräsentiert durch einen Vektor, der alle enthaltenen Terme bzw. alle für die Indexierung verwendeten Deskriptoren enthält. Diese Indexterme sind Wörter, welche für das zu messende Problem relevant sind. Beispielsweise können dies Wörter sein, die ein Dokument charakterisieren. Der vieldimensionale Vektorraum wird durch die Terme aufgespannt, wobei jeder Term eine Dimension darstellt. Die Komponenten des Vektors eines Dokuments sind entweder binär und signalisieren dann schlicht das Vorkommen eines bestimmten Terms im Dokument oder reelle Zahlen aus dem Intervall $[0, 1]$ und signalisieren dann die relative Wichtigkeit oder Häufigkeit des Terms im Dokument. Für jeden Term wird ermittelt, wie oft er insgesamt im Datenbestand auftritt und wie oft er in einem einzelnen Dokument enthalten ist. Die relative Häufigkeit eines Terms wird somit zur Gewichtungsgrundlage. Die Abbildung des Dokumentes auf eine Kette gewichteter Terme wird als Dokumenten-Vektor bezeichnet.

Eine andere Möglichkeit die Termgewichte der Dokumentvektoren zu bestimmen ist die sog. $tf * idf$-Formel. Dabei ist $tf(w, d_i)$ die Häufigkeit von Term w in Dokument d_i *(term frequency)*, und $idf(w)$ ist der Kehrwert der Häufigkeit des Terms w im gesamten Korpus (*inverse document frequency*). Die Idee dahinter ist, dass das Gewicht von w in d_i mit seiner Häufigkeit in d_i wachsen soll, aber mit der Häufigkeit von w im gesamten Korpus fallen soll. Lokal häufige Terme werden also als signifikant für den Inhalt eines Dokuments angesehen, während global häufige Terme eher inflationären Charakter und daher nur noch geringe Aussagekraft über den Inhalt eines Dokuments haben. In der Praxis werden beide Größen – tf und idf – ggf. noch normalisiert (z. B. auf Werte zwischen 0 und 1), und der idf-Wert wird zudem *logarithmisch* gedämpft, da er sonst das Produkt dominieren würde.

Die Koordinate eines Dokumentes in Richtung eines Wortes gibt die *Nähe* eines Dokuments zum Wort an. Sind die Vektoren zweier Dokumente *topologisch nahe*, sind die Dokumente *ähnlich.* Als Ähnlichkeitsmaß werden Metriken, wie zum Beispiel das *Skalarprodukt*, der *Dice-Koeffizient* oder das *Kosinusmaß*, eingesetzt.

Durch das Kosinusmaß beispielsweise lässt sich nun die Ähnlichkeit zweier Dokumente berechnen. Der Name dieses Ähnlichkeitsmaßes ergibt sich aus der Tatsache, dass über das Skalarprodukt der Kosinus des Winkels berechnet wird. Wenn c und d zwei Vektoren darstellen, dann berechnet sich das Kosinusmaß folgendermaßen:

$$sim_{cos} = (c, d) = \frac{\langle c, d \rangle}{\|c\| * \|d\|} = \frac{\sum_{i=1}^{n} c_i * d_i}{\sqrt{\sum_{i=1}^{n} c_i^2} * \sqrt{\sum_{i=1}^{n} d_i^2}}$$

$\langle c, d \rangle = c^T * d$ bezeichnet dabei das Skalarprodukt, $\|c\| = \sqrt{c^T * c}$ den Betrag. Das Kosinusmaß ermittelt zwischen zwei beliebigen Vektoren einen Wert aus dem Intervall $[-1, 1]$. Eine Abbildung auf das Ähnlichkeitsintervall mit der Skalierung $[0, 1]$ erhält man durch eine Halbierung gefolgt von der Addition mit $1/2$. Je kleiner der Kosinus des Winkels, desto ähnlicher sind sich die Dokumente. So ist es möglich, eine nach dem Grad der Ähnlichkeit sortierte Trefferliste auszugeben. Dabei kann entweder ein Grenzwert festgelegt werden, der angibt, wie ähnlich sich die Dokumente mindestens sein sollen, oder aber es kann die Anzahl der Treffer, die vom System zurückgegeben werden soll, angegeben werden.

Ein entscheidender Schritt für die Güte der Ähnlichkeitsbestimmung ist natürlich die Auswahl der Indexterme, die sehr sorgfältig geschehen muss, damit man sinnvolle Resultate erhält. Wenn man zum Beispiel sehr häufig vorkommende Wörter, wie Artikel, Pronomen oder Zahlen als Indexterme wählt, werden sich die normalisierten Häufigkeiten kaum voneinander unterscheiden und das Ähnlichkeitsmaß verliert seine Aussagekraft. Deshalb müssen so genannte Stopwörter heraus gefiltert werden. Stopwörter sind diejenigen Wörter, die sehr häufig vorkommen (Artikel, Pronomen), aber wenig Informationsgehalt besitzen.

3.5.1. Ähnlichkeit basierend auf vorhandenen Textkorpus

Oft werden Ontologien zur Annotation von Text- oder HTML-Dokumenten verwendet, um ein besseres Retrieval-Ergebnis zu erhalten. In diesem Fall betrachten wir die Dokumentenkollektionen als semantischen Kontext. Die Annahme hierbei ist, wenn die Dokumente, die mit einem Konzept w_1 (aus der Ontologie O_1) verknüpft sind, ähnlich sind zu den Dokumenten, die mit dem Konzept w_2 (aus O_2) verknüpft sind, dann müssen auch w_1 und w_2 ähnlich sein.

Resnik (Resnik, 1999) hat Verfahren vorgestellt, bei denen der Informationsgehalt von Konzepten mit Hilfe eines *Textkorpus* bestimmt wird. Ein Textkorpus ist eine Ansammlung von Dokumenten, die den Wortschatz für bestimmte Anwendungsgebiete angeben. Dabei wird davon ausgegangen, dass ein im Sprachgebrauch häufig auftretender Begriff weniger spezifisch ist und damit einen geringeren Informationsgehalt besitzt, als ein Begriff, der häufiger verwendet wird. Der Informationsgehaltswert lässt sich also aus statistischen Angaben berechnen.

Die Idee ist nun, dass sich zwei Konzepte umso ähnlicher sind, je mehr Informationsgehalt sie sich teilen. Der gemeinsame Informationsgehalt wird durch den Informationsgehalt desjenigen Konzeptes angezeigt, welches in der Vererbungshierarchie einer Taxonomie auf der niedrigsten möglichen Ebene das gemeinsame Elternkonzept beider Konzepte ist. Resnik bezieht sich dabei nicht nur auf die Struktur der Ontologie, sondern auch auf die Auftrittshäufigkeiten der Begriffe in dem Textkorpus. Dazu wird den in der Taxonomie vorkommenden Konzepten w eine Wahrscheinlichkeit des Auftretens $p(w)$ zugewiesen. Er folgert, dass ein seltenes Auftreten eines Wortes w im Textkorpus den Informationsgehalt dieses Wortes erhöht. Bei der Methode nach Resnik (1999), die zur Bestimmung von Ähnlichkeit in Taxonomien dient, wird jedem Konzept in der Taxonomie eine Zahl zugeordnet. Die Zahl *count(w)* beschreibt die Häufigkeit, mit der das Wort w in einem gegebenen Textkorpus mit N Wörtern, vorkommt. Hierbei soll N als Summe aller Satzlängen gelten und nicht als Umfang des Vokabulars im Korpus. Der Informationsgehalt für Wörter lässt sich demnach angegeben als:

$$-\ln[count(w)N^{-1}]$$

Um diesen Informationsgehalt auf Ontologien anwenden zu können trifft Resnik die Modellannahme, dass der Informationsgehalt für ein gegebenes Konzept aus der Ontologie sich aus dem jeweiligen Informationsgehalt der Begriffsbezeichner seiner Unterkonzepte und aus seinem eigenen Informationsgehalt zusammen setzt. Durch die Verrechnung der Wahrscheinlichkeit des Auftretens ergibt sich für einzelne Wörter eine vom speziellen zum allgemeinen Begriff monoton wachsende Wahrscheinlichkeitsfunktion. Zur Erzeugung von Informationsgehaltswerten für ein allgemeines Anwendungsgebiet ist damit auch ein umfangreicher, ausgewogener Korpus der jeweiligen Sprache notwendig.

(van Elst u. Kiesel, 2004) beschreiben ein Verfahren, welches auf Grundlage eines Textkorpus semantische Ähnlichkeiten identifizieren. Dazu werden zur Bestimmung von Ähnlichkeit zwischen zwei Konzepten, die mit den Konzepten verknüpften Dokumente verglichen. Für die Klassifizierung und den Vergleich der Dokumente greifen van Elst u. Kiesel (2004) auf das kommerzielle Tool *NextBot* zu. *NextBot* verwendet für den Vergleich der Dokumente das Vektorraummodell und das Kosinusmaß. Neue Dokumente werden aufgrund zuvor gelernter Regeln der gegebenen Konzept-Taxonomie zugewiesen. Für den Lernalgorithmus wird eine Trainingsmenge benötigt, in der eine bestimmte Anzahl von Dokumenten manuell einem oder mehreren Konzepten aus der Taxonomie zugewiesen wird.

3.5.2. Ähnlichkeit basierend auf Hintergrundwissen in Ontologien

Aleksovski u. a. (2006) schlagen in ihrer Arbeit vor, beim Vergleich von zwei Ontologien übergreifende Domänenontologien als Hintergrundwissen zu nutzen, um zusätzliche Relationen abzuleiten.

Die übergreifenden Domänenontologien (DO) werden verwendet, indem zunächst die Konzepte aus den beiden zu vergleichenden Ontologien mit dem Hintergrundwissen verknüpft werden. Sollen zwei Konzepte a und b aus O_1 und O_2 verglichen werden, wird zunächst nach Ontologien mit vergleichbaren Konzepten *a'* und *b'* gesucht, siehe Abbildung 3.2. Dazu schlagen Aleksovski u. a. (2006) vor existierende Mapping-Verfahren zu verwenden. Dabei kann man sowohl die Konzeptnamen als auch die Strukturen der Ontologien für den Vergleich heranziehen.

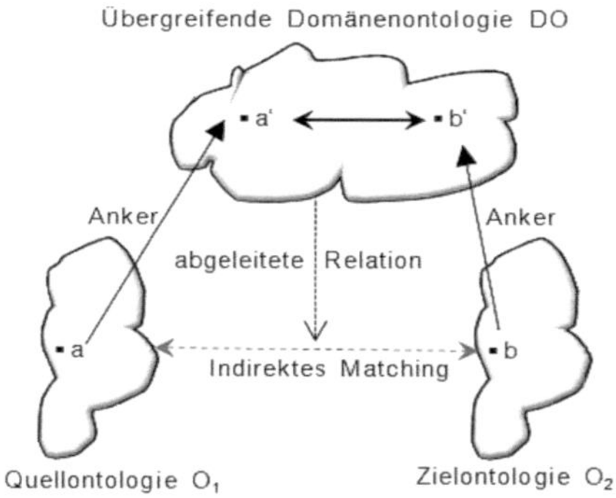

Abbildung 3.2.: Vergleich zweier Ontologien unter Verwendung von Hintergrundwissen nach (Aleksovski u. a., 2006)

Nachdem die Ankerpunkte in die übergreifende Domänenontologie (DO) gesetzt wurden, wird untersucht, ob es Relationen zwischen *a'* und *b'* gibt, die auf eine semantische Ähnlichkeit schließen lassen könnten. Ein mögliches Beispiel ist, dass zwei Konzepte `Brain` und `Head` aus zwei verschiedenen Ontologien verglichen werden sollen: Das Konzept `O`$_1$`:Brain` wird mit dem Konzept `DO:Brain` aus der übergreifenden Domänenontologie *(DO)* verbunden. Ebenso das Konzept `O`$_2$`:Head` mit dem Konzept `DO:Head`. Die übergreifende Domänenontologie enthält die Relation `DO:Brain part-of DO:Head`. Daraus lässt sich für `O`$_1$`:Brain` und `O`$_2$`:Head` eine `part-of`-Beziehung schließen.

Für die Suche nach übergreifenden Domänenontologien kann SWOOGLE verwendet werden. SWOOGLE[1] ist eine Suchmaschine für Ontologien. SWOOGLE sucht nach RDF-Dokumenten und HTML-Dokumenten mit eingebetteten RDF-Inhalten.

[1] swoogle.umbc.edu

3.6. Diskussion der Ansätze

Für die Ermittlung der syntaktischen Ähnlichkeit wurden in dieser Arbeit sowohl die *Editierdistanz* nach Levenshtein als auch die Methode auf Basis von *n-Grammen* umgesetzt. Die *Editierdistanz* eignet sich besonders gut bei der Ermittlung von kleinen Abweichungen in der Schreibweise, beispielsweise bei der Verwendung des Bindestriches oder des Plurals eines Begriffs. *N-Gramme* eignen sich besonders für die Ermittlung von übereinstimmenden Teilwörtern, wie etwa in *Bio-Informatik* und *Informatik*. Die Ermittlung von übereinstimmenden Teilwörtern kann ein erster Hinweis auf eine Oberklassen- bzw. Unterklassenbeziehung sein. Allerdings reicht die Berechnung einer syntaktischen Ähnlichkeit nicht immer aus, denn manchmal haben Konzepte, die syntaktisch sehr ähnlich sind, dennoch nichts miteinander zu tun. Umgekehrt kann es für dasselbe Konzept mehrere Bezeichner geben (z. B. die beiden Konzepte *Mitarbeiter* und *Angestellter*). An dieser Stelle greifen Methoden zur Bestimmung der *strukturellen* und der *semantischen* Ähnlichkeit.

Die Methoden zur Bestimmung der strukturellen Ähnlichkeit nach *(Wu u. Palmer, 1994)* und *(Li u. a., 2003)* bestimmen die Ähnlichkeit von zwei Konzepten *innerhalb* einer Taxonomie. Das hat den Hintergrund, dass zwei Wörter miteinander verglichen werden sollen und als Hintergrundwissen eine Taxonomie, wie sie etwa in *WordNet* definiert ist, zur Ermittlung von Ähnlichkeiten verwendet wird. Dabei wird davon ausgegangen, dass beide zu vergleichende Wörter vorkommen. Ausgangspunkt ist also nicht der Vergleich von zwei Konzepten aus zwei unterschiedlichen Ontologien, sondern der Vergleich von zwei Begriffen. Die Taxonomie, wie in WordNet definiert, dient lediglich als Hilfsmittel, um beispielsweise den ersten gemeinsamen Oberknoten zu bestimmen.

In dieser Arbeit wird jedoch eine Methode zur Bestimmung der strukturellen Ähnlichkeit von zwei Konzepten in zwei *unterschiedlichen* Ontologien entwickelt. Diese Methode greift jedoch den Ansatz aus diesen Verfahren auf für ein Konzept den Pfad bis zur Wurzel zu betrachten.

Zur Bestimmung der semantischen Ähnlichkeit von zwei Konzepten kann es hilfreich sein auf *WordNet* zurückzugreifen. Insbesondere wenn *Synonyme* oder *Homonyme* aufgedeckt werden sollen. Diese Möglichkeit stößt jedoch auf Grenzen, wenn die Ontologie sehr fachspezifisch ist und ihre Konzepte in dem Wörterbuch nicht vorkommen, wie etwa die *Gene-* oder Bio2Me-Ontologie. Ähnlich verhält es sich mit der Methode von *Aleksovski u. a. (2006)*. Diese schlagen in ihrer Arbeit vor, beim Vergleich von zwei Ontologien übergreifende Domänenontologien als Hintergrundwissen zu nutzen, um zusätzliche Relationen abzuleiten. Das Problem bei diesem Vorgehen liegt darin, dass möglicherweise keine übergreifenden Domänenontologien existieren, in denen die zu vergleichende Konzepte a und b, bzw. die zu a und b ähnlichen Konzepte a' und b' zu finden sind.

4. Verwandte Arbeiten

Für den Vergleich und der Integration von Ontologien wurden bisher schon einige Verfahren entwickelt, wie PROMPT (Noy u. Musen, 2003), ONION (Mitra u. Wiederhold, 2002), CHIMAERA (McGuinness u. a., 2000b), FCA-MERGE (Stumme u. Maedche, 2001), MAFRA (Maedche u. a., 2002b), GLUE (Doan u. a., 2003), QOM (Ehrig u. Staab, 2004b), OLA (Euzenat u. Valtchev, 2004), OMEN (Mitra u. a., 2005) und FOAM (Ehrig, 2006b). Eine gute Übersicht über die Arbeiten zu Ontologie Mapping geben (Noy, 2004a) und (Kalfoglou u. Schorlemmer, 2005).

Dieses Kapitel bietet einen Überblick über aktuell existierende Methoden für den Vergleich und die Integration von Ontologien. Dabei wurden insbesondere Verfahren und Tools berücksichtigt, die in (Noy, 2004a) und (Kalfoglou u. Schorlemmer, 2005) nicht erwähnt wurden, da sie noch nicht auf dem Markt waren oder zum ersten Mal einen neuen Ansatz für das Matching-Problem berücksichtigen.

Die verschiedenen Ansätze berücksichtigen dabei unterschiedliche Eigenschaften der Ontologie, wobei einige Verfahren versuchen verschiedene Lösungsansätze miteinander zu kombinieren. Die meisten Verfahren basieren auf die Betrachtung von *linguistischen Merkmalen* einer Ontologie oder strukturellen Eigenschaften, wie die *hierarchische Struktur* und Relationen zu anderen Konzepten sowie der Betrachtung der *Instanzen einer Ontologie*.

4.1. Mapping-Verfahren für Ontologien

4.1.1. FOAM von Ehrig (2006b)

FOAM ist ein von Ehrig (2006b) entwickeltes Tool zur Abbildung zweier Ontologien aufeinander. Abbildung 4.1 veranschaulicht die sechs Schritte in diesem Abbildungsprozess:

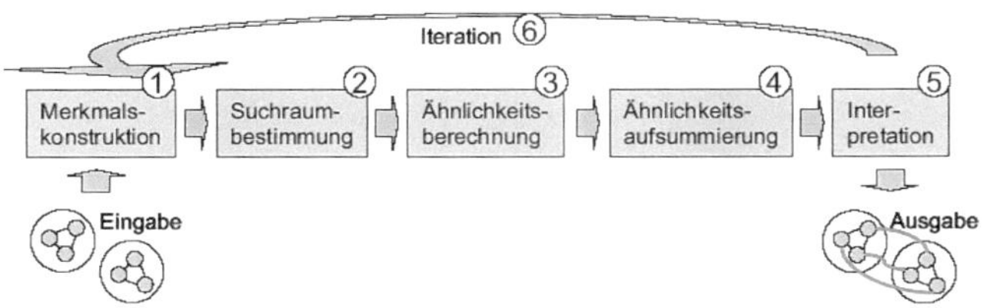

Abbildung 4.1.: FOAM: Schritte im Integrationsprozess (York Sure, 2006)

1. *Schritt Merkmalskonstruktion:* In diesem Schritt werden die Merkmale eines Konzepts ausgewählt, durch die das Konzept treffend beschrieben wird. Eine solche Eigenschaft ist der

lexikalische Eintrag eines Konzepts. Es können aber auch Struktureigenschaften wie die *is-a*-Beziehung genutzt werden oder auch die Ausgangs- und Zielmengen (*domain* und *range*) einer Relation.

2. *Schritt Suchraumbestimmung:* Zur Ableitung von Mappings in Ontologien wird ein Suchraum von Kandidaten aufgestellt. Dieser Suchraum wird eingeschränkt, indem nur sinnvolle Kandidaten für einen Vergleich zugelassen werden.
3. *Schritt Ähnlichkeitsberechnung:* Für die Ähnlichkeitsmaße der Kandidaten werden heuristische Maße verwendet. Dazu wurden Ähnlichkeitsfunktionen für Strings, für Einzelobjekte und für Objektmengen definiert.
4. *Schritt Ähnlichkeitsaufsummierung:* Für ein Kandidatenpaar werden mehrere Ähnlichkeitswerte ermittelt, die z. B. auf den lexikalischen Einträgen oder auf die Ähnlichkeit der Relationen zu anderen Konzepten basieren. Diese individuellen Ähnlichkeitswerte werden in diesem Schritt aggregiert.
5. *Schritt Interpretation:* Auf Basis der aufsummierten Ähnlichkeitswerte werden die Konzepte aufeinander abgebildet. Semiautomatische Methoden präsentieren den Nutzern die Kandidatenpaare mit ihren Ähnlichkeiten und überlassen diesen die Interpretation.
6. *Schritt Iteration:* Einige der Algorithmen wiederholen diese Schritte, um die Struktur der Ontologie besser auszunutzen. Die Ähnlichkeit von benachbarten Konzepten beeinflusst dabei die Ähnlichkeit der zu vergleichenden Paare.

Für jeden dieser Schritte wurden spezielle Methoden mit zugehörigen Parametern entwickelt, die je nach Anwendungskontext unterschiedlich gesetzt werden müssen, deshalb wurde dieser Prozess als *parameterizable alignment method* (PAM) bezeichnet.

FOAM bekommt als Eingabe zwei Ontologien in OWL-DL-Format und eine Datei mit Parametern für die Ähnlichkeitsberechnung und liefert als Ergebnis die Mapping-Kandidaten als Liste in einer Textdatei mit den zugehörigen ermittelten Ähnlichkeitswerten.

4.1.2. OMEN von Mitra u. a. (2005)

OMEN *Ontology Mapping Enhancer* (Mitra u. a., 2005) beschreibt Mappings zwischen zwei Ontologien mit Wahrscheinlichkeiten und leitet neue Abbildungen auf Basis eines Bayesschen Netzes *(Bayesian Network)* ab. Die Idee bei der Verwendung von Bayesschen Netzen in diesem Verfahren beruht auf der Annahme, dass die Ähnlichkeitsberechnung zwischen zwei Konzepten auf Heuristiken basiert oder auf Verfahren des maschinellen Lernens, jedoch in jedem Fall *nicht als sicher* betrachtet werden kann. Selbst Experten sind sich bei einigen Abbildungen nicht ganz sicher; dieses Verfahren erlaubt ihnen, einem Kandidatenpaar eine gewisse Wahrscheinlichkeit zuzuordnen. Bei der Ableitung neuer Abbildungen zwischen den Ontologien werden Meta-Regeln verwendet, die auf der semantischen Struktur der Ontologie basieren und angeben, wie ein Kandidatenpaar ein anders Paar beeinflusst. Diese Meta-Regeln werden dann von dem Bayesschen Netz verwendet. OMEN verwendet als Eingabe für die initialen Wahrscheinlichkeiten die Mapping-Ergebnisse eines anderen Verfahrens. Die Ergebnisse sollen nun durch OMEN verbessert werden.

Für OMEN wird eine grundlegende Annahme getroffen und zwar, dass wenn zwei Elemente aus zwei Ontologien matchen und jeweils in Beziehung zu zwei weiteren Elementen stehen, so matchen auch diese beiden Elemente mit einer sehr hohen Wahrscheinlichkeit. So können die Beziehungen in den Ontologien als Abhängigkeitspfeile im zu konstruierenden Bayesschen Netz ausgedrückt werden.

Ähnlich wie in RDF-Schema werden nur zwei Komponenten verwendet, um eine Ontologie in OMEN zu beschreiben. *Klassen* sind die Konzepte aus der Domäne, die in einer Hierarchie aus Unter- und Oberklassen organisiert sind. *Eigenschaften* beschreiben die Attribute einer Klasse und die Beziehungen zwischen diesen Klassen.

Die Knoten in dem Bayesschen-Netz korrespondieren zu den Kandidatenpaaren. Pfeile in dem Bayesschen-Netz zeigen an, ob ein Knoten einen anderen Knoten beeinflussen kann. Das Bayessche-Netzwerk ist ein gerichteter azyklischer Graph, der die Wahrscheinlichkeitsverteilung voneinander abhängiger Ereignisse modelliert. Jeder Knoten ist mit einer bedingten Wahrscheinlichkeitstabelle (CPT) verbunden, die den Einfluss der Elternknoten auf dem aktuellen Knoten repräsentiert. Die CTPs werden auf Basis der Meta-Regeln berechnet. Einige Beispiele für Meta-Regeln sind:

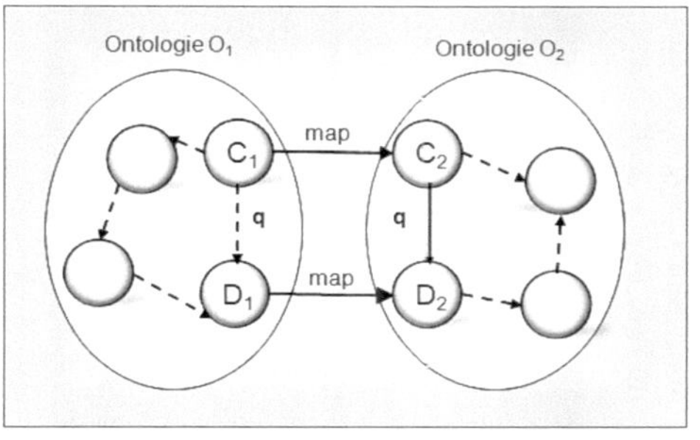

Abbildung 4.2.: OMEN: Meta-Regel zur Ableitung neuer Mappings

- Wenn für ein Mapping-Paar (C_1, C_2) eine Beziehung zwischen dem Konzept C_1 und einem anderen Konzept D_1 in der Ontologie O_1 und auch eine Beziehung zwischen C_2 und D_2 in der Ontologie O_2 existiert (siehe Abbildung 4.2) und es sich bei dieser Beziehung um die gleiche Relation handelt (z. B. Oberklassen-, Unterklassenbeziehung), dann wird die Wahrscheinlichkeit für das Kandidatenpaar D_1 und D_2 erhöht.
- Wenn für ein Mapping-Paar (C_1, C_2) eine Beziehung zwischen dem Konzept C_1 und einem anderen Konzept D_1 in der Ontologie O_1 und auch eine Beziehung zwischen C_2 und D_2 in der Ontologie O_2 existiert, wobei es sich jedoch bei den Beziehungen um unterschiedliche Relationen handelt, dann wird die Wahrscheinlichkeit für das Kandidatenpaar (D_1, D_2) gesenkt.
- Wenn zwei Eigenschaften *(properties)* einander ähnlich sind und sie auf einem Konzept als *Range* verweisen, dann wird die Wahrscheinlichkeit für die beiden Konzepte auf die die Eigenschaften verweisen, erhöht.

Die Meta-Regeln können je nach Kontext der Anwendung erweitert oder entfernt werden. Für OMEN kann als Eingabe das Ergebnis eines existierenden Mapping-Verfahrens verwendet werden, da die meisten Verfahren für die Mapping-Kandidaten einen Genauigkeitswert angeben. Die Annahme hierbei ist, dass durch das Bayessche-Netz und den Meta-Regeln zusätzliche, zuvor nicht entdeckte Mapping-Kandidaten entdeckt werden können.

Als Eingabe für OMEN dienen zwei Ontologien O_1 und O_2 und eine Wahrscheinlichkeitstabelle eines beliebigen Mapping-Verfahrens, welche die Matching-Wahrscheinlichkeiten der Entitäten zwischen O_1 und O_2 enthält. Festgelegt werden müssen außerdem eine Distanz k und eine Mindestwahrscheinlichkeit t_{min}. Es werden nur solche Klassen gewählt, die höchstens k weit von den

Beweisknoten entfernt sind, d.h., dass die Pfadlänge zwischen den Klassen C_1 und D_1 beziehungsweise C_2 und D_2 maximal k beträgt.

4.1.3. QOM- Quick-Ontology-Mapping von Ehrig u. Staab (2004b)

Das QOM-Verfahren versucht sowohl die Qualität der Mapping-Paare als auch das Effizienzproblem zu berücksichtigen, welches bei größeren Ontologien auftritt. Die Annahme hier ist, dass für ein effizientes Mapping nicht immer alle Konzepte betrachtet werden müssen und der Verlust durch nicht gefundene Mappings nicht so groß ist. Ehrig u. Staab (2004b) versuchen in ihrer Arbeit Besonderheiten der Ontologiestruktur auszunutzen, um die Anzahl der zu vergleichenden Paare einzuschränken. Insbesondere wird die Anzahl der zu vergleichenden Paare deutlich eingeschränkt, indem nur solche zugelassen werden, die entweder sehr ähnliche Bezeichner haben oder in unmittelbarer Nähe schon bestehender Abbildungen liegen. Dabei werden zunächst alle Kandidaten erzeugt und sortiert, jedoch wird daraus nur eine bestimmte Menge zur Ähnlichkeitsberechnung zugelassen. Auch werden als Merkmale nur solche erlaubt, die nicht eine komplette Traversierung der Ontologie benötigen, z. B. werden nur direkte Instanzen eines Begriffes untersucht, anstatt der Aufsummierung von allen Instanzen aller Unterbegriffe. Die Kandidaten werden eingeschränkt durch:

- *Random Verfahren:* Aus der Kandidatenmenge wird *zufällig* ein Teil zur Ähnlichkeitsberechnung ausgewählt.
- *Propagation-Fortpflanzung:* QOM vergleicht nur Entitäten, die in unmittelbarer Nachbarschaft von schon ermittelten Mappings liegen. Dies ist von folgender Tatsache motiviert: Wenn eine neue Abbildung gefunden wurde, kann erwartet werden, dass auch ähnliche Entitäten gefunden werden, die an diese gefundenen Mappings angrenzen. Und somit wird die Anzahl von Paaren wieder beschränkt.

Mit diesem Vorgehen lässt sich der Vergleichsprozess beschleunigen. Allerdings muss man bei diesem Vorgehen berücksichtigen, dass nicht alle möglichen Mapping-Kandidaten gefunden werden können. Die Laufzeit bei diesem Verfahren beläuft sich auf $O(n * log(n))$ anstatt der $O(n^2)$, wie bei den meisten Matching-Verfahren. Da für jedes Konzept C_i aus der Ontologie O_1 alle Konzepte D_j aus der Ontologie O_2 betrachtet werden müssen.

4.1.4. OLA von Euzenat u. Valtchev (2004)

Das Verfahren OLA *OWL-Lite-Aligner* von Euzenat u. Valtchev (2004) ist ein ähnlichkeitsbasiertes Verfahren, d.h. es weist den Elementen der Ontologien anhand einer Funktion Ähnlichkeitswerte zu. OLA arbeitet mit Ontologien, die in OWL-Lite verfasst sind, wandelt allerdings die Elemente und Beziehungen von OWL-Lite in formalere Mengen und Relationen um. Anhand dieser kann die Ähnlichkeitsfunktion dann definiert werden. Will man den Ähnlichkeitswert zweier Elemente a und b bestimmen, so werden die Ähnlichkeiten derjenigen Elemente bestimmt, die zu a und b über die definierten Relationen in Beziehung stehen und aufaddiert.

OLA verwendet verschiedene Komponenten der betroffenen Ontologien, um die Ähnlichkeit zu ermitteln. Das Verfahren generiert zunächst zwei Graphen-Modelle für die zu vergleichenden Ontologien. Dabei werden verschiedene Knotenmengen verwendet, nämlich für die *Konzepte*, für die *Relationen*, für die *Datentypen*, für die *Datenwerte* und für die *Property-Einschränkungs-Bezeichner*. Als Kanten im Graphen werden folgende Relationen betrachtet:

- Die Relation $\mathcal{S}$ stellt die `subClassOf`-Beziehung dar, die zwischen zwei Konzepten oder zwei Properties bestehen kann.
- $\mathcal{I}$ stellt `rdf:type`, d.h. die Instanziierungsbeziehung zwischen Konzepten und Instanzen, Properties und Property-Instanzen sowie die konkrete Auswahl eines Wertes von einem Datentyp dar.
- $\mathcal{A}$ bezieht sich auf Properties, die von Klassen ausgehen und auf Property-Instanzen, die von konkreten Instanzen ausgehen.
- $\mathcal{R}$ spricht von Restriktionen auf Properties, also etwa `allValuesFrom`, allerdings auch Restriktionen der *Domain* und *Range*.

Zur Ermittlung der initialen Ähnlichkeitswerte wird zunächst die Namensähnlichkeit berücksichtigt, danach beeinflussen sich die Ähnlichkeitswerte der Konzepte aus der Nachbarschaft. In jeder Iteration werden die Ähnlichkeitswerte für ein Konzept neu berechnet, wobei die Ähnlichkeitswerte der Nachbarschaft berücksichtigt werden. *Nachbarschaft* bedeutet, dass eine Relation zu diesem Konzept besteht.

Die Ähnlichkeit von Paaren aus der Nachbarschaft der zu vergleichenden Konzepte beeinflusst sich nur, wenn sie den gleichen Relationstyp (siehe oben) haben. Diese *fließende Ähnlichkeit (flowing similarities)* wird je nach Relationstyp {Relation $\mathcal{S}$, Relation $\mathcal{I}$, Relation $\mathcal{A}$ und Relation $\mathcal{R}$} anders gewichtet. Diese Gewichte kann der Nutzer nach Belieben selber setzen. Diese Methode ist verwandt mit dem Verfahren *Similarity Flooding* von Melnika u. a. (2002).

4.1.5. GLUE von Doan u. a. (2003)

GLUE (Doan u. a., 2003) ist ein System, dass Methoden des maschinellen Lernens verwendet, um halbautomatisch semantische Abbildungen zwischen Ontologien zu erzeugen. In diesem Verfahren wird die Ontologie jedoch auf die hierarchische Struktur reduziert. Zunächst wird für jeden Knoten aus der Quell-Taxonomie der Knoten in der zweiten Taxonomie gesucht, der ihm am ähnlichsten ist.

Die Ähnlichkeit von zwei Konzepten A und B in zwei Taxonomien O_1 und O_2 basiert auf die Menge der sich überschneidenden Instanzen aus den beiden Konzepten. Um festzustellen, ob eine Instanz des Konzepts B auch eine Instanz des Konzepts A ist, wird zunächst ein Klassifier erzeugt, der die Instanzen des Konzepts A als Trainingsmenge verwendet. Dieser Klassifier wird dann verwendet, um die Instanzen von B zu klassifizieren. Der Klassifier entscheidet dabei für jede Instanz von B, ob sie auch Instanz von A ist oder nicht. Anschließend erfolgt die Prozedur noch einmal in umgekehrter Reihenfolge. GLUE benutzt einen *mehrstrategischen Lernansatz (multistrategy learning)*, d.h. mehrere *Lernende (learner)* werden benutzt. Diese Voraussagen werden durch einen *Meta-Lernenden (meta learner)* kombiniert.

Basierend auf der Klassifikation werden vier verschiedene Wahrscheinlichkeiten berechnet, $P(A, B)$, $P(\bar{A}, B)$, $P(A, \bar{B})$ und $P(\bar{A}, \bar{B})$ (siehe Abbildung 4.3), wobei die vier Werte Folgendes aussagen:

- $P(A, B)$ gibt die Wahrscheinlichkeit an, mit der eine zufällig gewählte Instanz aus der Domäne sowohl zu Konzept A als auch zu Konzept B gehört.
- $P(\overline{A}, B)$ gibt die Wahrscheinlichkeit an, mit der eine zufällig gewählte Instanz aus der Domäne nicht zu Konzept A gehört, aber zu Konzept B.
- $P(A, \overline{B})$ gibt die Wahrscheinlichkeit an, mit der eine zufällig gewählte Instanz aus der Domäne zu Konzept A gehört, aber nicht zu Konzept B.

- $P(\overline{A}, \overline{B})$ gibt die Wahrscheinlichkeit an, mit der eine zufällig gewählte Instanz aus der Domäne weder zu Konzept A noch zu Konzept B gehört.

Diese vier Wahrscheinlichkeitswerte verwendet GLUE, um die gemeinsame Wahrscheinlichkeitsverteilung der Konzepte zu ermitteln. Die gesamte gemeinsame Wahrscheinlichkeitsverteilung besteht aus $4 * |O_1| * |O_2|$ Werten, wobei $|O_1|$ und $|O_2|$ für die Anzahl der Konzepte in der jeweiligen Ontologie steht.

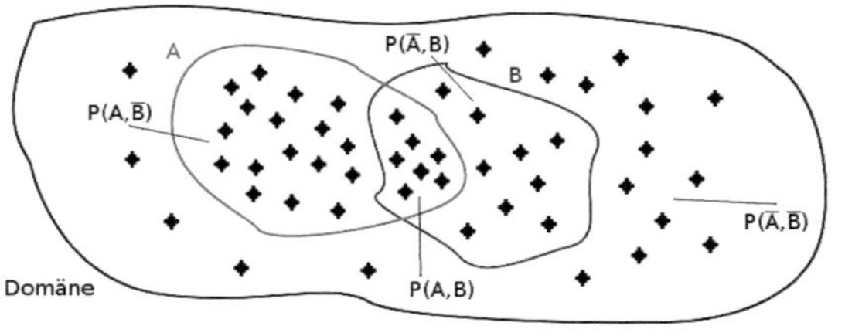

Abbildung 4.3.: Wahrscheinlichkeiten für die Instanzverteilung

Eine mögliche Ähnlichkeitsdefinition, die nun über die gemeinsame Wahrscheinlichkeitsverteilung möglich ist, wäre z. B. die Definition der Ähnlichkeit über den *Jaccard*-Koeffizienten.

$$P(A \cap B)/P(A \cup B)$$

Dieser lässt sich über die gemeinsame Ähnlichkeitsverteilung folgendermaßen ermitteln:

$$\frac{P(A, B)}{P(A, B) + P(\overline{A}, B) + P(A, \overline{B})}$$

Der Wert des *Jaccard*-Koeffizienten liegt zwischen 0 (wenn keine Instanz, die zu Konzept A gehört, auch zu Konzept B gehört) und 1 (wenn alle Instanzen, die zu Konzept A gehören, auch zu Konzept B gehören und umgekehrt). Diese Ähnlichkeitsdefinition wurde in der GLUE-Architektur für einen großen Teil der Experimente verwendet. Aber auch andere Ähnlichkeitsdefinitionen wären über die gemeinsame Wahrscheinlichkeitsverteilung denkbar.

Im Nachgang wertet GLUE domänenspezifische Bedingungen *(domain constraints)* und Heuristiken aus, um die Genauigkeit des Matchings zu erhöhen. Unter Heuristik ist beispielsweise die Beobachtung zu verstehen, dass zwei Knoten wahrscheinlich *matchen*, wenn die Knoten in ihrer Nachbarschaft, d.h. Eltern oder Kinder, auch *matchen*. Der Ansatz basiert auf dem *Relaxation Labeling*. Das Relaxation Labeling (Hummel u. Zucker, 1987) ist eine Minimierungsheuristik und wird häufig in der Bildverarbeitung verwendet. Die GLUE-Architektur besteht aus drei Modulen, siehe Abbildung 4.4. Die Module haben folgende Aufgaben:

- Der *Distribution Estimator* erhält als Input zwei Taxonomien und errechnet für jedes Konzeptpaar die gemeinsame Wahrscheinlichkeitsverteilung (s.o.).
- Der *Similarity Estimator* verwendet eine Ähnlichkeitsfunktion und errechnet für jedes Konzeptpaar einen Ähnlichkeitswert. Die Ausgabe dieses Moduls ist eine Ähnlichkeitsmatrix, die einen Ähnlichkeitswert für jedes Konzeptpaar der beiden Ontologien enthält.
- Der *Relaxation Labeler* nutzt diese Ähnlichkeitsmatrix und sucht unter Berücksichtigung der domänenspezifischen Bedingungen und Heuristiken nach einer passenden Abbildungskonfiguration.

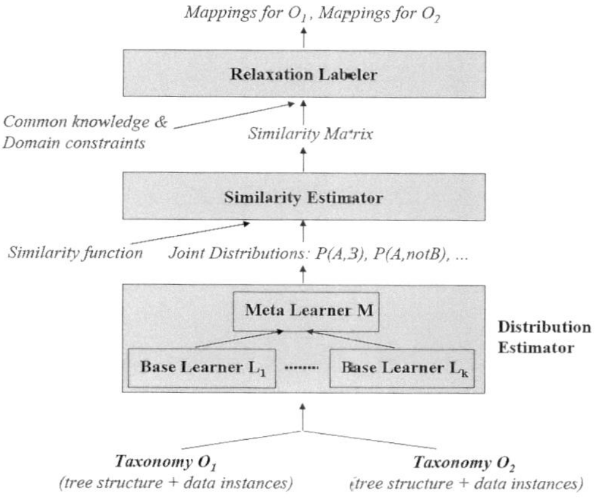

Abbildung 4.4.: GLUE-Architektur (Maedche u. a., 2002b)

GLUE leitet Mappings zwischen zwei Ontologien ab, indem die Instanzen der beiden Ontologien miteinander verglichen werden. Dieses Verfahren ist für Ontologien mit wenigen Instanzen oder gar keinen Instanzen daher nicht geeignet.

4.1.6. MAFRA von Maedche u. a. (2002b)

MAFRA *Mapping Framework* (Maedche u. a., 2002b) ist ein Verfahren zur Erstellung von semantischen Beziehungen zwischen zwei Ontologien. MAFRA basiert auf KAON. Es verwendet das *Lift & Normalization Modul*, um die im Mapping-Prozess beteiligten Ontologien in *RDF*(*S*) zu transformieren, wobei die Konzeptspezifikation in *RDF*(*S*) und die Instanzen in RDF definiert werden. Danach werden im Modul *Similarity* die Ähnlichkeiten zwischen den Entitäten der Quell- und Zielontologie ermittelt. Dafür wurden mehrere Strategien miteinander kombiniert. Zunächst wird eine lexikalische Ähnlichkeit zwischen jeder Entität aus der Quellontologie zu jeder Entität in der Zielontologie hergestellt. Dafür werden in MAFRA der WordNet und ein modifizierter Resnik-Algorithmus verwendet. In einem weiteren Schritt wird die Ähnlichkeit zweier Konzepte anhand ihrer Eigenschaften ausgemacht. Die Eigenschaften wiederum lassen sich aufteilen in Attribute und Relationen. Dann wird das *Semantic Bridging*-Modul verwendet. Die Funktion dieses Moduls ist es, auf Basis der im vorherigem Schritt gesammelten Daten, eine Entität der Quellontologie in eine Entität der Zielontologie zu überführen (konvertieren).

Zur Beschreibung der *semantischen Brücken* wird in MAFRA eine Ontologie eingesetzt, die so genannte *Semantic Bridging Ontology (SBO)*. Über die *SBO* werden die unterschiedlichen Arten von semantischen Brücken spezifiziert und beschrieben, die innerhalb von MAFRA zur Verfügung stehen. In MAFRA stehen drei Arten von semantischen Brücken zur Verfügung:

- Die *Concept Bridge* bildet Konzepte der Ausgangsontologie auf Konzepte der Zielontologie ab. Dadurch wird festgelegt, wie die Instanzen der Ausgangsontologie für das Mapping auf die Zielontologie verteilt werden.

- Die *Property Bridge* bietet die Möglichkeit, Konzepteigenschaften der Ausgangsontologie auf Konzepteigenschaften der Zielontologie abzubilden.
- Die *Alternative Bridge* gruppiert mehrere *Property Bridges*. Dadurch werden für die Transformation von Konzepteigenschaften Alternativen definiert.

Bei der Transformation wird dann zuerst überprüft, ob die Bedingungen zur Ausführung der *Property Bridge* erfüllt sind. Die erste *Property Bridge*, für die alle Bedingungen erfüllt sind, wird für die Transformation verwendet. MAFRA verfolgt das Ziel, Instanzen aus der Quellontologie in Instanzen der Zielontologie abzubilden. Semantische Brücken *(Semantic Bridges)* spezifizieren, wie diese Abbildung erfolgen soll.

4.2. Merging-Verfahren für Ontologien

4.2.1. PROMPT-Suite und SMART Noy u. Musen (1999, 2003)

Die PROMPT-SUITE von Noy u. Musen (2003) ist eine Erweiterung von SMART (Noy u. Musen, 1999) mit mehreren Tools zur Unterstützung von Aufgaben, die sich bei der Verwaltung von Ontologien ergeben. Das IPROMPT (Noy u. Musen, 2000) führt zwei Ontologien zur einer gemeinsamen Ontologie zusammen, ANCHORPROMPT (Noy u. Musen, 2001) findet graphbasierte Abbildungen (*Mappings*) zwischen Konzepte einer Ontologie, DIFFPROMPT (Noy u. Musen, 2002) vergleicht zwei verschiedene Ontologie-Versionen und PROMPTFACTOR versucht unabhängigen Teilontologien zu identifizieren.

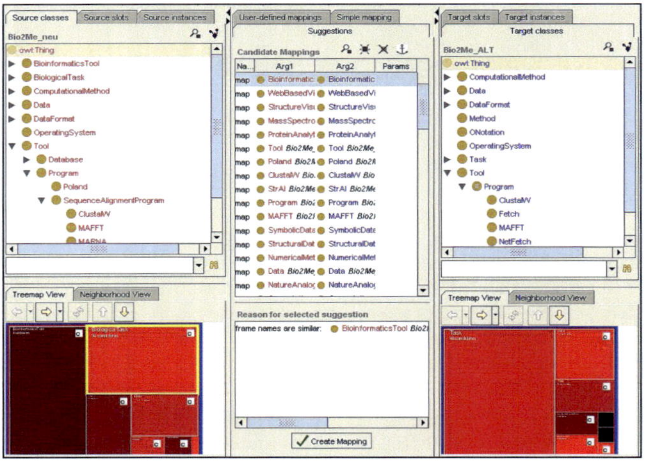

Abbildung 4.5.: PROMPT: Mapping-Kandidaten in einer Liste dargestellt

IPROMPT (Noy u. Musen, 2000) begleitet den Nutzer durch den Ontologie-Merging-Prozess, dabei werden zunächst auf linguistische Verfahren basierend Mappings zwischen den Konzepten identifiziert und in einer Liste dargestellt (siehe Abbildung 4.5, Mitte).

Nachdem durch den Vergleich der Konzeptnamen Mappings identifiziert wurden, wird der Nutzer dazu aufgefordert, die Mapping-Kandidaten zu benennen, die auch vereinigt werden sollen. Während der Zusammenführung präsentiert iPrompt mögliche Inkonsistenzen, wie Namenskonflikte oder Relationen, die auf nicht vorhandene Konzepte verweisen. Dabei berücksichtigt iPrompt nur den lokalen Kontext der zu vergleichenden Konzepte. Für die Bestimmung der Ähnlichkeiten zwischen zwei Konzepten werden nur die direkten Eigenschaften und Konzepte berücksichtigt, auf die durch diese Eigenschaften verwiesen wird. Betrachtet man die Ontologie als Graphen mit Konzepten als Knoten und Eigenschaften als Kanten, so wird bei einem Vergleich in iPrompt nur ein kleiner Teilgraph berücksichtigt.

Der Merging-Algorithmus von iPrompt erzeugt zunächst eine Liste von Kandidatenpaaren basierend auf der lexikalischen Ähnlichkeit der Konzeptnamen. Danach geht der Algorithmus in eine Schleife, in der der Nutzer immer wieder einen Merging-Schritt auswählt, diesen Schritt ausführen lässt und sich automatisch neue Vorschläge basierend auf der vorangegangenen Operation anzeigen lässt. In diesem Schritt wird nun auch die Struktur der Ontologie mitberücksichtigt. Wird z. B. eine Klasse kopiert, deren Eigenschaft als *Range* auf ein Konzept verweist, welches in der neuen Ontologie noch nicht kopiert wurde, so muss dies angezeigt werden. iPrompt schlägt dann vor, dieses Konzept ebenfalls zu kopieren. Dieses Vorgehen iteriert, wenn keine Vorschläge mehr vorhanden sind. Bei sehr großen Ontologien kann die Liste der Vorschläge sehr lang werden, es ist auch nicht eindeutig, wann der Prozess beendet ist, da nach jedem Schritt je nach Struktur der Ontologie unterschiedlich viele neue Vorschläge hinzugefügt werden können. Der Algorithmus von iPrompt lässt sich in drei Schritte zusammenfassen:

1. Automatische Ausführung für die Generierung von Anfangsvorschlägen
2. Inkonsistenzen und Probleme finden
3. Neue Vorschläge zum Zusammenführen von Frames

Zunächst werden *Anfangsvorschläge* generiert, diese werden durch das Abgleichen der Klassennamen ermittelt. Die Annahme ist hier, dass gleiche oder ähnliche Namen für *Klassen* auch denselben Inhalt besitzen und werden somit zu Beginn für das Merging vorgeschlagen. Nachdem der Benutzer dann einen Anfangsvorschlag verworfen oder übernommen hat kommt der eigentliche Teil von iPrompt. Zunächst wird die *Operation* des Benutzer ausgeführt und anschließend nach Problemen gesucht. Sind alle Probleme abgearbeitet generiert iPrompt auf Grund der noch übrigen Vorschläge, der Benutzeraktionen und einer näheren Analyse des lokalen Kontextes der *Klassen* neue Vorschläge, die wieder vom Benutzer verworfen oder übernommen werden können.

AnchorPrompt (Noy u. Musen, 2001) berücksichtigt die strukturellen Eigenschaften der Ontologie, um eventuell zusätzliche Vorschläge für Mapping-Kandidaten *(Ankerpunkte)* in iPrompt zu machen. AnchorPrompt bekommt als Eingabe eine bestimmte Anzahl von Mapping-Kandidaten. Für diese Mapping-Kandidaten werden alle Pfade betrachtet, die mehrere Kandidaten in der selben Ontologie miteinander verbinden (siehe Abbildung 4.6).

Ein Pfad verbindet zwei Konzepte aufgrund ihrer hierarchischen Beziehung oder aufgrund ihrer Eigenschaften (*Domains* und *Ranges*).

Die Grundannahme bei AnchorPrompt ist, dass wenn mehrere Mapping-Kandidaten sich ähnlich sind, und Pfade zwischen diesen Kandidaten existieren, dann könnten auch die Konzepte, die auf den Pfaden liegen, einander ähnlich sein. In Abbildung 4.6 werden zwei Mapping-Paare betrachtet. Die Konzepte A und B sowie die Konzepte G und H (D.h. ein Konzept A aus der Ontologie O_1 ist einem Konzept B aus der Ontologie O_2 ähnlich). AnchorPrompt generiert nun alle Pfade zwischen A und G und zwischen B und H und traversiert die Pfade, dabei werden

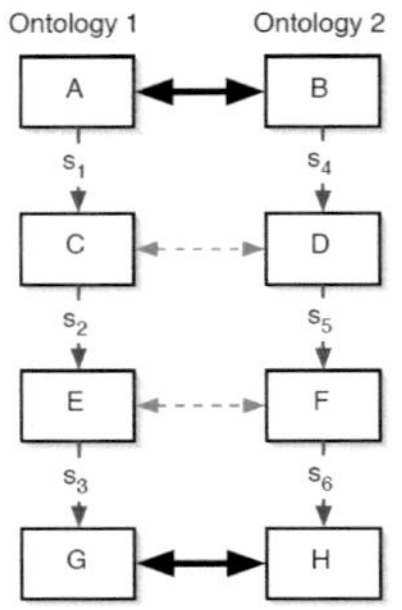

Abbildung 4.6.: ANCHORPROMPT: Konzepte auf dem Pfad zw. zwei Ankerpunkten werden verglichen (Noy u. Musen, 2003)

die Ähnlichkeitswerte für Konzepte auf dem Weg erhöht (z. B. *C* und *D*). Dieses Verfahren wird für alle existierenden Pfade wiederholt, die in einem *Ankerpunkt* starten oder enden. Es werden jedoch nur Pfade gleicher Länge miteinander verglichen. ANCHORPROMPT versucht so aus einer vorgegeben Liste von Mapping-Paaren zusätzliche Mapping-Kandidaten zu identifizieren.

PROMPTDIFF (Noy u. Musen, 2002) ist für den Vergleich von zwei verschiedenen Ontologieversionen entwickelt. Die beiden Ontologieversionen werden in einer hierarchischen Struktur überlagert (siehe Abbildung 4.7).

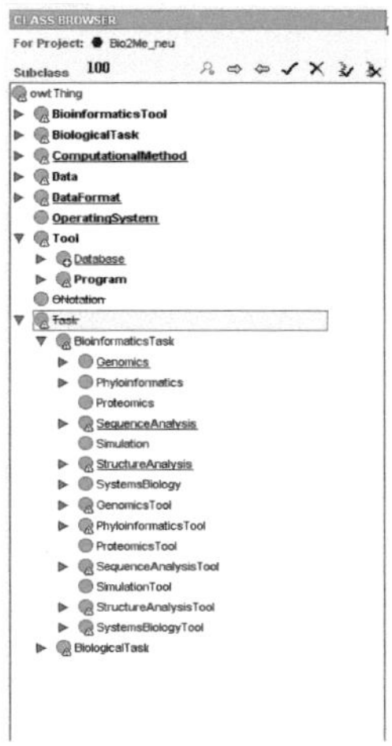

Abbildung 4.7.: PROMPTDIFF: Unterschied zwischen zwei Ontologie-Versionen

PROMPTDIFF bestimmt welches Konzept sich nicht verändert hat, bei welchem sich nur die Eigenschaften verändert haben und bei welchem sich sowohl der Name als auch die Eigenschaften und andere Konzeptdefinitionen verändert haben. Leider ist die Semantik der Symbole nicht selbsterklärend, so dass dem Nutzer nicht direkt ersichtlich ist, was sich nun zur vorherigen Version verändert hat. Zumal nur eine überlagerte Version angezeigt wird, ohne dass man in die ursprünglichen Versionen zurückschalten kann.

PROMPTFACTOR ermöglicht das Identifizieren von unabhängigen Teilontologien, um z. B. nur bestimmte Ausschnitte einer Ontologie weiter zu verwenden. Der Nutzer wählt das Konzept aus, für das er sich gerade interessiert, und bekommt den Ausschnitt zurückgeliefert, der mit diesem Konzept verbunden ist. Dabei werden sowohl alle Eigenschaften, Instanzen, Unterkonzepte des Konzepts, als auch Oberkonzepte, die auf dem Pfad zur Wurzel liegen und auch alle Konzepte, auf die durch Eigenschaften (*properties*) verwiesen wird, berücksichtigt.

4.2.2. FCA-Merge von Stumme u. Maedche (2001)

FCA-Merge (Stumme u. Maedche, 2001) ist eine Methode zur Zusammenführung von Ontologien mit Instanzmengen. Das Verfahren benötigt entweder sich überschneidende Instanzmengen oder Dokumentenmengen, die mit den Konzepten der zu vergleichenden Ontologie verbunden sind. FCA-Merge verwendet Methoden der formalen Begriffsanalyse (*formal concept analysis*) von Ganter u. Wille (1997).

Ausgehend von den Startontologien und einer Menge von Instanzen oder Dokumenten erzeugt FCA-MERGE einen Begriffsverband, der dann in die Zielontologie überführt wird. Die formale Begriffsanalyse bietet einen strukturellen Ansatz zur Fusion von Ontologien.

Die Dokumente aus dem Textkorpus müssen für beide Ontologien relevant sein, so dass die Dokumente durch die Konzepte der Ontologien beschrieben werden. Von diesen Dokumenten werden dann Instanzen extrahiert. Für eine Ontologie O_i wird jeweils ein formaler Kontext K_i erstellt, der mit Hilfe der extrahierten Instanzen angibt, welches Konzept aus der Ontologie in welchen Dokumenten auftaucht, siehe Abbildung 4.8.

I_1	Vacation	Hotel	Event	Concert	Root
doc1	×	×	×	×	×
doc2	×	×	×	×	×
doc3	×	×	×		×
doc4	×	×	×	×	×
doc5			×	×	×
doc6		×	×	×	×
doc7		×			×
doc8	×	×	×	×	×
doc9	×	×	×		×
doc10	×	×	×		×
doc11	×	×	×	×	×
doc12		×			×
doc13		×	×	×	×
doc14	×	×	×		×

I_2	Hotel	Accommodation	Musical	Root
doc1	×	×	×	×
doc2	×	×		×
doc3	×	×	×	×
doc4	×	×	×	×
doc5			×	×
doc6	×	×	×	×
doc7	×	×		×
doc8	×	×	×	×
doc9	×	×		×
doc10	×	×		×
doc11	×	×	×	×
doc12	×	×		×
doc13	×	×	×	×
doc14	×	×		×

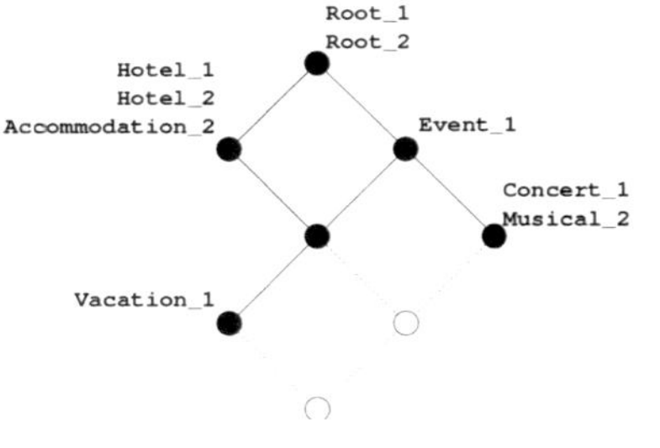

Abbildung 4.8.: FCA-MERGE: Aus Kontext K_1 und K_2 wird ein Begriffsverband erstellt (Stumme u. Maedche, 2001)

Ein formaler Kontext ist definiert als ein Tripel $K := (G, M, I)$, wobei G eine Menge von *Objekten*, M eine Menge von *Attributen* und I eine *binäre Relation* zwischen G und M ist ($I \subseteq G \times M$). Dabei wird $(g, m) \in I$ als *Objekt g hat das Attribut m* gelesen. Zur Generierung des formalen Kontexts $K_i := (G_i, M_i, I_i)$ für die Ontologie O_i wird die Menge der Dokumente D als Objektmenge ($G_i := D$) gewählt und die Konzepte aus der Ontologie O_i werden als Attributmenge

($M_i := C_i$) gewählt. Die Relation $(g, m) \in I_i$ wird mit dem FCA-MERGE-Algorithmus ermittelt und dann gesetzt, wenn ein Dokument g eine Instanz des Konzepts m enthält.

Im nächsten Schritt stellt FCA-MERGE aus K_1 und K_2 den Gesamtkontext K her und leitet aus diesem Gesamtkontext einen Begriffsverband ab (siehe Abbildung 4.8, rechts). Der Begriffsverband wird mit dem Verfahren TITANIC (Stumme u. a., 2000) erzeugt. TITANIC basiert auf den Apriori-Algorithmus (Agrawal u. Srikant, 1994) zur Ableitung von Assoziationsregeln. Begriffe, die das gleiche Cluster erzeugen, werden in FCA-MERGE zum Fusionieren vorgeschlagen.

FCA-MERGE ist jedoch durch die große Einschränkung auf sich überschneidende Instanzmengen oder mit den Konzepten verbundenen Dokumentenmengen nicht für alle Ontologien einsetzbar.

4.2.3. ONION von Mitra u. a. (2000)

Das System ONION (Ontology Composition System) von Mitra u. a. (2000) ist ein Artikulationstool für Ontologien. Die Artikulation von Ontologien zielt nicht darauf ab Quell-Ontologien auf einer physischen Ebene miteinander zu verschmelzen, sondern vielmehr eine Verbindung (linkage) zwischen den Quellen zu erstellen, sodass diese unangetastet bleiben. Es werden sogenannte semantische Brücken (semantic bridges) errichtet, die verschiedene Relationen zwischen den Ontologien darstellen. Dies ist meist sehr stark an bestimmte Anwendungen gebunden, da man meist innerhalb eines bestimmten Arbeitskontextes sehr viel treffendere Aussagen über diese Relationen machen kann.

ONION verwendet ein graphbasiertes Modell für die Repräsentation von Ontologien. ONION löst die terminologische Heterogenität in Ontologien auf und erzeugt Abbildungsregeln *(articulation rules)* für das Mapping von Ontologien. Abbildungsregeln *(articulation rules)* sind logisch so formuliert, dass sie die Beziehungen zwischen den Konzepten der zu vergleichenden Ontologien ausdrücken. Eine einfache Abbildungsregel hat z. B. die Form $O_1.A \Rightarrow O_2.B$, wobei A einen Knoten in der Ontologie O_1 und B einen Knoten in der Ontologie O_2 bezeichnet. Die Regel drückt aus, dass A eine Spezialisierung von B ist.

Das Verfahren verwendet als Basis linguistische Methoden, um alle möglichen Kandidatenpaare für die Abbildung zu identifizieren und berücksichtigt zusätzlich strukturelle Eigenschaften, um weitere Mapping-Kandidaten zu finden. Den Kandidatenpaaren wird ein Ähnlichkeitswert zugewiesen. Ist der Ähnlichkeitswert größer als ein vorher festgelegter Schwellwert, so wird das Paar als Mapping-Paar akzeptiert und eine Abbildungsregel formuliert.

In ONION werden zwei Typen von Ontologien unterschieden. Die Quellontologien, das sind die Ontologien, die miteinander verglichen werden sollen, und die *Artikulationsontologien (articulation ontologies)*, die die Regeln zur Formulierung von Match- und Fehleranpassungsbeziehungen beinhalten. Das Mapping der Ontologien wird in ONION auf Basis einer Ontologie-Algebra ausgeführt. Diese Algebra beinhaltet drei wesentliche Operationen:

- *Die Schnittmenge zweier Ontologien:* Bei dem Schnitt zweier Ontologien wird ein Ontologie-Graph erzeugt, der die Konzepte aus der Schnittmenge dieser zwei Ontologien enthält, dabei werden die zuvor generierten Abbildungsregeln *(articulation rules)* berücksichtigt. In der Schnittontologie tauchen alle Knoten aus den Abbildungsregeln auf. Die Schnittmenge definiert also die sich überschneidenden Konzepte (sich ähnelnden Konzepte) aus den beiden Ontologien.
- *Die Vereinigung zweier Ontologien:* Der Vereinigungs-Operator erzeugt einen Ontologie-Graphen, der beide Ontologien inklusive der Abbildungsregeln berücksichtigt.

- *Die Differenzmenge zweier Ontologien:* Der Differenz-Operator für zwei Ontologien O_1 und O_2 gibt die Konzepte und Relationen an, die in der Ontologie O_1 enthalten sind, jedoch nicht in der Ontologie O_2. Der Differenz-Operator gibt also den Unterschied zwischen zwei Ontologien an.

Bevor die Ontologien in ONION verwendet werden können, müssen sie in ein spezifisches graphbasiertes Modell überführt werden. Eine Ontologie $O = (G, R)$ wird durch einen direkten, benannten Graph $G = (V, E)$ und einer Menge von Regeln R repräsentiert. Dabei stellen die Knoten des Graphen die Konzepte und die Kanten die Relationen zwischen diesen Konzepten dar.

4.2.4. CHIMAERA von McGuinness u. a. (2000b)

CHIMAERA (McGuinness u. a., 2000b) ist eine webbasierte Merging-Umgebung für Ontologien. Der Benutzer von Chimaera kann mit der Hilfe eines Web-Browsers Ontologien hoch laden, editieren und vereinigen. Während der Vereinigung mehrerer Ontologien unterstützt CHIMAERA den Benutzer dadurch, dass es in den Ontologien potentielle Kandidaten zur Integration identifiziert, diese mögliche Merging-Kandidaten werden in einer Datei aufgelistet, siehe Abbildung 4.9.

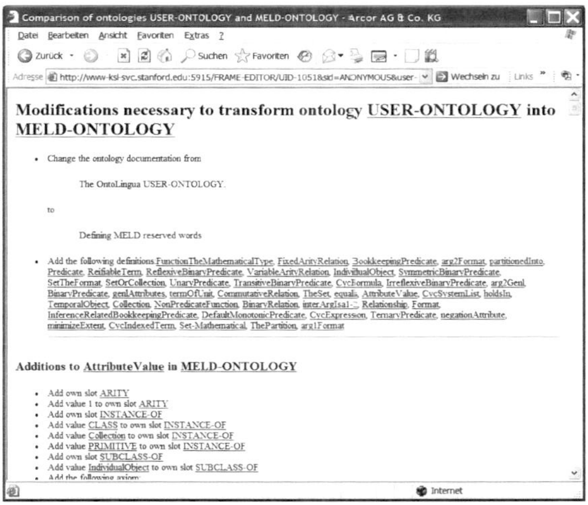

Abbildung 4.9.: CHIMAERA: Auflistung der Vorschläge für die Zusammenführung

Das Verfahren erzeugt auf linguistischer Basis eine Liste zur Auflösung von Namenskonflikten, die im Merging-Prozess als Unterstützung dienen kann. Der Nutzer muss jedoch die zur Vereinigung vorgeschlagenen Konzepte in den Hierarchien wiederfinden und sich die Definitionen und die Beschreibungen zu den einzelnen Konzepten anschauen, um zu entscheiden, ob die beiden Kandidaten auch zusammengeführt werden sollen. Die beiden vorgeschlagenen Konzepte werden nicht im Kontext der ursprünglichen Ontologie präsentiert, so dass es dem Nutzer schwer fällt, die einzelnen Konzepte in den Ausgangsontologien wiederzufinden.

CHIMAERA beinhaltet auch eine Anzahl von Analyse-Tools, die es dem Nutzer erlauben einige diagnostische Tests in der Ontologie auszuführen. Die Tests beinhalten Vollständigkeitskontrollen, syntaktische Checks und taxonomische Analysen. Die Ergebnisse der Tests werden in einer Log-Datei dem Nutzer präsentiert, wobei er durch Selektion direkt an die Konfliktstellen geführt wird.

4.3. Diskussion bisheriger Ansätze

Für den Vergleich und die Integration von Ontologien wurden bereits eine Reihe von Verfahren entwickelt, siehe Kapitel 4.1 und Kapitel 4.2. Die bisher entwickelten Methoden für den Vergleich und die Integration von Ontologien basieren auf automatische und semi-automatische Verfahren des maschinellen Lernens und des Data Minings. In allen erwähnten Verfahren wird auf *linguistische* Informationen, in einigen auch auf *strukturelle* Informationen der Ontologie zugegriffen, jedoch ohne die *interaktiven Aspekte* bei dem Vergleich und der Integration zu berücksichtigen. Eine Ausnahme bildet iPROMPT; iPROMPT wurde im Rahmen einer Evaluation mit iMERGE verglichen. Die Ergebnisse und die Auswertung sind im Kapitel 8 dokumentiert.

Betrachtet man die große Anzahl von Arbeiten, die sich mit dem Vergleich und die Integration von Ontologien beschäftigen, so findet man nur sehr wenige, die sich damit beschäftigen, wie man den *Nutzer interaktiv einbeziehen* kann. Es stellt sich jedoch die Frage, inwieweit der Nutzer einem automatischen Ergebnis vertraut, in dem er nicht nachvollziehen kann, in welchen Bereichen und aus welchen Gründen bestimmte Ausschnitte aus der Ontologie zusammengeführt worden sind.

Der im Rahmen dieser Arbeit entwickelter Merging-Prozess erlaubt es dem Nutzer den Integrationsprozess der Ontologien visuell mit zu verfolgen und berücksichtigt die Nutzer-Interaktionen, um die Mapping-Ergebnisse zu steuern, zu optimieren und zu akzeptieren.

Falconer und Noy (Falconer u. a., 2006) haben Anforderungen definiert, die bei einem Ontologie-Vergleich den Nutzer unterstützen sollen. Der in dieser Arbeit vorgestellte Ontologie-Editor berücksichtigt davon folgende wichtige Anforderungen:

- Sowohl die Quell- als auch die Zielontologie sollen explorierbar sein.
- Gefundene Abbildungen (Mappings) sollen übersichtlich dargestellt werden.
- Mapping-Kandidaten sollen im Kontext der ursprünglichen Ontologien angezeigt werden.
- In interessante Teilbereiche der Ontologie soll hinein gezoomt werden, z. B. sollte für die gefundenen Mapping-Kandidaten, die Nachbarschaft exploriert und Detailinformationen eingesehen werden können, um das Mapping nachzuvollziehen.
- Ergebnisse sollen gesichert werden können.
- Der Nutzer soll die Möglichkeit haben selber Abbildungspaare hinzuzufügen.
- Der Nutzer soll über den aktuellen Vergleichsschritt informiert werden.

Lediglich die Verifikation der vorgestellten Mappings wird bisher noch nicht durchgeführt. D.h. das hier vorgestellte System zeigt ähnliche Kandidaten aus den unterschiedlichen Ontologien an, berücksichtigt jedoch keine Konflikte, die eventuell bei der Integration dieser Kandidaten auftreten könnten.

Ergänzend zu den in Falconer u. a. (2006) definierten Anforderungen, wurden in dieser Arbeit Aufgaben identifiziert, die sich dem Nutzer beim Vergleich und der Integration von Ontologien stellen. Dazu gehören:

1. *Verständnis gewinnen*
   Ontologien sind komplexe und formale Modelle, die vom Nutzer exploriert und verstanden werden müssen.

2. *Überblick bewahren*
   Bei dem Vergleich und der Integration von Ontologien ist der Nutzer gefordert mindestens zwei Ontologien im Überblick zu behalten.
3. *Abhängigkeiten erkennen*
   Der Nutzer muss sowohl Abhängigkeiten *innerhalb* einer Ontologie, aber auch *zwischen* den beiden zu vergleichenden Ontologien erkennen und nachvollziehen können.
4. *Unterschiede identifizieren*
   Bei dem Vergleich von zwei sehr ähnlichen Ontologien, also Ontologien mit einem hohen Übereinstimmungsgrad, liegt der Fokus der Betrachtung für den Nutzer auf den Differenzen zweier Ontologien.
5. *Gemeinsamkeiten feststellen*
   Bei dem Vergleich von zwei sehr unterschiedlichen Ontologien, also Ontologien mit einem sehr niedrigen Übereinstimmungsgrad, liegt die Aufmerksamkeit des Nutzers hier auf den *Gemeinsamkeiten* der Ontologien.
6. *Entscheidungen treffen*
   Aufgrund der Vergleichsergebnisse muss der Nutzer nun Entscheidungen treffen, wie er die beiden Ontologien integrieren möchte.
7. *Aufgaben umsetzen*
   Bei der Umsetzung der Integrationsaufgaben ist es sehr schwierig die Folgewirkung zu bedenken und eine sinnvolle Reihenfolge zu finden.
8. *Konsequenzen nachvollziehen*
   Für den Nutzer ist es sehr schwierig Konsequenzen zu erkennen, die ein einzelner Integrationsschritt mit sich bringt.
9. *Konflikte auflösen*
   Der Nutzer ist daran interessiert eine möglichst konsistente und konfliktfreie Ergebnisontologie zu erhalten, dazu gehören z. B. mehrfach definierte Konzepte.

Diese Aufgabenstellungen müssen im Rahmen einer interaktiven Vorgehensweise für den Vergleich und für die Integration von Ontologien unterstützt werden. Die in dieser Arbeit vorgestellte interaktive Vorgehensweise für den Vergleich und die Integration von Ontologien erlaubt die Kombination von automatischen Ontologie-Analyseverfahren mit interaktiven Visualisierungstechniken, um nahtlos Aktivitäten zur *Exploration*, zum *Vergleich* und zur *Integration* von komplexen Ontologien zu unterstützen. Dabei erlauben zahlreiche Interaktionsmöglichkeiten dem Benutzer, sein Expertenwissen in den Analyseprozess einzubringen.

Teil II.

Interaktiver Prozess zur visuellen Ontologie-Integration

5. Interaktiver Merging-Prozess

Der Schwerpunkt der in dieser Arbeit entwickelten Vorgehensweise für den Vergleich und die Integration von Ontologien liegt auf folgende Gesichtspunkte:

- Der Bereitstellung von Kontextinformationen zur Entscheidungsunterstützung
- Der Kontrolle des Prozesses durch den Nutzer
- Einer inkrementellen Vorgehensweise, um die Revidierbarkeit von Schritten mit unerwünschten Konsequenzen zu unterstützen
- Der Exploration von Vergleichsergebnissen durch dynamische Visualisierungskomponenten

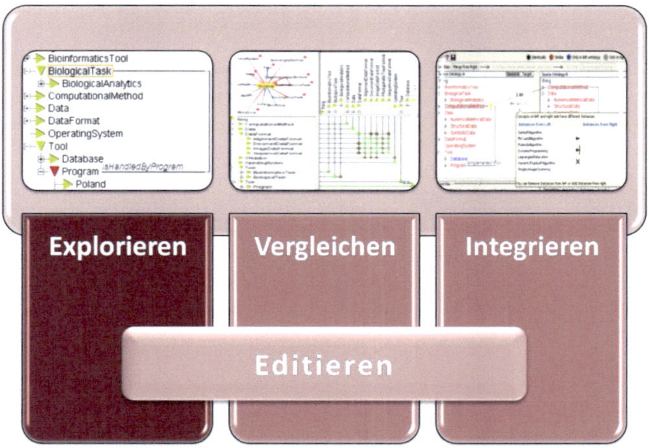

Abbildung 5.1.: Interaktiver Merging-Prozess

Der im Rahmen dieser Arbeit entwickelte interaktive Merging-Prozess (siehe Abbildung 5.1) erlaubt es dem Nutzer, den Integrationsprozess der Ontologien visuell mitzuverfolgen und berücksichtigt die Nutzer-Interaktionen, um die Mapping-Ergebnisse zu steuern, zu optimieren und zu akzeptieren.

Wichtig bei diesem Vorgehen ist, dass der Nutzer bei der Durchführung seiner Aufgaben (z. B. *Explorieren, Editieren, Vergleichen* und *Integrieren*) visuell unterstützt wird. D. h. beispielsweise, dass während eines Merging-Schrittes in der Zielontologie angezeigt wird, welche Konsequenzen dieser Schritt für die Ontologie hätte. Während des Prozesses der Zusammenführung kann der Nutzer interaktiv in den Ablauf eingreifen und zum Beispiel einen unerwünschten Schritt rückgängig machen oder Konzepte umbenennen.

Für einen Domänenexperten der zwei Ontologien miteinander vergleichen und daran anschließend integrieren möchte, ergeben sich unterschiedliche Aufgabenstellungen (siehe Kapitel 1.1). Diese Aufgaben werden in dieser Arbeit in 4 Phasen eingeteilt. Der Nutzer möchte die Ontologien *explorieren*, *vergleichen* und *integrieren* können. In jeder dieser drei Phasen muss er die Möglichkeit haben die Ontologien zu *editieren*. Deshalb liegt diese Phase quer zu den drei anderen, siehe Abbildung 5.1:

1. **Explorieren:** Im ersten Schritt verschafft sich der Nutzer einen Überblick über die beiden zu vergleichenden Ontologien. Dem Nutzer sollten an dieser Stelle unterschiedliche Zugänge zur Ontologie geboten werden. Wichtig jedoch ist, dass der Nutzer die Möglichkeit hat beide Ontologien nebeneinander zu betrachten und bei Bedarf Details wie *Instanzen, Eigenschaften* und *Restriktionen* betrachten kann.
2. **Vergleichen:** Das Ziel beim Vergleich zweier Ontologien besteht darin, eine Abbildung zwischen der Quell- und Zielontologie zu finden, die dem Nutzerverständnis einer semantischen Entsprechung am nächsten kommt. Das Ergebnis einer Vergleichsoperation zwischen zwei Ontologien ist eine Menge von Abbildungselementen, die angeben, dass ein Element x aus O_1 auf ein Element y aus O_2 abgebildet werden kann $(map(x) = y)$. An jedem Paar von Abbildungselementen ist ein Ähnlichkeitswert sim(x, y) angehängt. Bei diesem Schritt ist es wichtig, dass der Nutzer nachvollziehen kann, warum sich die Konzepte ähneln bzw. unterscheiden. D. h., es muss die Möglichkeit geben, ähnlich einer *semantischen Lupe* angezeigt zu bekommen, aus welchen Gründen die Konzepte ähnlich sind, sich jedoch nicht ganz aufeinander abbilden lassen. Unterscheiden sich beispielsweise die Instanzen von zwei ansonsten sehr ähnlichen Konzepten, so muss dies an dieser Stelle dem Nutzer angezeigt werden.
3. **Integrieren:** Bei der Integration zweier Ontologien O_1 und O_2 soll basierend auf dem vorangehenden Vergleich und den daraus resultierenden Abbildungen $map : O_1 \rightarrow O_2$ eine neue Ontologie entstehen. Das Ergebnis der Integration ist eine Ontologie, die alle überschneidungsfreien Konzepte aus O_1 und O_2 enthält; darüber hinaus führt sie Konzepte zusammen, die in $map : O_1 \rightarrow O_2$ als redundant deklariert wurden. Dieser Schritt muss jedoch eine Schritt-für-Schritt-Integration zweier Ontologien erlauben, so dass der Nutzer nachvollziehen kann, welche Konzepte zusammengeführt werden, aus welchen Gründen sie zusammengeführt werden und bei Bedarf einen Schritt direkt ablehnen kann, falls er mit dem Ergebnis nicht zufrieden ist.
4. **Editieren:** Der Nutzer muss fortlaufend die Möglichkeit haben, Änderungen an den Ontologien vorzunehmen, dies bezieht sich sowohl auf das Hinzufügen von neuen Konzepten, Instanzen und Eigenschaften, als auch auf das Bearbeiten von schon vorhandenen Ressourcen.

Im iMERGE-Editor wurde eine Reihe von Komponenten entwickelt, um die einzelnen Aufgaben im Merging-Prozess zu unterstützen. Je nach Aufgabe des Domänen-Experten können unterschiedliche Komponenten miteinander gekoppelt werden. Die einzelnen Komponenten ermöglichen daher einen nahtlosen Übergang zwischen den verschiedenen Sichten.

- SMARTTREE eignet sich zur Visualisierung der Ontologie. SMARTTREE erweitert die konventionelle Baumkomponente um einige Funktionalitäten, die die Ontologie-Exploration erleichtern. Zusätzlich zu der hierarchischen Struktur werden auch Relationen *zwischen* Konzepten visualisiert, wenn ein Knoten selektiert wird.
- Die GRAPH-SICHT visualisiert den strukturellen Zusammenhang der Konzepte als Graphen und bietet so einen Überblick über den Vernetzungsgrad der Ontologie.

- Der MATRIX-VERGLEICH bietet einen Überblick über die Vergleichsergebnisse. Dabei werden die zu vergleichenden Ontologien im Matrix-Browser (Ziegler u. a., 2002b) auf zwei Achsen gegenübergestellt. Eine hohe Übereinstimmung der beiden Ontologien wird mit grünen Verbindungspunkten signalisiert, Teilbereiche in denen Unterschiede auftauchen, werden mit roten Verbindungspunkten signalisiert. So erhält der Domänen-Experte erste Hinweise in welchen Regionen der Ontologien sich hohe Übereinstimmungen finden lassen und in welchen Bereichen die Ontologien eher unterschiedlich sind. Ein Pluszeichen in der Matrix deutet an, dass der Unterbaum weitere ähnliche Konzepte enthält. Für ein selektiertes Konzept wird ein Zahlenwert für das Ähnlichkeitsmaß angezeigt, sowie die Nachbarschaft des Knotens in einem Teilgraph visualisiert.
- Der LISTEN-VERGLEICH eignet sich eher für eine genauere Betrachtung der Mapping-Kandidaten. Für jeden selektierten Knoten wird mit einer Verbindungslinie der ähnlichste / die ähnlichsten Knoten angegeben. In dieser Sicht werden die Mapping-Kandidaten im Kontext der Ontologie angezeigt, wobei Detailinformationen wie Eigenschaften, Instanzen und Kommentare in einer *semantischen Lupe* angezeigt werden.
- STEPMERGE ermöglicht die Schritt-für-Schritt-Integration von zwei Ontologien. Um dies zu unterstützen, werden die beiden Ausgangsontologien farblich unterschiedlich markiert. Der Merging-Prozess läuft schrittweise ab. Dem Nutzer werden zunächst in den Quellontologien die Unterschiede angezeigt und danach in der Ergebnisontologie visuell angezeigt, wie ein Merging-Schritt aussehen könnte. Der Domänenexperte kann die Vorschläge akzeptieren oder Änderungen vornehmen.
- INTERACTIVEMERGE erlaubt eine nutzergesteuerte Integration der Ontologien. In INTERACTIVEMERGE werden die Ergebnisse der Vergleichsverfahren in einer der beiden zu vergleichenden Ontologien angezeigt. Dem Nutzer werden Unterschiede angezeigt und systemseitig auch Merging-Vorschläge unterbreitet, die der Nutzer aber erst annehmen und bearbeiten muss, bevor sie ausgeführt werden.

Die einzelnen Sichten wurden so miteinander in Verbindung gebracht, dass sich der *aktuelle Fokus*, selbst beim Wechseln der Sicht direkt erkennen lässt, so dass ein fließender Übergang zwischen den Sichten gewährleistet ist. Der Nutzer hat die Möglichkeit je nach Aufgabe und Präferenzen die benötigte Sicht auszuwählen und bei Bedarf auch zu wechseln.

5.1. Explorieren und Editieren der Vergleichsontologien

Im ersten Schritt der visuellen Ontologie-Exploration verschafft sich der Nutzer einen Überblick über die beiden zu vergleichenden Ontologien. Dem Nutzer sollen an dieser Stelle unterschiedliche Zugänge zur Ontologie geboten werden, da sich die Explorationsziele erst *während der Interaktion* ergeben. Wichtig ist jedoch, dass der Nutzer die Möglichkeit hat, beide Ontologien nebeneinander zu betrachten und bei Bedarf Details einer Ontologie einsehen kann. Die einzelnen Visualisierungskomponenten müssen so miteinander in Verbindung gebracht werden, dass sich der *aktuelle Fokus*, selbst beim Wechseln der Sicht direkt erkennen lässt und ein fließender Übergang zwischen den Sichten gewährleistet ist. Durch Verwendung von Interaktionstechniken kann der Domänenexperte dann die Visualisierungen gezielt bezüglich der Explorationsziele verändern.

Die Grundidee der *visuellen Ontologieexploration* (angelehnt an (Shneiderman, 1996)) ist, eine geeignete Darstellung der Ontologie in visueller Form, die es dem Nutzer erlaubt, einen Einblick in die Struktur der Ontologie zu bekommen, Schlussfolgerungen aus der Ontologie zu ziehen sowie direkt mit der Ontologie zu interagieren. Die Visualisierung der *Konzepte* und ihrer *Relationen* ermöglicht dem Nutzer ein tieferes Verständnis für die Ontologie.

Nach (Shneiderman, 1996) kann die *visuelle Datenexploration* in drei Schritte untergliedert werden:

1. *Overview*
2. *Zoom and Filter*
3. *Details-on-demand*

Diese Gliederung wird auch als *Information Seeking Mantra* (Shneiderman, 1996) bezeichnet. Der Benutzer braucht bei der Datenexploration eingangs einen Überblick über die Daten *(overview)*. In dieser ersten visuellen Darstellung kann der Benutzer interessante Zusammenhänge in den Daten erkennen, die dann im Folgenden mit Hilfe von Zoom- und Selektionstechniken *(zoom and filter)* genauer untersucht werden. Für eine genaue Analyse der Muster benötigt der Benutzer eine Möglichkeit auf Details der Daten zuzugreifen *(details-on-demand)*. Es ist in diesem Zusammenhang wichtig, dass Visualisierungstechniken nicht nur grundlegende Verfahren für alle Schritte bereitstellen, sondern auch die Schwierigkeiten bei den Übergängen zwischen diesen Schritten zu überbrücken helfen.

Angelehnt an (Shneiderman, 1996) werden in dieser Arbeit für das Explorieren und Editieren der Ausgangsontologien alle drei Schritte unterstützt. Zu Beginn der Explorationsphase gilt es einen *Überblick über die beiden zu vergleichenden Ontologien* (vgl. Kapitel 5.1.1) zu gewinnen. Hier sollte man sich zunächst einmal ein Bild von den vorliegenden Ontologien machen und diese einer Plausibilitätsprüfung unterziehen. Dadurch lassen sich häufig bereits im Vorfeld mögliche Auffälligkeiten in der Ontologie identifizieren, die dann im nächsten Schritt durch *Zoom- und Selektionstechniken* (vgl. Kapitel 5.1.2) näher betrachtet werden können. Im letzten Schritt benötigt der Nutzer visuelle Unterstützung, um sich *Details der Ontologien* (vgl. Kapitel 5.1.3), wie zum Beispiel einzelne *Instanzen, Eigenschaften* oder *Annotationen*, anschauen zu können.

5.1.1. Überblick über die beiden zu vergleichenden Ontologien

Zur inhaltlichen Erschließung von Ontologien gibt es unterschiedliche Vorgehensweisen. Da sich wesentliche Informationen aus der hierarchischen Struktur ergeben, muss zum einen die Erkundung der *hierarchischen Struktur* unterstützt werden, zum anderen lassen sich wichtige Informationen aus den Relationen, also den Verbindungen der einzelnen Konzepte ableiten. Hier muss die Visualisierung des *strukturellen Zusammenhangs* der Ontologie unterstützt werden. Zu Beginn der Ontologie-Erschließung eignet sich somit eine *hierarchische Baumkomponente* und die Darstellung der Ontologie-Struktur als *Graph*. Deshalb wurden im Rahmen dieser Arbeit beide Zugangspunkte unterstützt und in den beiden Komponenten SMARTTREE (vgl. Kapitel 6.1.1) und GRAPH-SICHT (vgl. Kapitel 6.1.2) realisiert.

Um den Nutzer bei der hierarchischen Erschließung der Ontologie zu unterstützen werden baumstrukturierte, hierarchische Beziehungen der Ontologie visualisiert. Eine solche Teilstruktur ist immer in Form der Klassenhierarchie der Ontologiekonzepte gegeben, die quasi das Gerüst der Ontologie bildet und an die alle weiteren Visualisierungen und Dialoge angebunden sind. Die Visualisierung und Interaktion mit solchen Baumstrukturen bildet deshalb einen der Schlüsselfaktoren für eine übersichtliche, verständnisfördernde Darstellung der komplexen Struktur und ein effektives und effizientes Editieren. Die bislang für diese Aufgabe praktisch ausschließlich herangezogenen konventionellen Tree-Widgets (wie z. B. das aus dem File-Explorer bekannte) sind zur Visualisierung großer Ontologien nur bedingt geeignet, so dass zur Verbesserung der Präsentation der Ontologie eine neue Baumkomponente, der SMARTTREE (Hüsken u. Ziegler, 2007) entwickelt wurde. SMARTTREE erweitert die konventionelle Baumkomponente um einige Funktionalitäten, die die Ontologie-Exploration erleichtern. Zusätzlich zu der hierarchischen Struktur werden auch Relationen *zwischen* den Konzepten visualisiert, wenn ein Knoten selektiert wird.

Für einen Domänenexperten ergeben sich bei der *Betrachtung* und *Exploration* einer Ontologie folgende Aufgaben bezüglich eines Konzeptes x:

- Das Explorieren der Oberkonzepte (Elternkonzepte) von Konzept x entlang dem Pfad bis zur Wurzel.
- Das Betrachten der Knoten auf derselben Hierarchie-Ebene (Geschwister).
- Das Finden aller Unterknoten (Kinderknoten) des Konzeptes x.
- Das Betrachten der Eigenschaften (*datatype properties* und *object properties*).
- Das Anschauen der zugehörigen Instanzen zum Konzept x.
- Das Anzeigen aller Detailinformationen, wie Kommentaren und Annotationen zu dem Konzept x.

Dies gilt natürlich für Konzepte aus der Ontologie O_1 und der Ontologie O_2. Jede dieser Aufgaben muss für eine effektive und effiziente Ontologieexploration visuell unterstützt werden. Dazu wurde in dieser Arbeit das konventionelle Tree Widget, welches zum Beispiel das Betrachten der Knoten auf der selben Hierarchie-Ebene und das finden aller Unterknoten inhärent unterstützt, um weitere Eigenschaften erweitert. Zum Beispiel wird bei Selektion eines Konzeptes die Idee einer *semantischen Lupe* umgesetzt. Hier wird der Knoten nicht geometrisch vergrößert, sondern inhaltlich erweitert. Zu einem selektierten Knoten werden die zugehörigen Instanzen angezeigt, ebenso die zugehörigen Eigenschaften oder Detailbeschreibungen. Relationen zu anderen Konzepten werden mit sog. *Property-Lines* visualisiert. Zwischen diesen Informationen kann dann in der Visualisierung hin und her geschaltet werden.

Zur besseren Verdeutlichung von Relationen und Verknüpfungen zwischen den Konzepten wird auch eine Graphenstruktur-Visualisierung (GRAPH-SICHT) angeboten. Diese lässt sich auf die Nachbarschaft eines selektierten Knotens beschränken und erlaubt weitere Interaktionsmöglichkeiten, wie das Ausblenden einzelner Konzepte und das rotieren des kompletten Graphen.

5.1.2. Zoom- und Selektionstechniken zur Analyse der Ontologien

Vorrangiges Ziel im Bereich der skalierbaren, visuellen Ontologieanalyse ist es, die Ontologie auf besonders informationstragende Teile zu verdichten und grafisch so zu repräsentieren, dass strukturelle Zusammenhänge und relevante Eigenschaften der Konzepte leicht erfasst werden können. Die interaktiven, semantischen Zoom-Techniken beispielsweise variieren die Granularität der Ontologiedarstellung in Abhängigkeit von den Platzverhältnissen und ermöglichen dem Benutzer dadurch eine effektive Exploration großer Ontologien.

Für eine effektive Datenexploration sind *Zoom-* und *Verzerrungstechniken* unverzichtbar. Verzerrungstechniken helfen bei der Fokussierung auf Details, ohne dabei den Überblick über die Daten zu verlieren. Die Idee von Verzerrungstechniken (*distortion techniques*) ist das Hervorheben von Ausschnitten der Visualisierung mit vielen Details unter Beibehaltung der Darstellung aller übrigen Teile der Visualisierung mit geringerem Detaillierungsgrad.

Zoom- und Selektionstechniken werden in *dynamische* und *interaktive Techniken* unterschieden (Keim, 2002). Während bei *dynamischen Techniken* Veränderungen der visuellen Darstellung automatisch vorgenommen werden, erfolgen bei *interaktiven Verfahren* Veränderungen an der visuellen Darstellung durch Benutzerinteraktion.

Für die visuelle Ontologieanalyse wurden im Rahmen dieser Arbeit einige Interaktions- und Verzerrungstechniken umgesetzt und auf die speziellen Anforderungen der Ontologieanalyse angepasst. Die Realisierung von semantischen Zugriffs- und Navigationsmöglichkeiten bildet eine wichtige Herausforderung bei der visuellen Ontologieanalyse. Interaktionstechniken bestimmen wie flexibel die Bewegung in der Ontologie stattfindet und wie Ontologieelemente referenziert werden können. Hauptanforderungen sind daher Techniken zur effizienten, skalierbaren Navigation in großen Ontologien und leistungsfähige Referenzierungstechniken, um Ontologieausschnitte selektieren und entsprechend fokussiert weiterverarbeiten zu können.

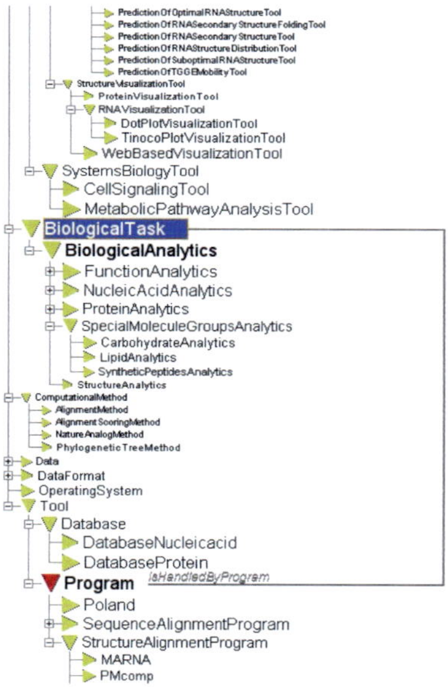

Abbildung 5.2.: Fokus und Kontext im SmartTree

Zur Gewährleistung der Übersicht auch im Falle komplexer Ontologien wird in dieser Arbeit z. B. die *Fokus-und-Kontext*-Visualisierungstechnik (Furnas, 1986) eingesetzt (siehe Abbildung 5.2). Unter *Fokus und Kontext* versteht man Methoden, die die Visualisierung des Datenraums derart verändert, dass der Fokus – der für den Betrachter interessante Teil der dargestellten Daten – möglichst maximiert wird, während der Kontext – die sich an den Fokusbereich anschließenden Bereiche der Visualisierung – verkleinert dargestellt werden.

Referenzierte Konzepte des Kontextbereiches, also Konzepte, die mit einer *Property-Line* mit dem selektierten Konzept verbunden sind, sollten ebenfalls hervorgehoben dargestellt werden. Daher wurde die Fokus-und-Kontext-Technik erweitert: Anstelle eines Fokusbereichs, gibt es nun eine

Menge von Fokusbereichen mit jeweils angrenzenden Kontextbereichen. Der Nutzer ist schließlich an dem selektierten Konzept interessiert und an alle Zielkonzepte zu denen eine Verbindung vom selektierten Konzept aus besteht. Sollte sich der Fokus ändern und ein anderes Konzept im Mittelpunkt der Betrachtung rücken, ändert sich die Fokus-und-Kontext-Darstellung. Diese Darstellung gewährleistet selbst bei sehr großen Ontologien, Relationen zwischen Konzepten visuell aufzunehmen und leichter zu explorieren. Sollte der geographische Abstand im Baum zu groß sein, um auf einer Bildschirmseite zu passen, wird mit Auslassungspunkten gearbeitet. Erst beim Anklicken dieser Auslassungspunkte wird der zuvor ausgeblendete Bereich wieder eingeblendet.

5.1.3. Visuelle Analyse der Details einer Ontologie

Mit Visualisierungstechniken versucht man, abstrakte Daten oder Zusammenhänge in eine graphische bzw. visuell erfassbare Form zu bringen. Dabei werden Details der Ausgangsdaten weggelassen, die im Kontext der gewünschten Aussage zu vernachlässigen sind. Zudem sind stets gestalterische Entscheidungen zu treffen, welche visuelle Umsetzung geeignet ist und welcher Zusammenhang gegebenenfalls betont werden soll. Visualisierungen implizieren daher stets eine Interpretation der Ausgangsdaten, werden aber auch durch textliche oder sprachliche Angaben ergänzt, um eine bestimmte Interpretation zu kommunizieren. Die Herausforderung bei der Visualisierung der Details einer Ontologie liegt darin zu einem bestimmten Zeitpunkt aus dem Kontext zu entscheiden, welche Informationen für den Nutzer von Interesse sein könnten und welche eher ausgeblendet werden, um die Übersichtlichkeit der Darstellung nicht zu gefährden.

Im iMERGE-Editor wurde das Konzept der *semantischen Lupe* an mehren Stellen umgesetzt, Details werden bei Bedarf kontextabhängig angezeigt. Im SMARTTREE wird nicht nur der aktuell selektierte Knoten im Fokus dargestellt, sondern auch alle weiteren Konzepte, zu denen es vom selektierten Knoten eine Relation gibt. Dies führt zu einer Menge von Foki. In INTERACTIVEMERGE tritt die semantische Lupe erst in Erscheinung, wenn der Nutzer ermitteln will, weshalb sich bestimmte Konzepte ähnlich sind (z. B. Ähnlichkeitswert > 0,7), sich aber dennoch voneinander unterscheiden.

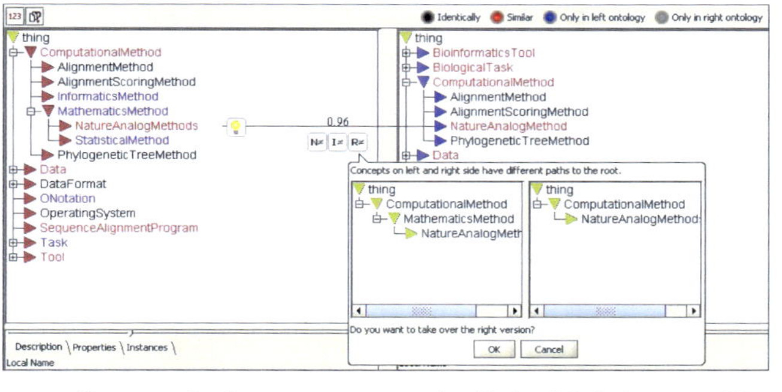

Abbildung 5.3.: Semantische Lupe zeigt unterschiedliche Pfade bis zum Wurzelknoten

Beim Anklicken eines Icons, welches anzeigt, dass Unterschiede vorhanden sind, wird die semantische Lupe eingeblendet, in der nun genau visualisiert wird, worin die Unterschiede liegen. In Abbildung 5.3 gibt zunächst ein Icon an, dass der Pfad zur Wurzel unterschiedlich ist (d. h., dass die Konzepte auf unterschiedlicher Hierarchieebene liegen), wird das Icon ausgewählt, erhält man eine graphische Darstellung des Pfades bis zur Wurzel mit der Möglichkeit die Hierarchietiefe des aktuellen Knotens zu verändern.

In der LISTEN-SICHT wird zur visuellen Analyse der Details unter der Baumstruktur der Konzepte eine Komponente dargestellt, in der zusätzliche Informationen zu einem Konzept angezeigt werden können. In dieser Komponente werden nacheinander geschachtelt mehrere Detailinformationen zu einem Konzept angezeigt. Je nachdem was der Benutzer auswählt, werden *Annotationen, Instanzen, Eigenschaften* oder *Restriktionen* angezeigt.

In der GRAPH-SICHT besteht die Möglichkeit eingeklappte Konzepte wieder einzublenden, wenn zu einem bestimmten Konzept weitere Detailinformationen angefragt werden. Zu einem selektierten Konzept können beispielsweise alle Konzepte visualisiert werden mit denen das Konzept über eine Relation in Verbindung steht.

5.2. Interaktiver visueller Vergleich von Ontologien

Beim *Vergleich zweier Ontologien* stehen die ersten Explorationsziele nicht immer schon zu Beginn der Interaktion fest, da erst in Abhängigkeit der Daten, ermittelt werden kann, welche Bereiche bzw. welche Entitäten miteinander verglichen werden können bzw. verglichen werden sollen. Aus diesen Gründen wurden in dieser Arbeit Methoden für den interaktiven Vergleich zweier Ontologien entwickelt, die sich unter dem Themenfeld *interaktive, visuelle Datenanalyse* einordnen lassen. Durch eine Kombination von Techniken aus den Bereichen *interaktive Visualisierung* und *automatische Datenanalyse* ist ein effektiver Zugang zu der ansonsten unüberschaubaren Anzahl an *Entsprechungen* und *Ähnlichkeiten* innerhalb der zu vergleichenden Ontologien möglich. Visuelle Analysetechniken helfen die Ontologien besser zu verstehen, neue Erkenntnisse zu gewinnen und effektiv mit den Ontologie-Analyseverfahren zu interagieren. Dabei erlaubt die *Interaktion* dem Benutzer, sein Expertenwissen in den Ontologie-Analyseprozess einzubringen. Dadurch, dass der Nutzer direkt am Explorationsprozess beteiligt ist, können die Explorationsziele bei Bedarf verändert und angepasst werden.

Nach der visuellen Exploration verschiebt sich der Fokus auf das vorgeschlagene Mapping. Hier möchte der Nutzer die Unterschiede zwischen den beiden Ontologien (oder Ontologie-Versionen) betrachten. Mögliche Ziele sind hierbei:

- Das Betrachten von Elementen (Konzepte, Eigenschaften, Instanzen), die in der Ontologie O_1, jedoch nicht in der Ontologie O_2 enthalten sind.
- Das Finden von fehlenden Elementen (Konzepte, Eigenschaften, Instanzen) die in der Ontologie O_2, jedoch nicht in der Ontologie O_1 enthalten sind.
- Das Betrachten von Elementen (Konzepte, Eigenschaften, Instanzen), die zwar in beiden Ontologien auftauchen, jedoch geringfügig voneinander abweichen.

Im Gegensatz zu den automatischen und semi-automatischen Ontologie-Mapping-Verfahren, bei denen die Vergleichsergebnisse erst am Ende von komplexen Berechnungsvorgängen präsentiert werden, wird in dieser Arbeit das Domänenwissen des Nutzers mit einbezogen. Der Prozess verläuft schrittweise und immer im Austausch mit dem Nutzer, der vorgeschlagene Abbildungskandidaten annehmen, ablehnen oder ändern kann. Wichtig bei der hier vorgestellten Methode für den Ontologie-Vergleich ist die visuelle Darstellung der Abbildungskandidaten noch vor Beendigung des Vergleichsprozesses, um so den Nutzer in die Ergebnisbildung mit einzubeziehen.

Entwickelte Algorithmen zur Bestimmung der linguistischen Ähnlichkeit (*Editierdistanz, N-Gramme*) und zur Bestimmung der strukturellen Ähnlichkeit *(Pfad bis zur Wurzel, Kinderknoten, Graph-Matching)* werden dazu verwendet einen initialen Ähnlichkeitswert zwischen Konzepten zu ermitteln. Dem Nutzer wird dann visuell angezeigt, dass sich die Konzepte ähneln, jedoch nicht vollständig übereinstimmen. Weshalb die Konzepte nicht vollständig übereinstimmen, wird erst nach Auswahl des Knotens mit einer semantischen Lupe angezeigt, in der visualisiert wird, worin die Konzepte nicht vollständig übereinstimmen. Zum Beispiel könnten die Konzepte unterschiedliche Instanzmengen besitzen, diese müssten dem Nutzer angezeigt werden.

Um eine hohe und auch genaue Abbildungsrate zwischen einer Vielzahl unterschiedlicher Wissensstrukturen zu erzielen, genügt es nicht nur ein Vergleichskriterium, wie zum Beispiel Namensähnlichkeit zu berücksichtigen. Aus diesem Grund werden in dieser Arbeit die Ergebnisse verschiedener Vergleichsalgorithmen miteinander kombiniert. Als Ergebnis der Ähnlichkeitsberechnung resultiert ein numerischer Wert, der die entsprechende Ähnlichkeit zwischen zwei Entitäten (Konzepte, Instanzen, Eigenschaften) angibt. Dies ermöglicht einen hohen Flexibilitätsgrad, da der Nutzer auch die Möglichkeit hat, die einzelnen Vergleichsalgorithmen manuell zu starten. Zur Bestimmung der Ähnlichkeit zwischen zwei Konzepten x und y werden die Ähnlichkeitsmaße in dieser Arbeit durch *linguistische* $(sim_{ling}(x,y))$, *strukturelle* $(sim_{struc}(x,y))$, und *semantische* $(sim_{semantic}(x,y))$ Vergleiche ermittelt.

$$sim_{ges}(x,y) = \frac{w_1 * sim_{ling}(x,y) + w_2 * sim_{struc}(x,y) + w_3 * sim_{semantic}(x,y)}{w_1 + w_2 + w_3} \tag{5.1}$$

Die Gewichte w_1, w_2 und w_3 wurden für die Startkonfiguration heuristisch ermittelt und lassen sich je nach Aufgabe und Schwerpunkt der Vergleiche vom Nutzer anpassen.

5.2.1. Linguistische Vergleiche der Konzepte

Der *linguistische Vergleich* erfasst alle sprachlichen Vergleiche, die innerhalb einer Ontologie stattfinden, wie Namensvergleiche, Attributvergleiche und der Vergleich von Instanzen basierend auf syntaktischen Eigenschaften. Im Rahmen dieser Arbeit wurde für die Bestimmung der linguistischen Ähnlichkeit zwei Methoden umgesetzt: Die Bestimmung de Ähnlichkeit mit der *Editierdistanz* und die Bestimmung der Ähnlichkeit mit *N-Gramme*.

Bestimmung der Editierdistanz

Mit der Methode *Editierdistanz* (Levenshtein, 1966) wird berechnet, wie viele Editieroperationen (Löschen, Einfügen eines Buchstabens) nötig sind, um einen String in den anderen umzuwandeln. Die Anzahl der Editieroperationen wird zu der Länge der Zeichenkette in Verhältnis gesetzt, so dass kurze Wörter das Ergebnis nicht verfälschen können. Die *Editierdistanz* zwischen zwei Zeichenketten ist also die minimale Anzahl von Editieroperationen, die benötigt werden, um die erste Zeichenkette in die zweite zu überführen.

Eine effiziente Methode um die Editierdistanz zu berechnen erfolgt durch den so genannten *Dynamic-Programming*-Ansatz. Dabei wird eine Matrix initialisiert, die für jede *(m, N)*-Zelle die Levenshtein-Distanz (levenshtein distance) zwischen dem m-Buchstabenpräfix des einen Wortes und des n-Präfix des anderen Wortes enthält. Die Tabelle kann z. B. von der oberen linken Ecke zur unteren rechten Ecke gefüllt werden. Jeder Sprung horizontal oder vertikal entspricht einer Editieroperation (Einfügen bzw. Löschen eines Zeichens) und *kostet* einen bestimmten virtuellen Betrag. Die Kosten werden normalerweise auf 1 für jede der Editieroperationen eingestellt. Der diagonale Sprung kostet 1, wenn die zwei Buchstaben in die Reihe und Spalte nicht übereinstimmen, oder im Falle einer Übereinstimmung 0.

Die Kosten an der Stelle (i, j) der Matrix ergeben sich daraus, ob die beiden Zeichen i und j gleich sind, dann sind die Kosten 0, ansonsten sind die Kosten 1. Anschließend muss die Distanz d für die Stelle (i, j) berechnet werden. Die ergibt sich aus den umliegenden Vorgängerdistanzen, das sind dann die Stellen $(i-1, j)$, $(i, j-1)$ und $(i-1, j-1)$. Damit kommt man zu der Formel: $d(i, j) = min(d(i-1, j)+1, d(i, j-1)+1, d(i-1, j-1)+cost(i, j))$ Jede Zelle minimiert jeweils die lokalen Kosten. Daher entspricht die Zahl in der unteren rechten Ecke dem Levenshtein-Abstand zwischen den beiden Wörtern.

Die Matrix in Abbildung 5.4 kennzeichnet den Vergleich von *BioInformaticsTask* und *InformaticsTask* aus der Ontologie BIO2ME.

		B	i	o	i	n	f	o	r	m	a	t	i	c	s	T	a	s	k
	0	1	2	3	4	5	6	7	8	9	10	11	12	13	14	15	16	17	18
I	1	1	2	3	4	5	6	7	8	9	10	11	12	13	14	15	16	17	18
n	2	2	2	3	4	4	5	6	7	8	9	10	11	12	13	14	15	16	17
f	3	3	3	3	4	5	4	5	6	7	8	9	10	11	12	13	14	15	16
o	4	4	4	3	4	5	5	4	5	6	7	8	9	10	11	12	13	14	15
r	5	5	5	4	4	5	6	5	4	5	6	7	8	9	10	11	12	13	14
m	6	6	6	5	5	5	6	6	5	4	5	6	7	8	9	10	11	12	13
a	7	7	7	6	6	6	6	7	6	5	4	5	6	7	8	9	10	11	12
t	8	8	8	7	7	7	7	7	7	6	5	4	5	6	7	8	9	10	11
i	9	9	8	8	7	8	8	8	8	7	6	5	4	5	6	7	8	9	10
c	10	10	9	9	8	8	9	9	9	8	7	6	5	4	5	6	7	8	9
s	11	11	10	10	9	9	9	10	10	9	8	7	6	5	4	5	6	7	8
T	12	12	11	11	10	10	10	10	11	10	9	8	7	6	5	4	5	6	7
a	13	13	12	12	11	11	11	11	11	11	10	9	8	7	6	5	4	5	6
s	14	14	13	13	12	12	12	12	12	12	11	10	9	8	7	6	5	4	5
k	15	15	14	14	13	13	13	13	13	13	12	11	10	9	8	7	6	5	4

Abbildung 5.4.: Matrix zur Berechnung der Editierdistanz

Jede Zelle in der Editierdistanz-Matrix $d[i, j]$ entspricht dem Abstand zwischen den ersten i Zeichen des Wortes *BioinformaticsTask* von den ersten j Zeichen des Wortes *InformaticsTask*.

Man kann den Editierabstand auch als graphentheoretisches Problem auffassen. Seien zwei Zeichenketten x und y der Länge n bzw. m gegeben. Dann ist der Editiergraph ein gewichteter Graph auf $(n+1)*(m+1)$ Knoten, von denen jeder mit genau einem Paar (i, j) mit $0 \leq i \leq n$ und $0 \leq j \leq m$ beschriftet ist. Der Knoten (i, j) entspricht dabei den Teilwörtern $(x[1, i]; y[1, j])$, die Kanten entsprechen den Editieroperationen.

Für die Berechnung der Editierdistanz gibt es von jedem Knoten (i, j) drei gerichtete Kanten zu den Knoten $(i+1, j+1), (i+1, j)$ und $(i, j+1)$. Die Gewichtung der Kanten entspricht den Editierkosten. Um den Editierabstand $ed(x, y)$ zu bestimmen, wird die Länge eines kürzesten Weges von $(0, 0)$ nach (n, m) in dem Editiergraphen gesucht.

Das Ähnlichkeitsmaß sim_{Lev} ist invers zur Editierdistanz und wird ermittelt durch:

$$sim_{Lev}(x, y) = max(0, \frac{min(|x|, |y|) - ed(x, y)}{min(|x|, |y|)}) \tag{5.2}$$

Das Ähnlichkeitsmaß sim_{Lev} ist 0, wenn die kleinste Zeichenkettenlänge von zwei Elementnamen kleiner ist als $ed(x, y)$. Im Falle zweier identischer Zeichenketten ist sim_{Lev} immer gleich 1. Für das Beispiel aus der Abbildung 5.4 wird dann folgendes ermittelt:

$$sim_{Lev}(BioinformaticsTask, InformaticsTask) = max(0, \frac{15-4}{15}) = 0,7 \tag{5.3}$$

Die Funktion *LevenshteinDistance* bekommt als Eingabe zwei Zeichenketten (Strings) `str1` und `str2`, mit den Längen der Zeichenketten `lenStr1` und `lenStr2` und gibt die Editierdistanz zwischen ihnen aus. In der Funktion *LevenshteinDistance* wird eine `(lenStr2+1) x (lenStr2 + 1)`-Matrix verwendet.

Bestimmung der N-Gramme

Alternativ kann die Methode *N-Gramme*(Damashek 1995) verwendet werden. Diese Methode teilt die beiden Namen in Substrings der Länge n auf und ermittelt die Anzahl der übereinstimmenden Substrings der Länge n für die zu vergleichenden Wörter. Die Ähnlichkeit zweier Strings wird aus der Anzahl der gemeinsamen n-Gramme und der Zahl der insgesamt vorhandenen n-Gramme berechnet. Üblicherweise werden dazu Digramme (n=2) oder Trigramme (n=3) verwendet. Ein Vergleich der Teilzeichenketten beruht auf der Annahme, dass sich zwei Zeichenketten ähnlich sind, wenn eine große Anzahl von Zeichenkombinationen gleicher Länge übereinstimmen.

In dieser Arbeit wird die Wortähnlichkeit für zwei Wörter x und y basierend auf N-Gramme nach dem *Dice-Koeffizient* berechnet:

$$sim_{n-gram}(x, y) = \frac{2 \mid nGram(x) \cap nGram(y) \mid}{\mid nGram(x) + nGram(y) \mid} \tag{5.4}$$

Wobei *nGram(x)* die Zerlegung des Wortes x in seine n-Gramme ist. Das Ergebnis der Berechnung ist ein Wert zwischen 0 und 1 und gibt den Grad der Ähnlichkeit an, wobei höhere Werte eine höhere Ähnlichkeit angeben.

Die Methode `getNGrams` zerlegt einen String x in seine n-Gramme, legt diese in einer Sammlung ab und gibt alle n-Gramme für das Wort x zurück. Danach wird der Dice-Koeffizient wie in Listing 5.1 berechnet.

```
private double getDiceCoefficient(String x, String y) {
        Collection setX = getNGrams(x);
        Collection setY = getNGrams(y);

        //Berechne Dice-Koeffizient
        double dice = (2.* getIntersection(setX, setY).size())
                / (setX.size() + setY.size());
        return dice;
}
```

Listing 5.1: Pseudocode für den Algorithmus *Dice-Koeffizienten*

Die Methode `getDiceCoefficient` berechnet den Dice-Koeffizienten zweier Zeichenketten. Sie erhält als Eingabe die Zeichenketten x und y, ermittelt alle n-Gramme für x und y und gibt als Ausgabe den Dice-Koeffizienten zurück. Dieser beschreibt dann für zwei Wörter x und y die *syntaktische* Ähnlichkeit mittels N-Gramme.

Für das Wortpaar *BioinformaticsTask* und *InformaticsTask* muss zunächst die Menge der nGrams bestimmt werden: *nGram(BioinformaticsTask)= {Bio, ioi, oin, inf, nfo, for, orm, rma, mat, ati, tic, ics, csT, sTa, Tas, ask}*

Die Anzahl der Substrings der Länge 3 in dem Wort *BioinformaticsTask* ist 16 und für *InformaticsTask* 13. Damit haben die beiden Wörter nach dem Dice-Koeffizienten eine Ähnlichkeit von $sim_{n-gram}(BioinformaticsTask, InformaticsTask) = \frac{2*12}{16+13} = 0,83$.

5.2.2. Strukturelle Vergleiche der Konzepte

Der *strukturelle Vergleich* berücksichtigt die Organisation einzelner Konzepte in der Ontologie. Um die Ähnlichkeit zweier Konzepte zu bewerten, können verschiedene Nachbarschaftsbeziehungen berücksichtigt werden. In Betracht kommen: *Oberkonzepte*, also Konzepte auf den Pfad von dem zu vergleichenden Konzept bis hin zur Wurzel. Hiermit wird die *Hierarchietiefe* bzw. die *Abstraktionsebene* berücksichtigt. Für den strukturellen Vergleich sollten auch die *Unterkonzepte (Kinderknoten)* berücksichtigt werden, so wird in dem Vergleich der Detaillierungsgrad eines Konzeptes mit einbezogen. Ebenso können auch *Eigenschaften (properties)* eines Konzeptes für den strukturellen Vergleich betrachtet werden. Diese bauen durch die Relationen zu anderen Konzepten ein Netzwerk auf und lassen sich daher mit Graph-Matching-Verfahren evaluieren.

In dieser Arbeit wurden drei Methoden zur Bestimmung der strukturellen Ähnlichkeit umgesetzt. Zur Ermittlung der strukturellen Ähnlichkeit zwischen zwei Konzepten c_1 und c_2 werden dann alle drei ermittelten Werte zu einem Gesamtwert verknüpft. Wobei w_1 der Gewichtungsfaktor der Methode *Berücksichtigung der Abstraktionsebene (m1)*, w_2 der Gewichtungsfaktor der Methode *Berücksichtigung der Unterknoten (m2)* und w_3 der Gewichtungsfaktor der Methode *Berücksichtigung der Object-Properties (m3)* ist:

$$sim_{struc}(c_1, c_2) = \frac{w_1 * sim_{m1}(c_1, c_2) + w_2 * sim_{m2}(c_1, c_2) + w_3 * sim_{m3}(c_1, c_2)}{w_1 + w_2 + w_3} \tag{5.5}$$

Diese Verknüpfung ist eine Linearkombination,, die mit Gewichtungsfaktoren versehen ist, welche die Bedeutung der einzelnen Methoden widerspiegeln. In der initialen Startkonfiguration ist $w_1 > w_2 > w_3$. Die Startkonfiguration wurde heuristisch ermittelt. Diese Gewichtungsfaktoren können vom Nutzer durch ein Interface verändert werden.

Methode zur Berücksichtigung der Abstraktionsebene

Aufbauend auf dem Verfahren von *Li, Bandar und McLean (Li u. a., 2003)* berücksichtigt der hier entwickelte *Algorithmus zur Berücksichtigung der Abstraktionsebene* die Hierarchietiefe der beiden zu vergleichenden Konzepte.

Um den Abstraktionsgrad zweier Konzepte in einer Hierarchie zu bestimmen, muss die relative Entfernung der Konzepte zur Wurzel ermittelt werden. Die Länge des kürzesten Pfades in einer Ontologie O_1 zwischen Γ und einem Konzept c der Ontologie nennen wir Abstraktionsebene von c. Dabei ist Γ der abstrakte Wurzelbegriff einer Ontologie. Zu beachten ist dass das Verfahren von *Li, Bandar und McLean* die konzeptuelle Distanz zwischen zwei Konzepten in derselben Taxonomie ermittelt. Das hier entwickelte Verfahren berücksichtigt die Abstraktionsebene von zwei Konzepten in zwei *unterschiedlichen* Ontologien.

Für die Konzepte c_i aus der Ontologie O_1 und d_i aus der Ontologie O_2 wird jeweils der kürzeste Pfad p_1 von dem Konzept c_i zum Wurzelelement Γ_1 und der Pfad p_2 von d_i zum Wurzelelement Γ_2

ermittelt. Die Pfadlängen ergeben die Abstraktionsebene der einzelnen Konzepte, die Konzepte entlang dem Pfad die Elternknoten von c_i.

In dieser Methode geht sowohl die Abstraktionsebene der beiden Konzepte, (die sich ja aus der Pfadlänge ergibt), als auch die Ähnlichkeit der Elternknoten entlang dem Pfad bis zum Wurzelelement ein.

Für den Vergleich der Elternknoten werden die Konzeptnamen berücksichtigt. Jeder Knoten c in p_1 muss mit jedem Knoten d in p_2 verglichen werden. Für den Vergleich der Elternknoten werden linguistische Vergleiche durchgeführt. Dabei muss die Ähnlichkeit höher gewertet werden, wenn die direkten Oberknoten der beiden Konzepte übereinstimmen, als wenn die Übereinstimmung weiter oben auf dem Pfad zur Wurzel aufgedeckt wird. Da nach oben hin die Konzepte in der Hierarchie immer allgemeiner werden und eine Übereinstimmung auf einem höheren Level nicht so spezifisch ist. Damit folgt, dass die Ähnlichkeit für die einzelnen Hierarchiestufen gewichtet werden muss. Die Gewichtung muss umso größer sein, je näher der Elternknoten an dem zu vergleichenden Konzept ist.

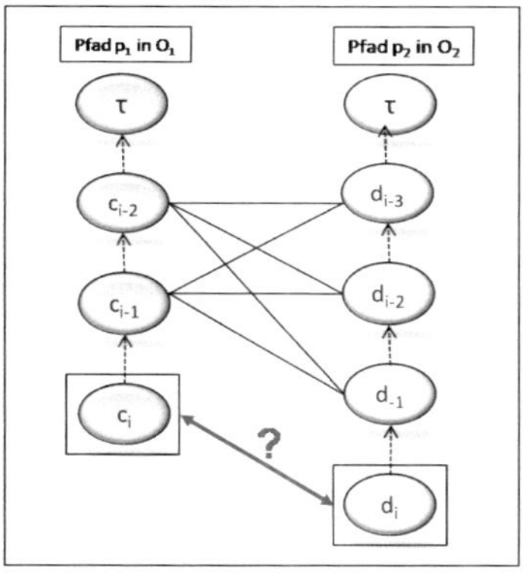

Abbildung 5.5.: Pfade von den Konzepten c_i und d_i bis zur Wurzel

In Abbildung 5.5 sind für zwei Konzepte c_i und d_i die Vergleiche dargestellt die auf dem Pfad zur Wurzel stattfinden müssen. Zu beachten ist, dass es durch Mehrfachvererbung mehrere Pfade von einem Konzept c_i zum Wurzelelement Γ geben kann.

Faktoren β, γ, δ... gewichten zusätzlich die einzelnen Abstraktionsebenen. Das bedeutet, dass bei gleicher Tiefe im Graph die sim_{struc} trotzdem unterschiedlich sein kann. Zwei Konzepte, deren Entfernung vom Wurzelknoten klein ist, haben weniger gemeinsam, als zwei spezialisierte Konzepte, die tiefer in der Hierarchie liegen.

Methode zur Berücksichtigung der Unterknoten

Bei dieser *Methode zur Berücksichtigung der Unterknoten* wird für den strukturellen Vergleich zweier Konzepte statt der *Eltern* die *Kinder* betrachtet. Für zwei Konzepte x und y wird zunächst die Liste der Unterknoten ermittelt und miteinander verglichen. Dabei wird sowohl die Anzahl der Unterknoten als auch der direkte Vergleich berücksichtigt. Die Anzahl der Unterknoten liefert ein Indiz für den Spezialisierungsgrad eines Konzeptes. Je mehr Unterknoten ein Konzept hat, desto *detailierter* ist das Konzept in der Ontologie beschrieben.

Für zwei Konzepte x und y aus den beiden zu vergleichen Ontologien O_1 und O_2 werden zunächst die direkten Unterkonten ermittelt. In dieser Methode geht sowohl die Anzahl der Unterknoten (also der Detaillierungsgrad eines Konzepts) als auch der direkte Vergleich der einzelnen Unterknoten ein.

Für den Vergleich der Unterknoten wird der linguistische Vergleich verwendet. Haben die Unterknoten wiederum weitere Unterknoten wird das Verfahren *rekursiv* auch für die Unterknoten angewendet.

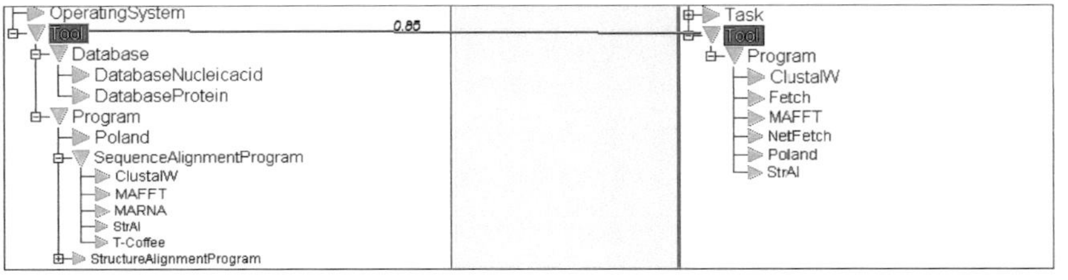

Abbildung 5.6.: Vergleich der Unterkonzepte

In der Abbildung 5.6 werden zwei Konzepte miteinander verglichen, die den gleichen Namen, also eine linguistische Ähnlichkeit $sim_{ling}(Tool(O_1), Tool(O_2)) = 1.0$ haben. Die beiden Konzepte haben aber unterschiedliche Unterknoten. Das Konzept *Tool* auf der linken Seite der Abbildung 5.6 hat wesentlich mehr Unterkonzepte, die wiederum auch weiter verfeinert wurden. Die Methode zeigt in diesem Fall einen Ähnlichkeitswert von $sim_{struc}(Tool(O_1), Tool(O_2)) = 0.85$ an, denn die Unterknoten der beiden Konzepte unterscheiden sich zwar, dennoch gibt es Übereinstimmungen, wie z. B. bei *ClustalIW* und *MAFFT*. Diese Unterknoten kommen bei beiden Konzepten vor, befinden sich aber auf unterschiedlicher Hierarchieebene.

Methode zur Berücksichtigung der Object-Properties

Bei der Methode zur Berücksichtigung der Object-Properties werden für die strukturelle Ähnlichkeitsbetrachtung der Ontologien O_1 und O_2 die zugrunde liegenden Graphen G_1 und G_2 betrachtet. Diese entstehen aus den Ontologien dadurch, dass die Konzepte als Knoten und die Relationen als Kanten betrachtet werden. Für den Vergleich der beiden Graphen wird *Graph-Edit-Abstand* verwendet.

Der *Graph-Edit-Abstand* wird wie folgt definiert. Es gibt sechs elementare Operationen: Einfügen eines Knotens, Einfügen einer Kante, Löschen eines Knotens, Löschen einer Kante, Ersetzen eines Knotenlabels und Ersetzen eines Kantenlabels. Jeder Operation e sind Kosten $c(e) > 0$ zugeordnet. Die Kosten einer Sequenz von Edit-Operationen $s = e_1 ... e_n$ ergeben sich aus der Summe der Einzelkosten $c(s) = \sum_{i=1}^{n} c(e_i)$. Der Edit-Abstand zwischen zwei Graphen G_1 und G_2 ist also: $d(G_1, G_2) = min\{c(s)|$ s ist eine Sequenz, die G_1 in G_2 überführt$\}$.

Zur Bestimmung der Ähnlichkeit von G_1 und G_2 mit *Graph-Edit-Abstand* wählt man eine Transformationsfolge mit den minimalen Kosten, um G_1 in G_2 zu transformieren. Der Edit-Abstand $d(G_1, G_2)$ ist stets wohl definiert, da es immer eine endliche Folge s von Edit-Operationen gibt, die den Graphen G_1 in G_2 überführt. Im schlimmsten Fall werden zunächst alle Knoten von G_1

gelöscht und dann alle Knoten und Kanten von G_2 wieder hinzugefügt. Die Berechnungskomplexität für die allgemeine Edit-Distanz für Graphen wächst exponentiell zu der Anzahl der Knoten, ist also nur für kleine Graphen berechenbar.

Erst durch Ableitung eingeschränkter Versionen lassen sich berechenbare Methoden umsetzen. Einschränkungen können entweder für die *Objektklassen* (Allgemeine Graphen, Wurzelbäume, freie Bäume) vorgenommen werden oder aber in den *Operationen*. Eine Möglichkeit ist die *Grad-k*-Editierung: Nur Knoten vom Grad k dürfen eingefügt oder entfernt werden.

In dieser Arbeit wurde das Graph-Matching-Problem auf Bäume zurückgeführt. Diese Einschränkung bedeutet das nicht alle Relationen der Ontologie betrachtet werden können, es werden nur die hierarchischen Beziehungen berücksichtigt. $h_C \in R$ eine partielle Ordnungsrelation, genannt *Konzept-Hierarchie* oder *Taxonomie*. Wobei $h_C(c_1, c_2)$ angibt, dass c_1 Unterkonzept von c_2 ist. Als Grundlage der Umsetzung wurde der Algorithmus von Zhang u. Shasha (1989) verwendet, der nur eine Grad-2-Editierung zulässt: Nur Knoten mit maximal zwei Nachbarn editieren. Dieser Ansatz erweitert den Ansatz von Selkow (1977), nur Blätter dürfen entfernt oder eingefügt werden. Für die Darstellung des Edit-Abstand-Algorithmus wird folgende Notation festgelegt:

1. T_1, T_2 : sind zwei ungeordnete Bäume
2. $t[i]$: der i-te Knoten in T (Reihenfolge in postorder)
3. $T[i]$: der Teilbaum mit der Wurzel $t[i]$
4. $F[i]$: die Teilbäume direkt unter $t[i]$ (wenn $t[i]$ gelöscht wird)
5. N_1, N_2 : die Anzahl der Knoten in T_1 und T_2
6. $t[i_1]...t[i_{n_i}]$: die n_i Nachfolger von $t[i]$
7. $u \rightarrow v$: bezeichnet eine Umbenennung
8. $u \rightarrow$ x : bezeichnet das Löschen von des Knoten u
9. x $\rightarrow v$: bezeichnet das Einfügen des Knoten v
10. $c(e) = 1$: Alle Operationen (Einfügen, Löschen, Umbenennen) tragen dieselben Kosten

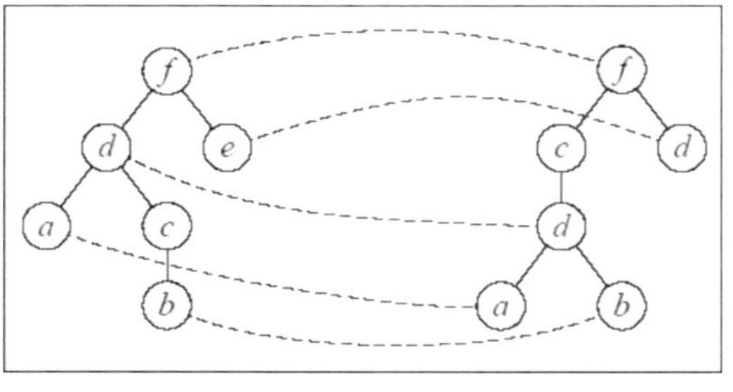

Abbildung 5.7.: Mapping zwischen T_1 und T_2

Die Überführung zweier Bäume ineinander lässt sich durch ein strukturelles Alignment ausdrücken. Eine Alignierung (Alignment, Korrespondenz) zweier Bäume T_1 und T_2 ist ein Tripel (M, T_1, T_2), wobei die Menge M aus Paaren *(v, w)* besteht, für die gilt: v lässt sich auf w abbilden, siehe Abbildung 5.7.

Dabei stehen zwei Knoten $v \in T_1$ und $w \in T_2$, die durch eine Linie miteinander verbunden sind, in *Korrespondenz*. Eine derartige Korrespondenz repräsentiert die Umbeschriftung des Knotens

v mit dem Symbol $T_1[v]$ durch das Symbol $T_2[w]$, falls $T_1[v] \neq T_2[w]$ ist. Wenn die Symbole $T1[v]$ und $T2[w]$ gleich sind, bleiben beide Knoten unverändert. Alle Knoten in T_1, die mit keinem Knoten aus T_2 in Korrespondenz stehen, sind zu löschen. Umgekehrt sind alle Knoten in T_2, die mit keinem Knoten aus T_1 in Korrespondenz stehen, in T_1 einzufügen. Damit führt die Anwendung der grafischen Vorschrift einer Edit-Distanz-Abbildung zwischen T_1 und T_2 analog der Folge von Edit-Operationen zu einer Transformation des Baumes T_1 in T_2.

Für das Mapping M gilt, dass jeder Knoten eines Baumes höchstens einmal mit einem Knoten eines anderen Baumes in Korrespondenz steht. Damit verhindert man, dass auf das Ergebnis einer Edit-Operation eine weitere Edit-Operation angewendet wird. Für die Alignierung (M, T_1, T_2) zweier ungeordneter Bäume T_1 und T_2 gilt als zusätzliche Eigenschaft die Beibehaltung des niedrigsten gemeinsamen Vorgängers. Die Edit-Distanz $d(T_1, T_2)$ kann über die minimalen Kosten aller Edit-Distanz- Abbildungen zwischen T_1 und T_2 bestimmt werden, d.h: $d(T_1; T_2) = min\{c(M)|(M, T_1, T_2)$ ist eine Edit-Distanz-Abbildung$\}$.

Für jede Edit-Distanz-Abbildung (M, T_1, T_2) gibt es eine Folge $s = e_1...e_n$ von Edit- Operationen, die T_1 in T_2 transformiert, mit $c(s) = c(M)$. Umgekehrt gibt es für jede Folge $s = e_1...e_n$ von Edit-Operationen, die T_1 in T_2 transformiert, eine Edit-Distanz-Abbildung (M, T_1, T_2) mit $c(M) \leq c(s)$. Damit kann die Berechnung der Edit-Distanz auf die Suche nach einer Edit-Distanz-Abbildung mit minimalen Kosten reduziert werden. Eine Edit-Diszanz-Abbildung zwischen zwei Bäumen T_1 und T_2 mit minimalen Kosten wird als eine optimale Edit-Distanz-Abbildung zwischen T_1 und T_2 bezeichnet.

```
public int Edit-Abstand(Tree T1, Tree T2) {
        int N1 = Anzahl_Knoten(T1);
        int N2 = Anzahl_Knoten(T2);
        Matrx[][] td = new Matrx[1..N1][1..N2];

        for (int i=1; i<=N1; i++){
                td[x,T2[i]]:= Berechne-Kosten(T1[i],x);
                td[x,F2[i]]:= Berechne-Kosten(F1[i],x);
        }

        for (int j=1; j<=N2; j++){
                td[x,T2[i]]:= Berechne-Kosten(x,T2[i]);
                td[x,F2[i]]:= Berechne-Kosten(x,F2[i]);
        }

        for (int i=1; i<=N1; i++){
                for (int j=1; j<=N2; j++){
                        td[F1[i],F2[j]]:= Berechne-Kosten(F1[i],F2[j]);
                        td[T1[i],T2[j]]:= Berechne-Kosten(T1[i],T2[j]);
                }
        }

  return td[N1,N2];
  }
```

Listing 5.2: Edit-Abstand-Algorithmus für zwei Bäume T_1 und T_2

Der Algorithmus nach Zhang u. Shasha (1989), siehe Listing 5.2 beschränkt die Edit-Distanz auf Grad-2-Operationen. Bei den Edit-Operationen vom Grad 2 werden nur Knoten mit höchstens einem Nachfolger entfernt bzw. eingefügt, um Knoten mit mehr als zwei Nachfolgern zu entfernen, wird zuerst (rekursiv) ein Teil der Nachfolger entfernt. Aus Gründen der Übersicht wurde die Untermethode *Berechne-Kosten* ausgelagert (vgl. Listing 5.3).

Zhang und Shasha definieren in Zhang u. Shasha (1989) eine Rekursionsformel, mit der es möglich ist unter Ausnutzung dynamischer Programmiermethoden die Edit-Distanz zwischen zwei Bäumen zu berechnen. Dabei wird eine optimale Gesamtlösung aus optimalen Lösungen von Teilproblemen konstruiert. Die Verwendung der dynamischen Programmierung wird hier deshalb eingesetzt, weil die Edit-Distanzen in den Rekursionsformeln von den Teilproblemen kleinerer Größe abhängen, die wiederum kleinere Teilprobleme teilen. Ein Teilproblem repräsentiert in diesem Fall, die Berechnung einer Edit-Distanz zweier Baumstrukturen mit einer geringeren Anzahl von Knoten als der Baumstrukturen des anfänglich zu lösenden Problems.

```
public int Berechne-Kosten(Knoten_1, Knoten_2) {
        td[x,x]:=0;

        switch(Knoten_1,Knoten_2){

         Case (T1[i],x):
         td[T1[i],x] := td[F1[i],x] + Kosten(Loesche(t1[i]));
         //Kosten entfernen des (Teil-)Baumes T1[i]

         Case (F1[i],x):
         td[F1[i],x]:= Summme aller td[T1[k],x];
         //Kosten Entfernen des Waldes F1[i]

         Case (x,T2[i]):
         td[x,T2[i]]:= td[x, F2[] + Kosten(Fuege_ein(t2[i]));
         //Kosten Einfügen des (Teil-)Baumes T2[j]

         Case (x,F2[i]):
         td[x,F2[i]]:=Summme aller td[x,T2[k]];
        //Kosten Einfuegen des Waldes F2[j]

         Case (T1[i],T2[j]):
         td[T1[i],T2[j]]:= min(
                td[i-1,j]  + Kosten(Fuege_ein(t1[i])),
                td[i, j-1] + Kosten(Loesche(t2[j])),
                td[i-1, j-1]+ Kosten(Ersetzen(t1[i], t2[j])),
                )
         //Kosten Zuordnung der Teilbäume
        }
 }
```

Listing 5.3: Methode *Berechne-Kosten*

Die beiden Methoden $Kosten(Loesche(Knoten))$ und $Kosten(Fuege-ein(Knoten))$ im Listing 5.3 geben den Wert 1 zurück, weil für alle Editieroperationen Einheitsgewichte gewählt worden sind.

Das Ähnlichkeitsmaß auf Basis der Methode zur Berücksichtigung der Object-Properties hat sich in der Praxis (während der Evaluationsphase) als nicht besonders aussagekräftig erwiesen. Dies liegt nicht nur daran, das aus Gründen der Effizienz in dieser Methode nicht alle Relationen, sondern nur die hierarchischen Beziehungen, berücksichtigt werden konnten. Es liegt vielmehr daran, dass die Ähnlichkeit rein auf Basis der Struktur einer Ontologie nicht sehr viel darüber aussagt, ob die Ontologien beispielsweise ähnliche Domänen abdecken. Zwei Ontologien können strukturell sehr ähnlich aufgebaut sein, inhaltlich aber nichts miteinander zu tun haben.

Die beiden anderen Methoden zur Ermittlung der strukturellen Ähnlichkeit (Betrachtung der Elternknoten bzw. Kinderknoten) haben sich dagegen als aussagekräftiger erwiesen. Denn zwei zu vergleichende Konzepte c_1 und c_2 können zwar eine linguistische Ähnlichkeit von „beinah" Null aufweisen, wenn sie aber die gleichen (oder sehr ähnliche) Unterknoten bzw. Elternknoten aufweisen, ist es dennoch ein deutliches Indiz für eine starke inhaltliche Übereinstimmung. Deshalb wurde zur Ermittlung der $sim_{struc}(c_1, c_2)$ die Methoden zur Bestimmung der Ähnlichkeit auf Basis der Elternknoten und auf Basis der Kinderknoten stärker gewichtet, als die Methode zur Berücksichtigung der Object-Properties $w_1, w_2 > w_3$.

Der Ähnlichkeitswert auf Basis des Baum-Matchings wurde nicht komplett vernachlässigt, weil er zumindest eine Aussage darüber trifft, ob die Ontologien auf einem ähnlichen Detaillierungsgrad modelliert worden sind.

5.2.3. Semantische Vergleiche der Konzepte

Bei dem *semantischen Vergleich* zweier Ontologien wird der semantische Kontext zweier Konzepte berücksichtigt. Auf dieser Ebene wird die Ähnlichkeit aufgrund zusätzlich vorhandener Informationen wie die Beschreibung der Konzepte, der Verknüpfung der Konzepte mit Dokumenten und das Auftauchen dieser Konzepte in anderen Ontologien berücksichtigt.

Oft werden Ontologien zur Annotation von Text- oder HTML-Dokumenten verwendet, um ein besseres Retrieval-Ergebnis zu erhalten. In diesem Fall betrachten wir die Dokumentenkollektionen als semantischen Kontext. *Resnik (Resnik, 1999)* hat Verfahren vorgestellt, bei denen der Informationsgehalt von Konzepten mit Hilfe eines *Textkorpus* bestimmt wird. Ein Textkorpus ist eine Ansammlung von Dokumenten, die den Wortschatz für bestimmte Anwendungsgebiete angeben. Dabei wird davon ausgegangen, dass ein im Sprachgebrauch häufig auftretender Begriff weniger spezifisch ist und damit einen geringeren Informationsgehalt besitzt, als ein Begriff, der seltner verwendet wird. Der Informationsgehaltswert lässt sich also aus statistischen Angaben berechnen.

Dieses Verfahren beruht jedoch auf der Annahme, dass jedem Konzept eine bestimmte Anzahl von Dokumenten zugewiesen worden ist. Dies ist nur in den Anwendungsgebieten möglich, in denen die Ontologie zur Indexierung eines vorhandenen Textkorpus verwendet wird.

Zur Bestimmung der semantischen Ähnlichkeit von zwei Konzepten kann es hilfreich sein auf *WordNet* zurückzugreifen. Insbesondere wenn *Synonyme* oder *Hyperonyme* aufgedeckt werden sollen. Diese Möglichkeit stößt jedoch auf Grenzen, wenn die Ontologie sehr fachspezifisch ist und ihre Konzepte in dem Wörterbuch nicht vorkommen, wie etwa die *Gene*-Ontologie oder die Konzepte der BIO2ME-Ontologie. Ähnlich verhält es sich mit der Methode von *Aleksovski u. a. (2006)*. Diese schlagen in ihrer Arbeit vor, beim Vergleich von zwei Ontologien übergreifende Domänenontologien als Hintergrundwissen zu nutzen, um zusätzliche Relationen abzuleiten. Das Problem bei diesem Vorgehen liegt darin, dass möglicherweise keine übergreifenden Domänenontologien existieren, in denen die zu vergleichende Konzepte *a* und *b*, bzw. die zu *a* und *b* ähnlichen Konzepte *a'* und *b'* zu finden sind.

5.2.4. Berücksichtigung des Nutzer-Feedbacks bei der Darstellung der Vergleichsergebnisse

Im Gegensatz zu den automatischen und semi-automatischen Ontologie-Mapping-Verfahren, bei denen die Vergleichsergebnisse erst am Ende von komplexen Berechnungsvorgängen präsentiert werden, wird in dieser Arbeit das Domänenwissen des Nutzers mit einbezogen. Der Prozess verläuft schrittweise und immer im Austausch mit dem Nutzer, der vorgeschlagene Mappings annehmen, ablehnen oder ändern kann (siehe Abbildung 5.8). Wichtig bei der hier vorgestellten Methode für den Ontologie-Vergleich ist die visuelle Darstellung der Ergebnisse noch vor Beendigung des Vergleichsprozesses, um so den Nutzer in die Ergebnisbildung mit einzubeziehen. Dabei erlaubt die *Interaktion* dem Benutzer sein Expertenwissen in den Ontologie-Analyseprozess einzubringen.

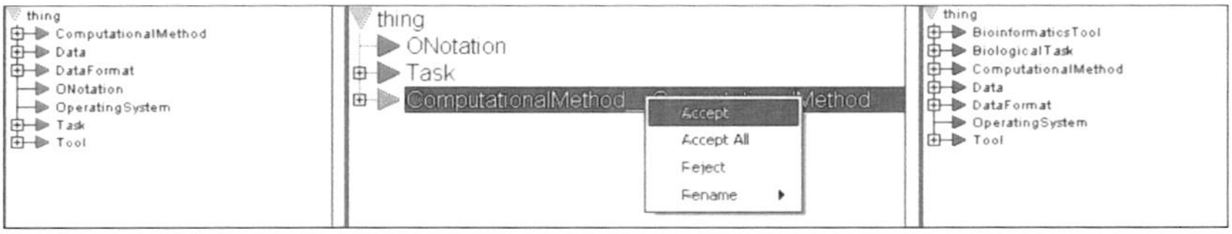

Abbildung 5.8.: Nutzer kann vorgeschlagene Abbildung *annehmen, ablehnen* oder *ändern*

Entwickelte Algorithmen zur Bestimmung der *linguistischen* Ähnlichkeit, zur Bestimmung der *strukturellen* Ähnlichkeit und zur Bestimmung der *semantischen* Ähnlichkeit werden dazu verwendet einen initialen Ähnlichkeitswert zwischen Konzepten zu ermitteln. Dem Nutzer wird dann visuell angezeigt, dass sich die Konzepte ähneln, jedoch nicht vollständig übereinstimmen. Weshalb die Konzepte nicht vollständig übereinstimmen, wird erst nach Auswahl des Knotens mit einer semantischen Lupe angezeigt, in der visualisiert wird aus welchen Gründen die Konzepte nicht vollständig übereinstimmen. Zum Beispiel könnten die Konzepte unterschiedliche Instanzmengen besitzen, diese werden dem Nutzer angezeigt.

In dieser Arbeit werden die Ergebnisse verschiedener Vergleichsalgorithmen für die *inititale* Ähnlichkeitsbestimmung miteinander kombiniert. Als Ergebnis der Ähnlichkeitsberechnung resultiert ein numerischer Wert, der die entsprechende Ähnlichkeit zwischen zwei Entitäten (Konzepte, Instanzen, Eigenschaften) angibt. Dabei wurden folgende Methoden umgesetzt:

1. Bestimmung der Editierdistanz (vgl. Seite 79)
2. Bestimmung der N-Gramme (vgl. Seite 81)
3. Methode zur Berücksichtigung der Abstraktionsebene (vgl. Seite 82)
4. Methode zur Berücksichtigung der Unterknoten (vgl. Seite 83)
5. Methode zur Berücksichtigung der Object-Properties durch Graph-Matching (vgl. Seite 84)
6. Methode zur Berücksichtigung des semantischen Kontextes (vgl. Seite 88)

Die einzelnen Ähnlichkeitswerte werden zur Laufzeit in einem Würfel abgespeichert, wobei die Dimensionen des Würfels durch die Anzahl der Konzepte in der Ontologie O_1, der Anzahl der Konzepte in der Ontologie O_2 und der Anzahl der Vergleichsmethoden + 1 bestimmt werden. Zur Verbesserung der Laufzeit werden nicht alle Methoden gleichzeitig ausgeführt. Die zusätzliche Ebene enthält den aggregierten Ähnlichkeitswert, der sich aus der Verknüpfung aller Methoden ergibt. Verändert der Nutzer nun bestimmte Abbildungspaare, wird dies zur Laufzeit in der Matrix berücksichtigt und für weitere Aufgaben, wie z. B. für die folgende Integration verwendet.

In der Komponente InteractiveMerge muss der Nutzer den Merging-Prozess selber steuern. Ein vorangegangener Vergleich zeigt zwar kritische Konzepte (identisch, fehlend und ähnlich) an, der Nutzer muss aber die Reihenfolge der Merging-Schritte und auch die Ausführung selber steuern.

Dadurch, dass der Domänenexperte direkt am Vergleichsprozess beteiligt ist, können die Explorationsziele bei Bedarf verändert und angepasst werden.

5.2.5. Visuelle Darstellung der Vergleichsergebnisse

In dieser Arbeit wurden drei verschiedene Darstellungsformen für die Vergleichsergebnisse erarbeitet. Die verschiedenen Sichten sind für unterschiedliche Explorationsziele geeignet.

Angelehnt an (Shneiderman, 1996) werden die drei Explorations-Schritte unterstützt. Zu Beginn der Explorationsphase gilt es einen *Überblick über die Vergleichsergebnisse* zu gewinnen. Hier sollte man sich zunächst einmal ein Bild über die Vergleichsergebnisse verschaffen und diese einer Plausibilitätsprüfung unterziehen. Um diesen Schritt zu unterstützen wurde die Komponente Matrix-Sicht entwickelt. Dadurch lassen sich häufig bereits im Vorfeld mögliche Auffälligkeiten in der Ontologie identifizieren, die dann im nächsten Schritt durch *Zoom- und Selektionstechniken* näher betrachtet werden können, dazu eignet sich der Listen-Vergleich. Im letzten Schritt benötigt der Nutzer visuelle Unterstützung, um sich *Details der Vergleichsergebnisse* anzeigen zu lassen. Der Nutzer soll nachvollziehen können, worin sich die beiden Ontologien unterscheiden, dazu bietet InteractiveMerge einen visuellen Vergleich.

Die Matrix-Sicht bietet einen Überblick über die Vergleichsergebnisse. Dabei werden die zu vergleichenden Ontologien im *Matrix-Browser* (Ziegler u. a., 2002b) auf zwei Achsen gegenübergestellt. *Matrix-Browser* ist ein Werkzeug, um umfangreiche, stark vernetzte hierarchische Daten effektiv zu visualisieren und durch vertraute Interaktionstechniken aufgrund ihrer vorher definierten Relationen zu explorieren. Eine Zelle kennzeichnet eine Relation, wenn sich die Linien, die rechtwinklig zu den Achsen von zwei Knoten ausgehen, sich innerhalb einer Zelle schneiden und diese beiden Knoten durch eine Kante verbunden sind. Durch Verwendung von Pfeilen und graphischen Symbolen können sowohl die Richtung der Relation im Falle von gerichteten Graphen als auch verschiedene Typen von Relationen visualisiert werden. In der Matrix-Sicht wurde das Konzept des Matrix-Browsers für den Vergleich von zwei Ontologien aufgegriffen und reimplementiert. Die Matrix-Sicht verwendet Erweiterungen zur Darstellung von Ontologien (z.B. SmartTree). Das Eingabeformat wurde im Rahmen dieser Arbeit auf OWL angepasst und als Basis für den Vergleich der Konzepte wurde die Ähnlichkeitsmatrix verwendet.

Eine hohe Übereinstimmung der beiden Ontologien wird in der Matrix-Sicht mit grünen Verbindungspunkten signalisiert, Teilbereiche in denen Unterschiede auftauchen, werden mit roten Verbindungspunkten signalisiert. So erhält der Domänen-Experte erste Hinweise in welchen Regionen der Ontologien sich hohe Übereinstimmungen finden lassen und in welchen Bereichen die Ontologien eher unterschiedlich sind. Ein Pluszeichen in der Matrix deutet an, dass der Unterbaum weitere ähnliche Konzepte enthält. Für ein selektiertes Konzept wird ein Zahlenwert für das Ähnlichkeitsmaß angezeigt, sowie die Nachbarschaft des Knotens in einem Teilgraph visualisiert.

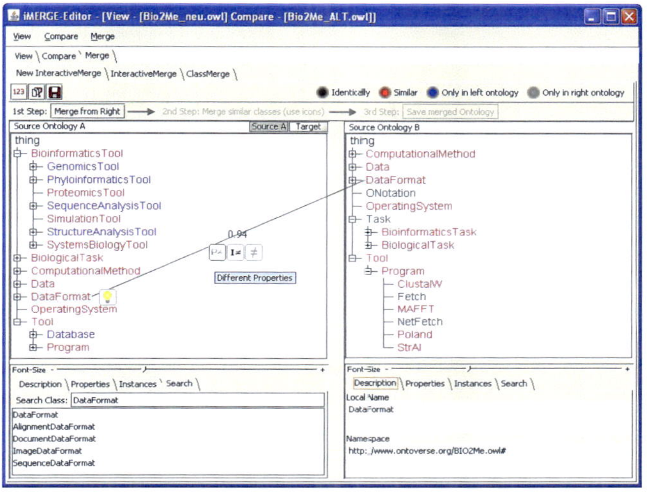

Abbildung 5.9.: Darstellung der Vergleichsergebnisse

Die Listen-Sicht eignet sich eher für eine genauere Betrachtung der Mapping-Kandidaten. Für jeden selektierten Knoten werden mit Verbindungslinien der ähnlichste bzw, die ähnlichsten Knoten angegeben. An jeder Verbindungslinie ist ein Ähnlichkeitswert angehängt, der den Übereinstimmungsgrad der beiden Konzepte angibt. In dieser Sicht werden die Mapping-Kandidaten im Kontext der Ontologie angezeigt, wobei Detailinformationen, wie *Eigenschaften, Instanzen* und *Kommentare* im unteren Teil des Fensters angezeigt werden.

In InteractiveMerge werden Konzepte, die in beiden Ontologien identisch sind, schwarz dargestellt. Konzepte, die nur in der Zielontologie auftauchen werden blau und Konzepte, die ähnlich sind, werden rot dargestellt, denn hier ist die Aufmerksamkeit des Nutzers gefragt, da er über den weiteren Integrationsprozess entscheiden muss. In InteractiveMerge tritt die semantische Lupe in Erscheinung, wenn der Nutzer ermitteln will, weshalb sich bestimmte Konzepte sehr ähnlich sind (z. B. Ähnlichkeitswert > 0,7), sich aber dennoch voneinander unterscheiden. Beim Anklicken eines Icons, welches anzeigt, dass Unterschiede vorhanden sind, wird die *semantische Lupe* eingeblendet, in der nun genau visualisiert wird, wo die Unterschiede liegen (beispielsweise unterschiedliche Instanzmengen).

5.3. Interaktive Integration von Ontologien

In dieser Arbeit wurden für die Integration von Ontologien zwei Methoden entwickelt STEPMERGE und INTERACTIVEMERGE. Die Methode STEPMERGE ist *systemgesteuert*, der Nutzer bearbeitet jedoch den Integrationsprozess schrittweise und kann an jeder Stelle nachvollziehen, was im Integrationsprozess gerade durchgeführt wird. Hier gibt es die Möglichkeit die Schritte wieder rückgängig zu machen oder aber zu verändern. Bei dieser Methode entsteht aus zwei Ontologien schrittweise eine *neue* Ergebnisontologie und eignet sich daher eher für Ontologien, die nicht so viele überschneidende Bereiche haben.

Die Methode INTERACTIVEMERGE ist *nutzergesteuert*. Hier entscheidet der Nutzer, wie er bei der Integration vorgeht und mit welchen Konzepten er beginnen möchte. Die Methode startet zunächst einen Vergleichsprozess, so dass visuell angezeigt wird, welche Konzepte beispielsweise zusammengeführt werden sollen, weil sie einander sehr ähnlich sind. Die Komponente hat zwar für die Zusammenführung auch Merging-Vorschläge parat, der Nutzer muss aber die konkrete Ausführung selber steuern und Entscheidungen treffen (beispielsweise welche Instanzen übernommen werden sollen). In dieser Komponente wird einer der beiden Ausgangsontologien als Zielontologie definiert, die zum Schluss des Integrationsprozesses das Ergebnis enthält. Diese Methode eignet sich eher für Ontologien, die sich sehr ähnlich sind (z.B. zwei verschiedene Ontologie-Versionen).

Der Schwerpunkt der beiden in dieser Arbeit entwickelten Integrationsmethoden für Ontologien liegt auf folgende Gesichtspunkte:

- Der Bereitstellung von Kontextinformationen zur Entscheidungsunterstützung bei der Integration
- Der Kontrolle des Prozesses durch den Nutzer
- Einer inkrementelle Vorgehensweise, um die Revidierbarkeit von Schritten mit unerwünschten Konsequenzen zu unterstützen
- Der Exploration der Ergebnisse durch dynamische Visualisierungskomponenten

Wichtig bei der *interaktiven Ontologie-Integration* ist, dass der Nutzer während des gesamten Prozesses visuell unterstützt wird, d.h., dass bei einem Integrations-Schritt in der Zielontologie visuell angezeigt wird, welche Konsequenzen dieser Schritt für die Ontologie hätte. Der Merging-Prozess selber wird visualisiert, so dass zu jedem Zeitpunkt klar ist, was gerade passiert. Werden *ähnliche* oder *übereinstimmende* Bereiche der Ontologien identifiziert, so werden diese visuell hervorgehoben. Der Prozess der Zusammenführung läuft animiert ab, so dass der Nutzer mit verfolgen kann, an welchen Stellen der Zielontologie gerade selektierte Konzepte wandern. Während des Prozesses kann der Nutzer in den Prozess eingreifen und zum Beispiel einen unerwünschten Schritt rückgängig machen oder Konzepte umbenennen.

Ein Nutzer, der mit einem Ontologie-Merging-Tool arbeitet, muss in der Lage sein Kandidaten für das Maching, die vom System vorgeschlagen werden, zu überprüfen, festlegen welche richtig und welche falsch sind und zusätzliche Abbildungen hinzufügen, die vom Tool nicht berücksichtigt worden sind. Existierende Verfahren z.B. von (Ehrig, 2006b) oder von (Maedche u. Staab, 2002) erwarten vom Nutzer nach dem der Mapping-Prozess abgeschlossen ist, die Überprüfung der vorgeschlagenen Mappings und das Hinzufügen neuer Mappings ohne jegliche Systemunterstützung. Dies ist eine schwierige Aufgabe, insbesondere bei großen und komplexen Ontologien. Für einen Matching-Algorithmus ist es empfehlenswert nicht alle Schritte automatisch durchzuführen, sondern kritische Punkte zu identifizieren, bei denen Nutzereingaben sinnvoll sind.

Bei der Zusammenführung zweier Ontologien O_1 und O_2 soll basierend auf dem vorangehenden Vergleich und den daraus resultierenden Abbildungen $map : O_1 \rightarrow O_2$ eine neue Ontologie G entstehen. Das Ergebnis der Zusammenführung ist eine Ontologie, die alle überschneidungsfreien Konzepte aus O_1 und O_2 enthält; darüber hinaus führt sie Konzepte zusammen, die in $map : O_1 \rightarrow O_2$ als redundant deklariert wurden.

Um den Integrationsprozess zu unterstützen, werden in StepMerge die beiden Ausgangsontologien farblich unterschiedlich markiert, z.B. rot und blau. In die resultierende Ontologie G werden zunächst Konzepte aus der Ontologie O_1 und O_2 automatisch übernommen, für die es keine Abbildung in die Vergleichsontologie gibt. Konzepte, für die es eine Entsprechung in der Vergleichsontologie gibt, müssen zusammengeführt werden. Dabei kann der Nutzer angeben, ab welchem Ähnlichkeitswert die Konzepte zusammengeführt werden sollen. Haben die beiden korrespondierenden Konzepte in den verschiedenen Ontologien unterschiedliche Unterknoten oder verschiedene Eigenschaften, werden in der resultierenden Ontologie G die Unterknoten und auch die Eigenschaften vereinigt. Ähnliche Unterknoten, mit einem Ähnlichkeitswert größer als vom Nutzer angegeben, werden rekursiv zusammengeführt. Durch die farbliche Unterscheidung kann der Nutzer jedoch den Ursprung (O_1 oder O_2) der Konzepte erkennen.

Der Nutzer kann die vorgeschlagenen Zusammenführungen annehmen, ablehnen oder ändern, indem er die Konzepte mit der Maus selektiert. Die vom Nutzer akzeptierten Vorschläge und Änderungen nehmen in der Zielontologie eine andere Farbe an (z.B. grün), so dass vom Nutzer bereits bearbeitete Konzepte sichtbar werden.

Die Vereinigung von Konzepten lässt sich nicht immer auf die mengentheoretische Vereinigung zurückführen, da die Konzepte strukturell miteinander in Beziehung stehen. Zukünftige Arbeiten auf diesem Gebiet müssen deshalb weitergehende Vereinigungsoperationen für korrespondierende Elemente einer Ontologie definieren, um sie aus der Quellontologie in die Ergebnisontologie zu transformieren. Darüber hinaus kann das Ergebnis der Vereinigung zu Konflikten in der Ergebnisontologie führen, die im Nachgang gelöst werden müssen. Zeigt ein Konzept in der zusammengeführten Ontologie durch eine Eigenschaft (property) auf ein Konzept, das noch nicht kopiert wurde, so muss dies angezeigt werden.

5.3.1. Methode StepMerge: Schritt für Schritt Integration zweier Ontologien

Die Komponente StepMerge unterstützt das Zusammenführen von zwei Ontologien Schritt für Schritt, indem das Expertenwissen des Nutzers in den Merging-Prozess mit einbezogen wird. In StepMerge werden zwei Ontologien A und B zu einer Ergebnisontologie C zusammengeführt. Die StepMerge-Methode arbeitet nach folgenden Schritten:

1. Zunächst werden alle Konzepte ermittelt, die in Ontologie A enthalten sind, jedoch nicht in Ontologie B, d.h. $A \setminus B := \{c | c \in A \wedge c \notin B\}$. Der erste Schritt kopiert diese Konzepte in die Ergebnisontologie C.
2. Danach werden alle Konzepte ermittelt, die in Ontologie B enthalten sind, jedoch nicht in Ontologie A, d.h. $B \setminus A := \{c | c \in B \wedge c \notin A\}$. Der zweite Schritt kopiert diese Konzepte in die Ergebnisontologie C. C besteht also bisher aus: $C := \{A \setminus B\} \cup \{B \setminus A\} \cup ...$
3. Dann werden alle Abbildungspaare $map(a) = b$ ermittelt, deren Ähnlichkeit größer ist als ein (vom Nutzer) festgelegter Schwellwert t (z.B. $sim(a, b) > 0.75$). Diese Konzepte sind einander sehr ähnlich und müssen in der Ergebnisontologie vereinigt werden. In diesem Schritt muss nun ermittelt werden, worin sich die sehr ähnlichen Konzepte im Detail von-

einander unterscheiden, denn dies hat eine andere Vorgehensweise für die Integration zur Folge:

a) Unterscheiden sich Konzepte nur im Namen (gering fügig) voneinander, wird dem Nutzer vorgeschlagen, diese Konzepte zu vereinen, jedoch den Namen des Konzeptes zu ändern.

b) Unterscheiden sich die Konzepte a und b in ihren Eigenschaften, so wird zunächst die Eigenschaftsliste miteinander verglichen. Das vereinte Konzept c in der Ergebnisontologie erhält alle Eigenschaften von a und von b, (gleiche Eigenschaften von a und von b tauchen in c nicht doppelt auf). Ähnliche Eigenschaften werden angezeigt und müssen (rekursiv) weiterbearbeitet werden.

c) Unterscheiden sich die Konzepte a und b in ihren Instanzmengen, so werden für c die Instanzmengen vereinigt und wie in b) fortgefahren.

d) Unterscheiden sich die Konzepte a und b auf ihrem Pfad zur Wurzel, also in ihrer Abstraktionsebene, dann wird dies dem Nutzer an der entsprechenden Stelle visualisiert. Hier muss der Nutzer die Entscheidung treffen in welcher Hierarchie-Ebene das vereinigte Konzept c in der Ontologie C aufgehängt wird.

e) Unterscheiden sich die Konzepte a und b in ihren Einschränkungen, dann wird zunächst versucht die Liste der Einschränkungen für beide Konzepte zu vereinen. Tauchen jedoch Definitionen in unterschiedlichen Einschränkungen zu Konzept a und b auf, so wird der Domänen-Experte darauf Aufmerksam gemacht, denn dies sind mögliche Hinweise auf *Inkonsistenzen* in der Ergebnisontologie C.

f) Unterscheiden sich die Konzepte a und b in ihren Unterknoten (Kinderknoten), dann wird rekursiv StepMerge angewendet. Denn auch für die Unterknoten gibt es die gleichen Bedingungen, weshalb sich die Unterknoten voneinander unterscheiden können.

4. Zum Schluss wird überprüft, ob in der Ontologie C keine Inkonsistenzen vorhanden sind, die z.B. durch Umbenennung der Konzepte entstanden sein können. Weiterhin wird während des Integrationsprozesses vorgeschlagen einige Konzepte zu übernehmen, damit verhindert wird, dass Relationen auf nicht vorhandene Konzepte verweisen.

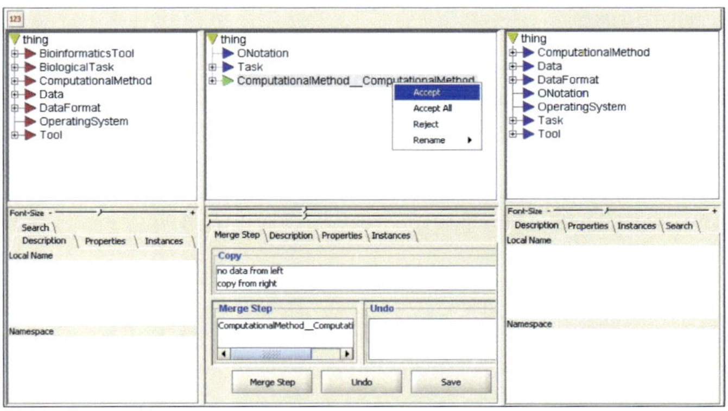

Abbildung 5.10.: StepMerge: Schritt-für-Schritt-Integration der Ontologien

Um den semi-automatischen Integrationsprozess zu unterstützen, werden die beiden Ausgangsontologien farblich unterschiedlich markiert, z.B. blau und rot (siehe Abbildung 5.10). Durch die farbliche Unterscheidung kann der Nutzer jedoch den Ursprung der Konzepte erkennen. Der Nutzer kann die vorgeschlagenen Zusammenführungen annehmen, ablehnen oder ändern, indem er die Konzepte mit der Maus selektiert. Die vom Nutzer akzeptierten Vorschläge und Änderungen nehmen in der Zielontologie eine andere Farbe an (z.B. grün), so dass vom Nutzer bereits bearbeitete Konzepte erkannt werden.

Diese Methode eignet sich, wenn die Ontologien sich insgesamt nicht so ähnlich sind und nur wenige Konzepte in beiden Ontologien sich überschneiden, daher wird eine neue Ontologie C erzeugt. Sind sich die zu vergleichenden Ontologien sehr ähnlich und unterschieden sich in nur wenigen Konzepten, eignet sich eher die Methode InteractiveMerge.

5.3.2. Methode InteractiveMerge: Nutzergesteuerte Zusammenführung basierend auf kontextabhängigen Merging-Vorschlägen

Manchmal ist es sinnvoll, anstatt zwei Ontologien A und B zu einer Ergebnisontologie C zusammenzuführen, eine der Ausgangsontologien als Zielontologie zu definieren. Dies kann dann sinnvoll sein, wenn die Aufgabe darin besteht, in einer sehr großen Ontologie einen Ausschnitt aus einer anderen viel kleineren Ontologie, zu integrieren oder aber auch bei dem Vergleich von zwei Ontologie-Versionen. In diesem Fall ist es sinnvoll, die aktuellere Version als Zielontologie zu definieren. Die Komponente InteractiveMerge wurde entwickelt um diese Fälle zu unterstützen.

In InteractiveMerge werden die Ergebnisse der Vergleichsverfahren in einer der beiden zu vergleichenden Ontologien angezeigt. Zunächst wird die Zielontologie ausgewählt und der Vergleichsprozess bezüglich dieser Zielontologie ausgeführt.

Die Methode veranschaulicht Konzepte, die nur in der Zielontologie auftauchen, jedoch nicht in der Vergleichsontologie (z.B. mit blau), ebenso werden Konzepte visualisiert, die in der Zielontologie *fehlen*, jedoch in der Vergleichsontologie auftauchen. Die fehlenden Konzepte werden in die Zielontologie aufgenommen und hellgrau dargestellt, sie müssen vom Domänenexperten akzeptiert werden, um endgültig angenommen zu werden. Konzepte die *ähnlich* sind, jedoch nicht gleich, werden in rot dargestellt. Diese Konzepte benötigen besondere Aufmerksamkeit.

Die Abbildung 5.11 zeigt das Konzept *ComputationalMethod* in beiden Ontologien sowohl in der Zielontologie (links) als auch in der Vergleichsontologie (rechts) an. Das Konzept ist rot markiert. Die beiden Konzepte sind einander ähnlich, haben jedoch unterschiedliche Instanzen, was das Icon $I \neq$ andeutet. Selektiert man das Konzept, wird ähnlich einer *semantischen Lupe* der Bereich verdeutlicht, in dem der Unterschied liegt. In diesem Fall werden die Instanzen aufgelistet. Der Nutzer hat hier die Möglichkeit Instanzen aus der Vergleichsontologie aufzunehmen oder aber auch vorhandene Instanzen zu bearbeiten. Zusätzlich erscheint ein Merging-Vorschlag.

Die Komponente InteractiveMerge ermittelt also für zwei sehr ähnliche Konzepte a und b, worin sie sich unterscheiden. Dabei kann es verschiedene Gründe für Unterschiede geben. Die Unterschiede können begründet sein in:

1. den Konzeptnamen
2. ihren Eigenschaften (Attribute und Relationen)

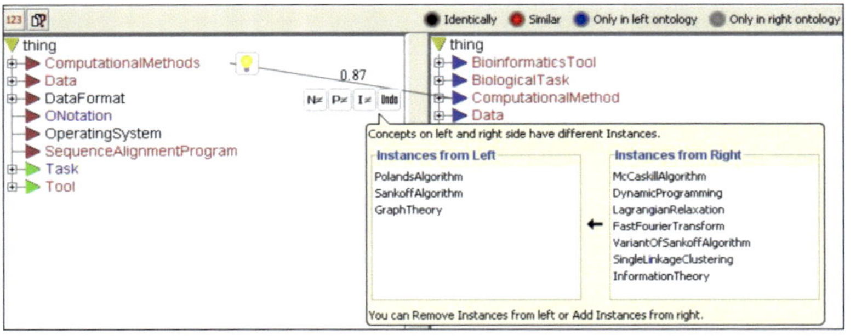

Abbildung 5.11.: Merging-Vorschlag: *Instanzen übernehmen*

3. ihren Instanzen (*individuals*)
4. ihren Einschränkungen und Bedingungen (*restrictions*)
5. ihren Unterklassen
6. dem Pfad von dem Konzept bis zur Wurzel (Elternknoten)

Für jeden möglichen Fall zeigt InteractiveMerge im ersten Schritt nur an, wo die Unterschiede liegen, erst bei Selektion des Konzepts erscheint eine semantische Lupe mit einer Detailsicht und auch ein Merging-Vorschlag, um den Nutzer bei der Zusammenführung der Ontologien zu unterstützen. Die vom System vorgeschlagenen Merging-Schritte sind also kontextabhängig.

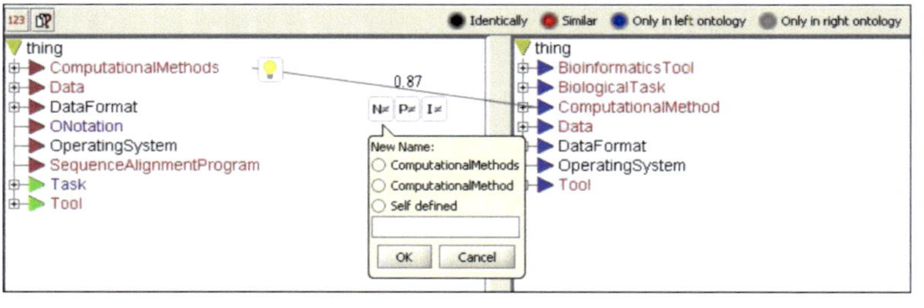

Abbildung 5.12.: Merging-Vorschlag: *Konzeptnamen ändern*

In Abbildung 5.12 wurden in der Zielontologie und in der Vergleichsontologie zwei ähnliche Konzepte identifiziert, in der Zielontologie das Konzept *ComputaionalMethod* und in der Vergleichsontologie das Konzept *ComputaionalMethods*. Ein Ähnlichkeitswert von 0.87 wird ermittelt. Mit Icons wird angezeigt, worin sich diese Konzepte unterscheiden. Bei diesem Konzept gibt es drei Unterschiede. Zunächst unterscheiden sich die *Konzeptnamen* in einem Buchstaben, dann haben die Konzepte jeweils eine *unterschiedliche Eigenschaft* und eine *unterschiedliche Instanz*, je nachdem welches Icon ausgewählt wird, wird der Unterschied genauer angezeigt und ein Merging-Vorschlag generiert. In Abbildung 5.12 wird vorgeschlagen den Konzeptnamen in der Zielontologie zu ändern.

Je nachdem welcher Fall auftritt, wird vom System ein anderer Merging-Vorschlag generiert:

1. `Unterschiedliche Konzeptnamen`
   Der Vorschlag ist hier den Konzeptnamen zu ändern.
2. `Unterschiedliche Eigenschaften`
   Vorschlag: Eigenschaft entweder hinzuzufügen, ändern oder löschen.
3. `Unterschiedliche Instanzen`
   Vorschlag: Instanz entweder hinzuzufügen, ändern oder löschen.
4. `Unterschiedliche Einschränkungen`
   Vorschlag: Einschränkung entweder hinzuzufügen, ändern oder löschen.
5. `Unterschiedliche Unterklassen`
   Algorithmus arbeitet rekursiv und untersucht die Subklassen.
6. `Unterschiedliche Pfade von Konzept bis zur Wurzel`
   Verschiedene Pfade werden visualisiert, Nutzer wird angeraten Hierarchie-Level zu ändern.

Bei dieser Methode ist der Nutzer stärker gefragt, *er* steuert den Merging-Prozess. INTERACTIVEMERGE visualisiert die Unterschiede und generiert auch Vorschläge für die Integration, aber letztendlich ist es dem Domänen-Experten überlassen, wie er weiter vorgeht.

5.3.3. Visualisierung von Integrationsschritten

Da die Integration von zwei Ontologien eine sehr komplexe Aufgabe ist, sollte gerade hier der Domänen-Experte unterstützt werden. Zum einen durch Methoden zur Bestimmung der Ähnlichkeit, aber auch durch die visuelle Darstellung des Integrationsprozesses. Der Nutzer soll nachvollziehen können, was *während* des Integrationsprozesses geschieht. Denn nur wenn der Nutzer versteht was bei dem Verfahren abläuft, kann die Akzeptanz der Ergebnisse gesteigert werden.

Das heißt, dass in dieser Arbeit nicht nur die Ergebnisse der Integrationsmethode visualisiert werden, sondern dass der Nutzer die Möglichkeit zur visuellen Analyse erhält, bei der er weitere Interessensbereiche selber fokussieren und gezielt verfeinern kann. In den beiden Komponenten STEPMERGE und INTERACTIVEMERGE werden, da sich die Aufgabenstellungen (leicht) voneinander unterscheiden, unterschiedliche Visualisierungstechniken verwendet.

In STEPMERGE werden die beiden zu vergleichenden Ontologien A und B farblich unterschiedlich dargestellt (vgl. Abbildung 5.10), damit in der Ergebnisontologie C nachvollzogen werden kann, aus welcher Ontologie die Konzepte stammen. *Zusammengeführte* Konzepte erhalten auch eine andere Farbe (in Abbildung 5.10 grün). Die Merging-Schritte laufen animiert ab, damit der Domänen-Experte mitverfolgen kann, an welcher Stelle der Ontologie, gerade Handlungsbedarf nötig ist.

In INTERACTIVEMERGE wird in einer der Ausgangsontologien, die Ergebnisse des Vergleichsprozesses visualisiert.Konzepte, die in beiden Ontologien identisch sind, werden schwarz dargestellt. Konzepte, die nur in der Zielontologie auftauchen, werden blau dargestellt und Konzepte, die ähnlich sind, werden rot dargestellt, denn diese benötigen besondere Aufmerksamkeit des Nutzers, da entschieden werden muss, wie die ähnlichen Konzepte zusammengeführt werden sollen. Daher ist es hier hilfreich, nach Aufforderung die genauen Unterschiede (in einer semantischen Lupe) anzuzeigen.

In Abbildung 5.13 sind für die beiden Konzepte *Clustal* und *ClustalW* die Pfade bis zur Wurzel unterschiedlich; dies wird dem Nutzer angezeigt, mit der Option einer der beiden Möglichkeiten zu übernehmen (bzw. auch Änderungen vorzunehmen).

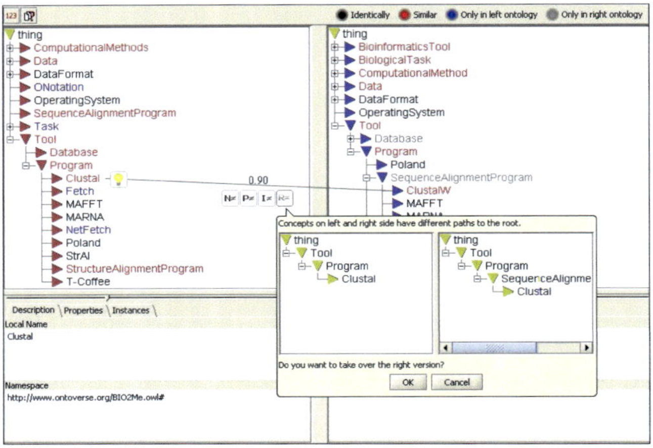

Abbildung 5.13.: InteractiveMerge: Visualisierung der Vergleichsergebnisse

5.3.4. Einbeziehung des Domänenexperten in den Merging-Prozess

Die beiden entwickelten Methoden StepMerge und InteractiveMerge beziehen den Domänenexperten unterschiedlich stark in den Integrationsprozess ein.

Die Komponente StepMerge unterstützt das Zusammenführen von zwei Ontologien schrittweise, wobei das Expertenwissen des Nutzers in den Merging-Prozess mit einbezogen wird. Basierend auf den vorangegangen Vergleich werden Merging-Schritte ermittelt, die dann auch visuell sichtbar ausgeführt werden. Der Nutzer kann im Merging-Prozess einfach weiterfahren, falls er einverstanden ist, oder aber vorgeschlagene Merging-Schritte verändern oder auch rückgängig machen. Die Methode StepMerge ist eher *systemgesteuert*, der Nutzer bearbeitet jedoch den Integrationsprozess Schritt-für-Schritt und kann an jeder Stelle nachvollziehen, was im Integrationsprozess gerade durchgeführt wird. Bei dieser Methode entsteht aus zwei Ontologien schrittweise eine *neue* Ergebnisontologie.

Die Komponente InteractiveMerge ist *nutzergesteuert*. Der Nutzer entscheidet, wie er bei der Integration vorgeht und mit welchen Konzepten er beginnen möchte. Die Methode startet zunächst einen Vergleichsprozess, so dass visuell angezeigt wird, welche Konzepte beispielsweise zusammengeführt werden sollen, weil sie einander sehr ähnlich sind. Die Komponente hat zwar für die Zusammenführung auch Merging-Vorschläge parat, der Nutzer muss aber die konkrete Ausführung selber steuern und hat so für die Durchführung einzelner Schritte mehr Freiheiten.

6. iMerge - Ein Ontologie-Editor für die interaktive Integration von Ontologien

iMERGE vereint neue interaktive und visuelle Analysetechniken, die den kognitiven Prozess beim Vergleichen und Zusammenführen von Ontologien unterstützen und bestehende Techniken aus den Bereichen interaktive Visualisierung und semi-automatischer Ontologievergleichs-Verfahren, um einen effektiven Zugang zu der ansonsten unüberschaubaren Anzahl an Entsprechungen und Ähnlichkeiten innerhalb der zu vergleichenden Ontologien zu ermöglichen. Der Schwerpunkt der Entwicklung liegt auf der Nachvollziehbarkeit des Merging-Prozesses für den Nutzer und auf die Exploration von Vergleichsergebnissen durch dynamische Visualisierungskomponenten. Die entwickelten Analysetechniken erlauben dem Nutzer eine schrittweise, explorierende Zusammenführung zweier Ontologien, so dass er nachvollziehen kann, welche Konzepte zusammengeführt werden und auch aus welchen Gründen. Bei diesem Vorgehen wird der Nutzer während des gesamten Prozesses visuell unterstützt. iMERGE gliedert sich dabei in, die in Abbildung 6.1 dargestellten Schichten:

Abbildung 6.1.: Komponenten des iMERGE-Editors

Visualisierung: Im ersten Schritt der visuellen Ontologie-Exploration verschafft sich der Nutzer einen Überblick über die beiden zu vergleichenden Ontologien (siehe Abbildung 6.1). Dem Nutzer werden an dieser Stelle unterschiedliche Zugangspunkte (SmartTree, Graphen-Sicht) zur Ontologie angeboten, da sich die Explorationsziele erst während der Interaktion ergeben. Wichtig jedoch ist, dass die Möglichkeit besteht beide Ontologien nebeneinander zu betrachten und bei

Bedarf Details der Ontologie (z. B. Instanzen, Eigenschaften, Beschreibungen der Konzepte) zu betrachten.

Vergleich: In der Vergleich-Schicht wurden Methoden entwickelt, die eine Abbildung zwischen der Quell- und Zielontologie ermitteln, mit dem Ziel dem Nutzerverständnis einer semantischen Entsprechung am nächsten zu kommen. Zur Bestimmung der Ähnlichkeit zwischen Konzepten, Instanzen und Eigenschaften (properties) werden die Ähnlichkeitsmaße im iMERGE-Editor durch *linguistische, strukturelle*, und *semantische* Vergleiche ermittelt. Die Ähnlichkeit zweier Konzepte bezieht sich somit auf eine Teilmenge von Merkmalen und wird zu einem globalen Wert gewichtet aufsummiert. Als Ergebnis der Ähnlichkeitsberechnung resultiert ein numerischer Wert, der die entsprechende Ähnlichkeit zwischen zwei Entitäten (Konzepte, Instanzen, Eigenschaften) angibt.

Merging: Die Schicht Merging entwickelt basierend auf dem vorangehenden Vergleich, schrittweise eine neue Ontologie C in der der Nutzer nachvollziehen kann, aus welchen Gründen bestimmte Konzepte zusammengefügt worden sind. Hier kann der Nutzer zwischen zwei Vorgehensweisen wählen. Für die eher *systemgesteuerte* Zusammenführung eignet sich die Methode STEPMERGE. Bei dieser Methode wird aus zwei Ontologien A und B eine neue Ergebnissontologie C erstellt. Der Nutzer kann den Integrationsvorgang Schritt für Schritt mit verfolgen und auch Einfluss nehmen. In die resultierende Ontologie C werden zunächst Konzepte aus der Ontologie O_1 und O_2 übernommen, für die es keine Abbildung in die Vergleichsontologie gibt. Konzepte für die es eine Entsprechung in der Vergleichsontologie gibt, müssen zusammengeführt werden. Dazu kann der Nutzer angeben, ab welchem Ähnlichkeitswert die Konzepte zusammengeführt werden sollen. Haben die beiden korrespondierenden Konzepte in den verschiedenen Ontologien unterschiedliche Unterknoten oder verschiedene Eigenschaften, werden in der resultierenden Ontologie C die Unterknoten und auch die Eigenschaften vereinigt. Ähnliche Unterknoten mit einem Ähnlichkeitswert größer als vom Nutzer angegeben werden rekursiv zusammengeführt. Durch die farbliche Unterscheidung der beiden Ontologien, kann der Nutzer den Ursprung (O_1 oder O_2) der Konzepte erkennen. Der Nutzer kann die vorgeschlagenen Zusammenführungen annehmen, ablehnen oder ändern. Die vom Nutzer akzeptierten Vorschläge und Änderungen nehmen in der Zielontologie eine andere Farbe an, so dass vom Nutzer bereits bearbeitete Konzepte sichtbar werden. Die Methode INTERACTIVEMERGE ist stärker nutzergesteuert, hier macht das System lediglich Merging-Vorschläge, die der Nutzer aber erst annehmen und bearbeiten muss, bevor sie ausgeführt werden.

Ontologieverarbeitung: Zur Ontologieverarbeitung wird das Framework Jena verwendet. Jena wird für das Einlesen und Exportieren der Ontologien aus und in verschiedenen Ontologie-Formaten verwendet.

iMERGE erlaubt nicht nur die Erzeugung aussagekräftiger visueller Darstellungen, sondern ermöglicht auch ein hohes Maß an Interaktion. Dies bezieht sich sowohl auf die Steuerung der visuellen Repräsentation der Ontologie, als auch auf die Interaktion mit den Ergebnissen des Vergleichsprozesses.

6.1. Überblick über die beiden zu vergleichenden Ontologien

Im ersten Schritt des Vergleichsprozesses verschafft sich der Nutzer einen Überblick über die beiden zu vergleichenden Ontologien, dabei bietet der iMERGE-Editor verschiedene Zugangspunkte. Der Nutzer hat die Möglichkeit die einzelnen Ontologien in verschiedenen Sichten noch vor dem

Vergleich zu explorieren. Der Editor bietet aber auch die Möglichkeit *während* des Vergleichsprozesses die beiden zu vergleichenden Ontologien zu betrachten und auch einen Überblick über die vorgeschlagenen *Mappings* zu erhalten. Um sich einen Überblick über die beiden zu vergleichenden Ontologien zu verschaffen, wurden im iMERGE-Editor zwei Komponenten umgesetzt:

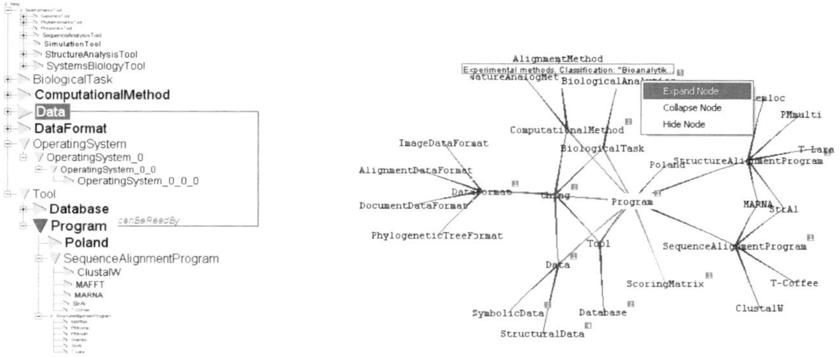

(a) *Fokus + Kontext* im SMARTTREE

(b) Netzstruktur der Nachbarschaft

Abbildung 6.2.: Überblick über die beiden zu vergleichenden Ontologien

- **SMARTTREE:** SMARTTREE ist eine neue Baumkomponente in der die Knoten des Baumes, die Konzepte aus der Ontologie repräsentieren (siehe Abbildung 6.2a). Basierend auf dem konventionellen Tree Widget wurden neue Funktionen für die spezifische Ontologie-Visualisierung ergänzt. Zusätzlich zur taxonomischen Struktur werden zusätzliche Relationen durch *PropertieLines* dargestellt, die ausgehend vom selektierten Knoten Relationen zu anderen Konzepten aufzeigen. Zur Gewährleistung der Übersicht bei sehr großen Ontologien wird z. B. die *Fokus+Kontext*-Visualisierungstechnik eingesetzt.
- **GRAPH-SICHT für die Netzstruktur der Nachbarschaft:** Durch visuelle Graphstrukturen wird die Nachbarschaft zu einem bestimmten Knoten dargestellt (siehe Abbildung 6.2b).

Zwischen den verschiedenen Sichten im iMERGE-Editor kann ohne Übergang hin und her gewechselt werden. Aktuell selektierte Bereiche werden auch in der neuen Sicht hervorgehoben.

6.1.1. Fokusdetaillierung durch SmartTree

Als reine Netzwerkstruktur (gerichtete Graphen) ergeben umfangreiche Ontologien unüberschaubare visuelle Graphstrukturen, die als Ganzes nur schwer visualisierbar und editierbar sind. Netzwerkstrukturen (Abbildung 6.2b) erweisen sich jedoch bei der Visualisierung von begrenzten Ausschnitten, wie z. B. der Nachbarschaft zu einem bestimmten Knoten als sinnvoll.

Um einen ersten Überblick über eine Ontologie zu gewinnen, eignen sich taxonomische Strukturen. Eine solche Struktur ist für die Ontologie immer in Form der Klassenhierarchie der Konzepte gegeben, die das Gerüst der Ontologie bildet. Die Visualisierung und Interaktion mit solchen

Baumstrukturen bildet deshalb einen der Schlüsselfaktoren für eine übersichtliche, verständnisfördernde Darstellung der komplexen Struktur und eine effektive und effiziente Editierung.

In dem iMerge-Editor wird eine neue Baumkomponente SmartTree verwendet, in der Knoten Konzepte der Ontologie repräsentieren. Konzeptinstanzen hingegen werden in einer gesonderten Sicht dargestellt. Aufbauend auf dem konventionellen *Tree Widget* wurden neue Funktionen für die spezifische Ontologie-Visualisierung ergänzt. Eine Erweiterung der Baumkomponente im SmartTree betrifft die gemeinsame Darstellung von Konzepten und Properties. *Property-Lines* dargestellt in der Abbildung 6.3 repräsentieren *Object-Properties* mit Definitionsbereichen, in denen das aktuell selektierte Konzept enthalten ist. *Property-Lines* verknüpfen nun das selektierte Konzept mit Konzepten zu denen eine Relation durch die *Object-Properties* vorhanden ist. Auf diese Weise werden semantische Zusammenhänge der Ontologie direkt erkennbar.

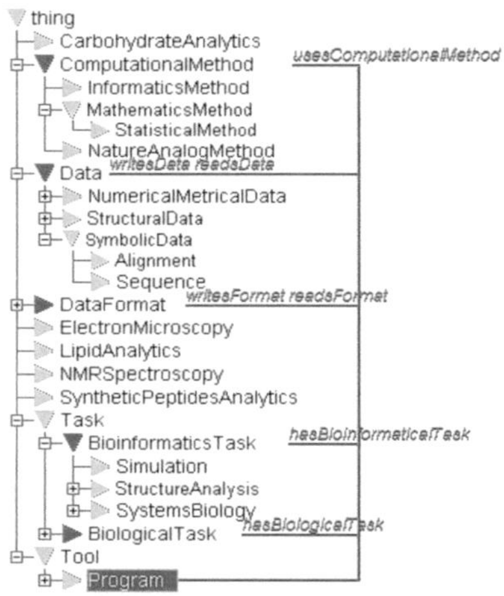

Abbildung 6.3.: *PropertyLines*

Bei der Verwendung von *Property-Lines* sollten aber die referenzierten Konzepte des Kontextbereichs ebenfalls hervorgehoben dargestellt werden, daher wurde die Fokus-und-Kontext-Technik erweitert: Anstelle eines Fokusbereichs, gibt es nun eine *Menge von Foki* mit jeweils angrenzenden Kontextbereichen. In Abbildung 6.2a wird beispielsweise das selektierte Konzept *Data* mit dem Konzept *Program* durch eine Linie neben der Baumdarstellung verbunden. In dieser Abbildung ist auch die erweiterte Fokus-und-Kontext-Technik erkennbar. Nicht nur die Umgebung des selektierten Knoten wird im Fokusbereich hervorgehoben, sondern auch der Zielbereich der *Property-Line*.

Zur Gewährleistung der Übersicht, insbesondere bei sehr großen Ontologien, wird die Fokus+-Kontext-Visualisierungstechnik eingesetzt. Die Verwendung von Fokus und Kontext ist allerdings nur dann sinnvoll, wenn ein Nutzer sich vorrangig in einzelnen Teilbereichen der Konzepthierarchie bewegt ohne häufig Konzepte im Kontextbereich zu selektieren, da diese aufgrund der verkleinerten Darstellung nicht leicht zu finden sind.

6.1.2. Visualisierung der Nachbarschaft durch die Graph-Sicht

In der GRAPH-SICHT (siehe Abbildung 6.4) werden die Ontologien als Graphen, mit Konzepten als Knoten und den Eigenschaften als Kanten dargestellt. In dieser Sicht ist es möglich den Radius der Nachbarschaftsumgebung einzugrenzen, d. h. Informationen auszublenden, die den aktuellen Knoten nicht betreffen. Der Nutzer hat so, ausgehend vom selektierten Knoten, die Möglichkeit einen Ausschnitt anzugeben, den er betrachten möchte. Der Graph wird dann dynamisch und animiert generiert. In dieser Sicht kann der Nutzer Beziehungen zu anderen Konzepten aufspüren. Die Graph-Sicht steht mit der Komponente SMARTTREE in Verbindung. Wird ein Konzept im SMARTTREE selektiert, so wird er auch im Graphen fokussiert. Die Graph-Sicht ergänzt den SMARTTREE, da für den selektierten Knoten die Nachbarschaft angezeigt wird. Der Radius lässt sich interaktiv bestimmen. Wird der Radius groß genug ausgewählt, so wird der gesamte Graph visualisiert.

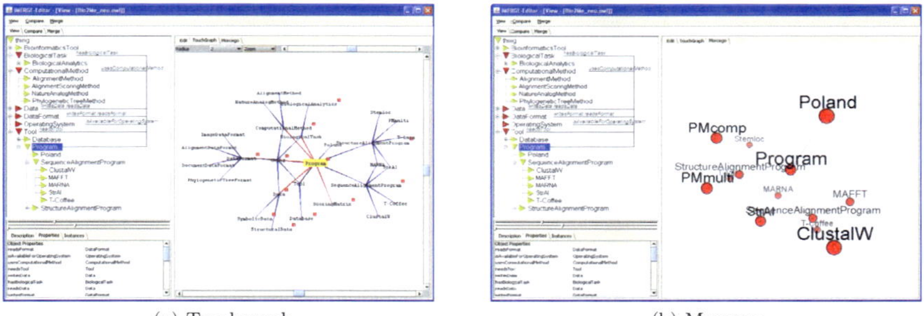

(a) Touchgraph (b) Morcego

Abbildung 6.4.: Visualisierung der Ontologie als Graph

Zur Visualisierung der Graph-Struktur wird das Framework *Touchgraph* verwendet (siehe Abbildung 6.4a). Das Framework unterstützt das Zoomen des Graphen, sowie die dynamische Veränderung des Layouts. Zusätzlich können Knoten oder Kanten aus- und wieder eingeblendet werden.

Alternativ wird eine 3D-Graph-Visualisierung angeboten basierend auf dem Framework *Morcego* (siehe Abbildung 6.4b). Morcego ist eine dynmaische Visualisierungskomponente entwickelt in Java. Morcego bietet verschiedene Interaktionsmöglichkeiten:

- Das Anklicken der Knoten um Konzepte auszuwählen (und auch im SMARTTREE zu visualisieren).
- Das Ziehen der Maus im freien Raum, um den Graphen zu rotieren.
- Das Ziehen eines Knotens mit der Maus, um ihn zu bewegen. Der Graph rebalenciert sich von selbst.
- Schnelles Bewegen mit der Maus in einer bestimmten Richtung lässt den Graphen selbstständig rotieren.

6.2. Visueller Vergleich der Ontologien mit dem iMerge-Editor

Der IMERGE-Editor bietet verschiedene Zoom- und Selektionstechniken zur Betrachtung der Vergleichsergebnisse. Schließlich möchte der Nutzer nachvollziehen können, warum das vorgeschlagene Mapping plausibel erscheint. Dazu müssen die beiden als *ähnlich* vorgeschlagenen Konzepte im Detail untersucht werden können. Der IMERGE-Editor bietet zwei unterschiedliche Darstellungsmöglichkeiten für die Vergleichsergebnisse:

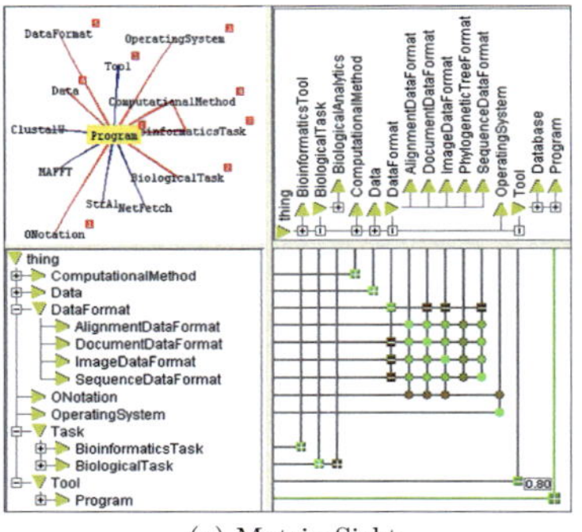

(a) Matrix-Sicht

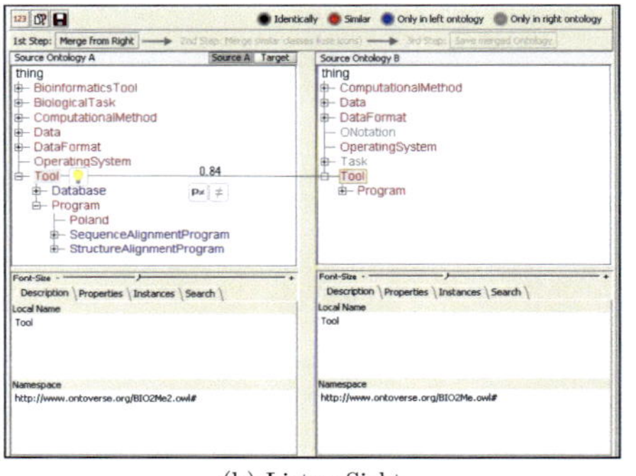

(b) Listen-Sicht

Abbildung 6.5.: Betrachtung der Vergleichsergebnisse

- **Matrix-Sicht:** In der Matrix-Sicht werden die beiden zu vergleichenden Ontologien auf der horizontalen und der vertikalen Achse dargestellt. Verbindungspunkte zwischen den Konzepten auf der aufgespannten Matrix geben den Grad der Ähnlichkeit wieder. Durch die farbliche Unterscheidung der Verbindungspunkte (grün, gelb, rot) erhält man schnell einen Überblick über die grobe Ähnlichkeitsstruktur der Konzepte (sehr ähnlich/übereinstimmend, mittlere Übereinstimmung, keine Ähnlichkeit vorhanden). Durch Selektion einer Ähnlichkeitsrelation wird der genaue Ähnlichkeitswert angezeigt, vgl. Abbildung 6.5a.
- **Listen-Sicht:** In dieser Sicht werden die beiden zu vergleichenden Ontologien in der klassischen Baumstruktur nebeneinander dargestellt (vgl. Abbildung 6.5b). Beide Ontologien sind explorierbar und der Zugriff auf die *Eigenschaften*, *Instanzen* und *Annotationen* ist möglich. Die vorgeschlagenen Mappings werden mit einer Linie dargestellt, die die beiden ähnlichen Konzepte miteinander verbindet und an der ein Ähnlichkeitswert anhängt, der die Plausibilität der semantischen Entsprechung angibt.

Die verschiedenen Sichten sind für unterschiedliche Explorationsziele geeignet. Beim Vergleich zweier Ontologien stehen die ersten Explorationsziele nicht immer schon zu Beginn der Interaktion fest, da erst in Abhängigkeit der Daten ermittelt werden kann, welche Bereiche bzw. welche Entitäten miteinander verglichen werden können bzw. verglichen werden sollen. Selektierte Konzepte werden farblich markiert und in der Größe hervorgehoben. Verborgene Informationen, wie zusätzliche Relationen zu anderen Konzepten werden bei Bedarf eingeblendet. Weitere Informationen, wie angehängte *Properties* oder zugehörige *Instanzen* oder aber auch *Annotationen* werden in Tabs übersichtlich angezeigt. Die Selektion der Konzepte verbleibt konsistent auch beim Wechsel der Sichten.

Im folgenden Abschnitt wird erläutert, wann sich die Matrix-Sicht im Vergleich zur Listen-Sicht besonders gut eignet.

6.2.1. Überblick über die Vergleichsergebnisse durch Matrix-Vergleich

Die in Abbildung 6.5b rechts dargestellte Vergleichssicht (LISTEN-SICHT) ist zwar für kleine Ontologien oder Vergleichsontologien, die sich nicht besonders ähnlich sind, gut geeignet. Darüber hinaus stößt sie aber an ihre Grenzen. Die in der Listen-Sicht dargestellten Mappings können bei sehr ähnlichen Strukturen schnell unübersichtlich werden, weil sich die Linien überkreuzen können, je nachdem, welche Teilbäume gerade auf- bzw. zugeklappt sind. Besonders große Wissensstrukturen erschweren hier die Visualisierung, da die Verbindungslinien in ungünstigen Fällen quer durchs Bild laufen und im nicht sichtbaren Bereich enden.

Deshalb sind auch alternative Formen der Informationsvisualisierung in Betracht zu ziehen. Ein Ansatz besteht in der Verwendung einer Matrixdarstellung für den Konzeptvergleich. Ausgangspunkt bildet das System *Matrix-Browser*, in dem komplexe Netzstrukturen in Form einer interaktiven Matrix dargestellt und editiert werden (Ziegler u. a., 2002a). In der MATRIX-SICHT wurde das Konzept des *Matrix-Browsers* für den Vergleich von zwei Ontologien aufgegriffen und reimplementiert. Die Matrix-Sicht verwendet Erweiterungen zur Darstellung von Ontologien (z.B. SMARTTREE). Das Eingabeformat wurde im Rahmen dieser Arbeit auf OWL angepasst und als Basis für den Vergleich der Konzepte wurde die Ähnlichkeitsmatrix verwendet.

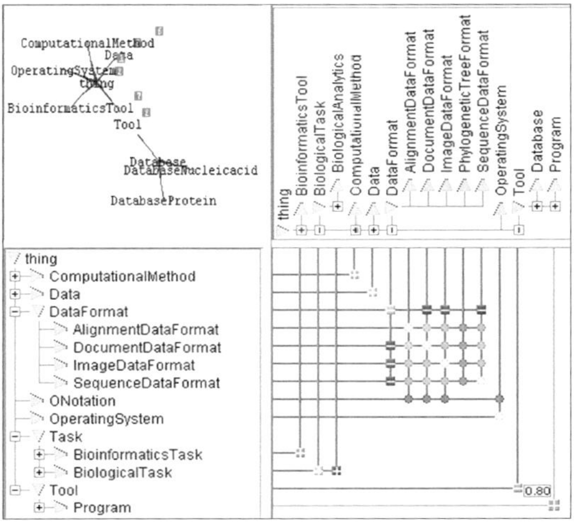

Abbildung 6.6.: Übersicht über den Übereinstimmungsgrad zweier Ontologien

In Abbildung 6.6 werden die zu vergleichenden Ontologien an beiden Achsen einer Matrix dargestellt, um eine systematische Übersicht über die Vergleichsergebnisse zu erhalten. Verbindungspunkte zwischen den Konzepten geben den Grad der Ähnlichkeit an. Durch die farbliche Unterscheidung der Verbindungspunkte (grün, gelb, rot) erhält man schnell einen Überblick über die grobe Ähnlichkeitsstruktur der Konzepte (sehr ähnlich - übereinstimmend, mittlere Übereinstimmung, keine Ähnlichkeit vorhanden). Durch Selektion einer Ähnlichkeitsrelation wird der genaue Ähnlichkeitswert angezeigt, vgl. Abbildung 6.6.

Durch andere Visualisierungssymbole (ein kleines Plus) in der Matrix werden Ähnlichkeiten angedeutet, die sich in zugeklappten Teilbäumen verstecken. Klickt der Nutzer das Symbol an, werden die zugehörigen Teilbäume automatisch aufgeklappt. Der Nutzer bekommt also einen Hinweis, wo sich ähnliche Konzepte verstecken, ohne ihn durch aufgeklappte Strukturen durch die Vielfalt der Relationen visuell zu überfordern. Für einen ausgewählten Knoten, wird die direkte Nachbarschaft durch einen Teilgraphen visualisiert.

Nachdem der Nutzer bei der Datenexploration einen Überblick über die zu vergleichende ontologischen Strukturen verschafft hat, indem er sehr ähnliche bzw. sehr unterschiedliche Teilbereiche ausgemacht hat, kann er nun im folgenden interessante Zusammenhänge in den Daten erkennen, die dann mit Hilfe von Zoom- und Selektionstechniken *(zoom and filter)* genauer untersucht werden.

6.2.2. Genaue Analyse und Verifikation der Vergleichsergebnisse durch eine semantische Lupe

(a) identifiziertes Mapping (b) Nachvollziehen des Ergenbnisses

Abbildung 6.7.: Phase 3: Genaue Analyse und Verifikation der Vergleichsergebnisse durch Details der Daten

Für eine genaue Analyse der beiden zu vergleichenden Konzepte benötigt der Benutzer eine Möglichkeit, auf die Detailinformation der Konzepte zuzugreifen. In der Listen-Sicht werden die beiden aufeinander abzubildenden Konzepte im Kontext der Ontologie angezeigt (siehe Abbildung 6.7a). Gerade wenn die Konzepte sehr ähnlich sind, ist der Nutzer daran interessiert die Unterschiede zu finden. Dazu muss sowohl die Umgebung der einzelnen Konzepte, als auch die Details zu den Konzepten, wie angehängte *Kommentare*, zugehörige *Instanzen* und *Eigenschaften* untersucht werden. Diese werden im iMERGE-Editor in separaten *Tabs* angezeigt, so dass bei Bedarf darauf zugegriffen werden kann, vgl. dazu Abbildung 6.7b unten.

Bei der Betrachtung der Umgebung der einzelnen Konzepte ist einerseits die Sub-Hierarchie als auch der Pfad von Knoten bis zur Wurzel interessant. Also die Frage, ob die beiden zu vergleichenden Konzepte auch gleiche/ähnliche Unterknoten haben bzw. ob die Elternknoten der zu vergleichenden Konzepte übereinstimmen.

Für das vorgeschlagene Mapping wird auch der Ähnlichkeitswert angezeigt. Nach der Selektion dieses Wertes wird angezeigt mit welcher Berechnungsmethode dieser Wert ermittelt worden ist. bzw. welcher Algorithmus der Ähnlichkeitsberechnung zugrunde liegt.

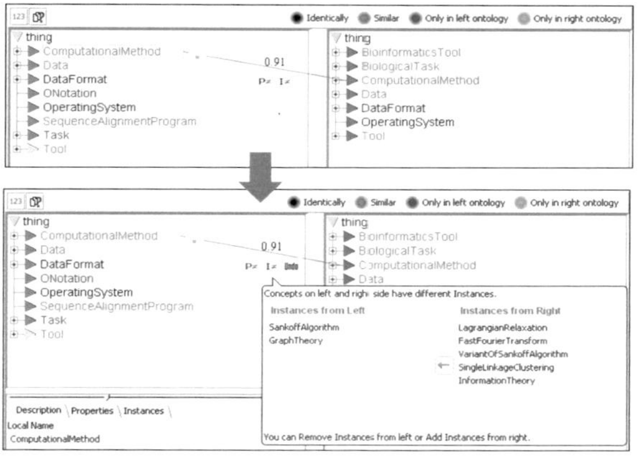

Abbildung 6.8.: Semantische Lupe zur Visualisierung der Details

In der Komponente *InteractiveMerge* (siehe Abbildung 6.8) werden die Vergleichsergebnisse genauer angezeigt (es wird nicht nur der Ähnlichkeitswert angezeigt). Die Visualisierung der Vergleichsergebnisse erfolgt *innerhalb* einer der zu vergleichenden Ontologien. In dieser Sicht werden Konzepte, die nur in der Zielontologie, jedoch nicht in der Vergleichsontologie auftauchen z. B. mit blau veranschaulicht, ebenso werden Konzepte visualisiert, die in der Zielontologie *fehlen*, jedoch in der Vergleichsontologie auftauchen. Die fehlenden Konzepte werden in die Zielontologie aufgenommen und hellgrau dargestellt, sie müssen vom Domänenexperten akzeptiert werden, um endgültig angenommen zu werden. Konzepte die *ähnlich*, jedoch nicht gleich sind, werden in rot dargestellt. Diese Konzepte benötigen besondere Aufmerksamkeit. Verschiedene Icons deuten an, worin der Unterschied liegt. Nach Auswahl eines solchen Icons wird eine *semantische Lupe* mit den Details angezeigt.

6.3. Interaktive Zusammenführung der Ontologien mit iMerge

In iMERGE wurde für die Integration von Ontologien zwei Komponenten umgesetzt: STEPMERGE und INTERACTIVEMERGE. Die beiden Komponenten unterscheiden sich darin, dass STEPMERGE eher *systemgesteuert* ist und INTERACTIVEMERGE eher *nutzergesteuert*. Außerdem wird in STEPMERGE aus zwei Ontologien A und B eine dritte Ergebnisontologie C erzeugt und eignet sich daher eher für Ontologien die nicht so viele überschneidende Bereiche haben. In INTERACTIVEMERGE wird eine der beiden zu vergleichenden Ontologien als Zielontologie definiert, die zum Schluss des Integrationsprozesses das Ergebnis enthält. Diese Methode eignet sich eher für Ontologien, die sich sehr ähnlich sind (z. B. zwei verschiedene Ontologie-Versionen).

Die Komponente StepMerge (siehe Abbildung 6.9) unterstützt die Integration von zwei Ontologien Schritt für Schritt, indem das Expertenwissen des Nutzers in den Merging-Prozess mit einbezogen wird. Basierend auf den vorangegangen Vergleich werden Merging-Schritte ermittelt, die dann visuell sichtbar ausgeführt werden. Der Nutzer kann im Merging-Prozess einfach weiterverfahren, falls er einverstanden ist, jedoch auch vorgeschlagene Merging-Schritte verändern oder auch rückgängig machen.

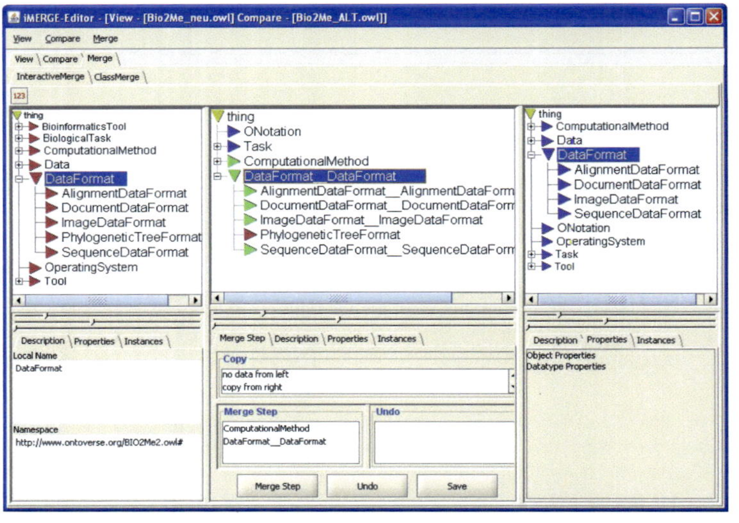

Abbildung 6.9.: StepMerge: Visualisierung der Integrationsschritte

Die Methode StepMerge ist *systemgesteuert*, der Nutzer bearbeitet jedoch den Integrationsprozess Schritt für Schritt und kann an jeder Stelle nachvollziehen, was im Integrationsprozess gerade durchgeführt wird. Hier gibt es die Möglichkeit die Schritte wieder rückgängig zu machen oder aber zu verändern. Bei dieser Methode entsteht aus zwei Ontologien schrittweise eine *neue* Ergebnisontologie. Konzepte aus den beiden Ausgangsontologien werden in dieser farblich unterschiedlich markiert.

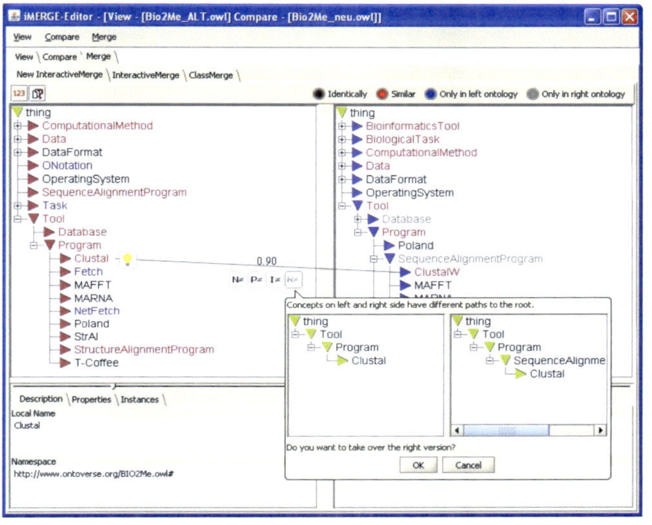

Abbildung 6.10.: InteractiveMerge: Vorschlag zur Änderung der Hierarchie-Ebene

Die Komponente INTERACTIVEMERGE ist *nutzergesteuert*. Hier entscheidet der Nutzer, wie er bei der Integration vorgeht und mit welchen Konzepten er beginnen möchte. Die Methode startet zunächst einen Vergleichsprozess, so dass visuell angezeigt wird, welche Konzepte beispielsweise zusammengeführt werden sollen, weil sie einander sehr ähnlich sind. Die Komponente hat zwar für die Zusammenführung auch Merging-Vorschläge parat, der Nutzer muss aber die konkrete Ausführung steuern.

7. iMerge: Architektur-Übersicht

Die Architektur von IMERGE gliedert sich in die Komponenten *User Interface, Model, Compare* und *Merge*. Durch diese Komponenten wird ein Schichtenmodell definiert, siehe Abbildung 7.1. Die Schichtenarchitektur reduziert die Komplexität der Abhängigkeiten innerhalb des Systems und erreicht somit eine geringere Kopplung bei gleichzeitig höherer Kohäsion der einzelnen Schichten. Die Realisierung von IMERGE ist modular aufgebaut, so dass Änderungen und Erweiterungen sich nur auf die betreffende Komponente auswirken.

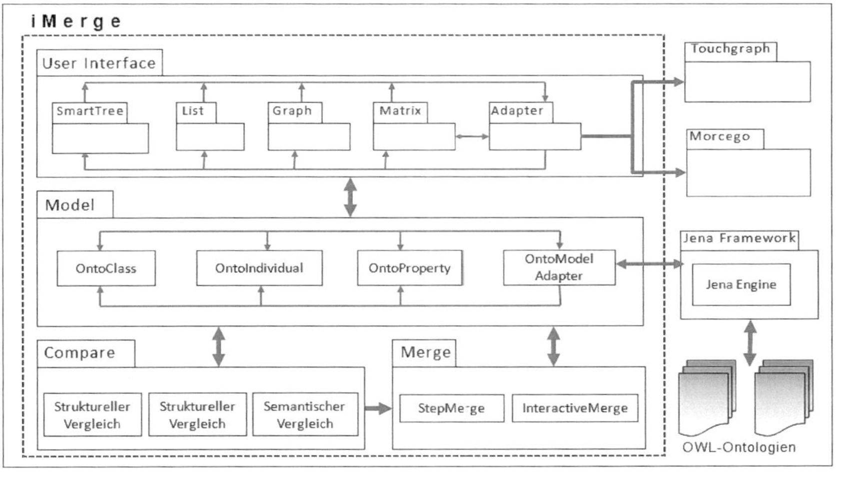

Abbildung 7.1.: iMerge: Architektur-Übersicht

Das Paket *User Interface* fasst alle Komponenten zur Visualisierung der Ontologie und der Vergleichsergebnisse zusammen. Die Benutzungsoberfläche von IMERGE ist in mehreren *Tabs* gegliedert, die einzelne Funktionen, wie *Editieren & Visualisieren, Vergleichen* und *Integrieren* abbilden. Für die Visualisierung der Ontologie und auch für die Darstellung der Ergebnisse existieren mehrere Sichten. Die einzelnen Sichten wurden so miteinander in Verbindung gesetzt, dass sich der aktuelle Fokus selbst beim Wechseln der Komponente direkt erkennen lässt und ein fließender Übergang zwischen den Sichten gewährleistet ist. Für die Aktualisierung ist die Komponente *Adapter* zuständig. Die Komponente *Adapter* ist auch für die Kommunikation mit den externen Bibliotheken *Touchgraph* und *Morcego* verantwortlich. Das Framework *Touchgraph* wird zur Visualisierung der Graph-Struktur verwendet. Das Framework unterstützt das Zoomen des Graphen, sowie die dynamische Veränderung des Layouts. Zusätzlich können Knoten oder Kanten aus- und wieder eingeblendet werden.

Das Paket *Model* verwaltet die Ontologie-Ressourcen. Die zu vergleichenden Ontologien werden über das Framework *Jena* in das Modell geladen. Das OWL-Datenmodell wird hierbei mit Java-Klassen nachgebildet. Mit dem *Jena*-Framework ist es möglich, RDF-Aussagen z. B. aus RDF oder OWL-Dateien in ein Modell zu laden und in diesem Modell zu manipulieren. Dazu müssen die entsprechenden Interfaces aus dem *Jena*-Framework realisiert werden.

Das Paket *Compare* kapselt die verschiedenen Vergleichsalgorithmen zu einer Einheit zusammen. Diese Algorithmen lassen sich miteinander kombinieren, indem die Ergebnisse gewichtet zu einem Gesamtergebnis aggregiert werden.

Das Paket *Merge* bietet zwei Integrationsverfahren für Ontologien. Für das Einlesen und Exportieren der Ontologien aus und in verschiedenen Ontologie-Formaten wird das *Jena-Framework* verwendet. Die einzelnen Komponenten werden in den folgenden Abschnitten näher erläutert.

7.1. *User-Interface*-Komponente

Zentrale Klasse im Paket *User Interface* ist das Hauptfenster, in der Abbildung 7.2, die Klasse *MainFrame*. Dieses Hauptfenster ist in mehreren Panels für die einzelnen Visualisierungskomponenten aufgeteilt. Es verwaltet Methoden zur Generierung des *ViewPanel, ComparePanel* und des *MergePanel*. Das Hauptfenster ist für die Initialisierung der verschiedenen Views verantwortlich.

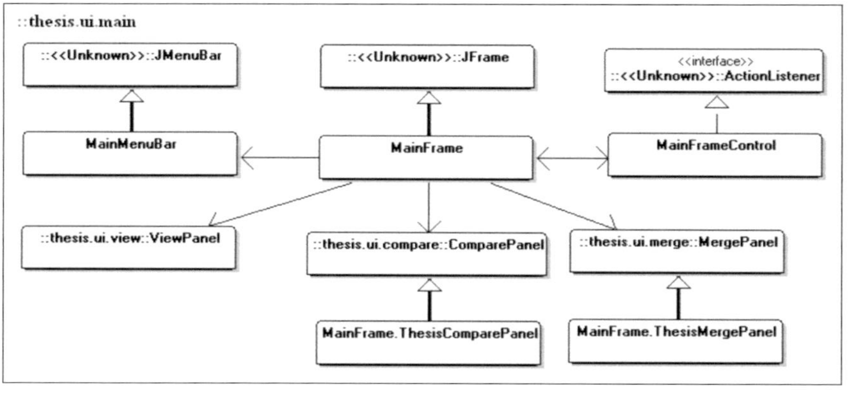

Abbildung 7.2.: Komponente *User Interface*: Klassenübersicht

Die Klasse *MainFrame* verwaltet auch die Komponente *MenuBar*. Die *MenuBar* bietet die einzelnen Funktionen zur Steuerung des Systems gruppiert zu Menüs an. Die Menüstruktur spiegelt die Aufgabenstruktur beim Vergleichen und Integrieren von Ontologien wieder. Menüs bestehen bei Swing aus drei Teilen: *JMenuBar, JMenu* und *JMenuItem*. In die *JMenuBar* werden vertikal aufklappende *JMenus* integriert. In den *JMenu* können dann entweder wiederum Untermenüs (*JMenu*-Exemplare) bzw. *JMenuItems* integriert sein.

Die Klasse *MainFrame* ist eine Unterklasse von *JFrame* der wichtigsten Hauptfensterklasse in *Swing*. Swing ist eine von Java bereitgestellte Bibliothek, um grafische Oberflächen zu gestalten. Sie bietet grafische Komponenten (GUI-Komponenten), auch Steuerelemente oder Widgets genannt, wie zum Beispiel Fenster, Schaltflächen, Textfelder und Menüs und definiert darüber hinaus ein Modell zur Behandlung von Ereignissen wie Mausbewegungen. Die Klasse *JFrame* stellt ein Hauptfenster mit Rahmen, Systemmenü und Standardschaltflächen zur Verfügung. Da *JFrame* aus `java.awt.Frame` abgeleitet ist, stehen alle Methoden aus *Window, Container* und *Component* zur Verfügung.

Die Klasse *MainFrameControl* (siehe Abbildung 7.2) ist für die Steuerung des Hauptfensters zuständig. *MainFrameControl* hört die Events von der Hauptmenüleiste ab und leitet sie an die Controller-Klassen der Sub-Komponenten weiter. Dies sind die Einheiten *ViewPanel, ComparePanel* und *MergePanel.* Die Klasse *MainFrameControl* definiert das Interface *ActionListener. ActionListener* definiert eine Schnittstelle für Klassen, die vom Auftreten eines ActionEvent benachrichtigt werden wollen. Die Methode `actionPerformed(ActionEvent e)` wird aufgerufen, wenn ein Action-Event in der Hauptmenüleiste auftritt und leitet dieses entsprechend weiter.

7.2. *Model*-Komponente

Die Komponente *Model* stellt Klassen und Methoden zur Verfügung, die die Verwaltung der Ontologie in OWL ermöglichen. Diese Schicht unterstützt auch die Ein- und Ausgabe von RDF-Modellen (bzw. RDF-Graphen). Das Einlesen und Exportieren der Ontologie ermöglicht diese Komponente mit Hilfe des Frameworks *Jena*, siehe Kapitel 7.5. Jena verfügt über mehrere Methoden `write`, um die RDF-Graphen in verschiedenen Darstellungen, wie zum Beispiel OWL zu repräsentieren und `read`, um die RDF-Graphen aus verschiedenen Formaten einzulesen.

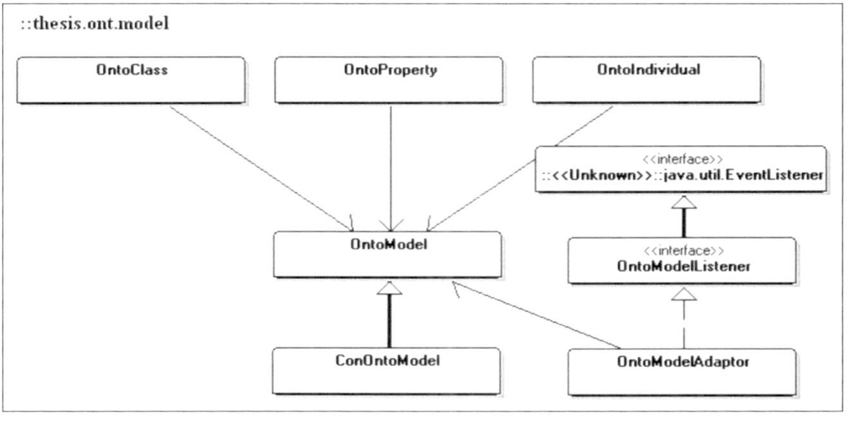

Abbildung 7.3.: Komponente *Model*: Klassenübersicht

Die Klasse *OntoModel* (siehe Abbildung 7.3) steht für die Ontologie und verwaltet die von *Jena* eingelesene Ontologie. Diese Klasse hat Methoden zur Ausgabe von Konzepten, die direkt unter dem Wurzelknoten angesiedelt sind, zur Ausgabe von ObjectProperties, DatatypeProperties und der Instanzen. Die Klasse *ConOntoModel* ist eine Unterklasse von *OntoModel* und erweitert diese um Methoden zur Erzeugung von Vereinigung, Durchschnitt und Differenz aus zwei gegebenen Konzeptmengen. Über diese Klasse können auch äquivalente Konzepte und Kardinalitätseinschränkungen definiert werden. Die Klasse *OntModelAdaptor* ist für die Kommunikation mit dem *Jena*-Framework vorgesehen.

Die Klasse *OntoClass* verwaltet die Jena-Klasse *OntClass* und erweitert sie um einige Methoden, für die Ausgabe von *ObjectProperties, DatatypeProperties* und *Unterkonzepte.* Ebenso verwalten die Klassen *OntoProperty* und *OntoIndividual* die zugehörigen Jena-Klassen *OntProperty* und *OntIndividual* und erweitern sie um einige zusätzliche Methoden, wie die Anfrage ob ein Konzept in der Domäne oder im Range des aktuellen Konzepts liegt.

7.3. *Compare*-Komponente

Die Komponente *Compare* verwaltet die Klassen, die die verschiedenen Vergleichs-Algorithmen umsetzen. Dazu wird ein Interface *OntClassComparator* definiert, das die Schnittstellen für die Vergleichsalgorithmen festlegt. Dieses Interface wird von mehreren Klassen implementiert, je nachdem welche Methoden der Nutzer für den Vergleich auswählt.

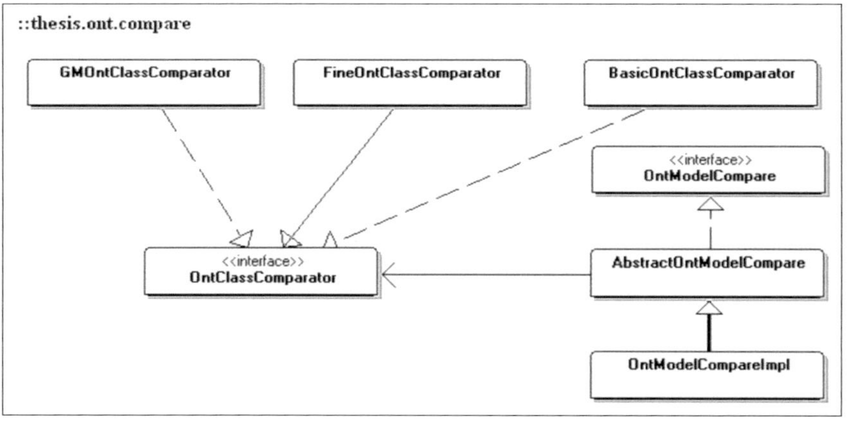

Abbildung 7.4.: Komponente *Compare*: Klasssenübersicht

Die Klasse *BasicOntClassComparator* setzt die linguistischen Vergleichsmethoden um. Dazu gehören die Methode Editierdistanz und Ähnlichkeitsbestimmung aufgrund von n-Grammen. Die Klasse *FineOntClassComparator* setzt folgende Methoden um:

- Methode zur Berücksichtigung der Abstraktionsebene
- Methode zur Berücksichtigung der Unterknoten
- Methode zur Berücksichtigung der Objekt-Properties durch Graph-Matching

Die Klasse *GMOntClassComparator* vergleicht den Pfad bis zur Wurzel für zwei Konzepte. Die Klasse *OntModelCompareImpl* ruft je nach Benutzereingabe die verschiedenen Vergleichsalgorithmen auf und aggregiert die Ergebnisse der einzelnen Methoden zu einem Gesamtergebnis.

7.4. *Merge*-Komponente

Die Komponente *Merge* verwaltet Klassen, die die beiden Integrationsmethoden STEPMERGE und INTERACTIVEMERGE umsetzen. Deshalb definiert diese Komponente mehrere Schnittstellen, die dann von den beiden Integrationsmethoden umgesetzt werden können.

Zunächst wird das Interface *OntModelMerge* defeniert. Hier werden die Methoden festgelegt, die unabhängig vom gewählten Verfahren benötigt werden. Dazu gehören die Methoden `merge(...)`, `setMapThreshold(...)` und `setSimilarity(...)`. Dieses Interface wird von der abstrakten Klasse *AbstractOntModelMerge* erweitert. Hier werden die wichtigen Parameter für die Integration der Ontologien gesetzt. `setModel1(...)` und `setModel2(...)` setzt die beiden Ontologie-Modelle, die zusammengeführt werden sollen. Die Methode `setMapThreshold` setzt den Schwellwert, ab dem ähnliche Konzepte zusammengeführt werden sollen.

Die Klassen *AbstractOntClassMerge, AbstractOntPropertyMerge* und *AbstractOntInstanceMerge* implementieren ihre zugehörigen Schnittstellen (*OntClassMerge, OntPropertyMerge* und *OntInstanceMerge*) und setzen Methoden um, damit Konzepte, Properties und Instanzen zusammengeführt werden können. Die Klassen definieren auch abstrakte Methoden, die erst von den erbenden Klassen umgesetzt werden, die sich um eine spezifische Umsetzungsmethode kümmern, wie das Zusammenführen von Instanzmengen und Properties.

Die Klasse *MergeMapping* stellt ein Mapping zu den beiden zu integrierenden Ontologien her, verweist aber auch auf die Ergebnisontologie.

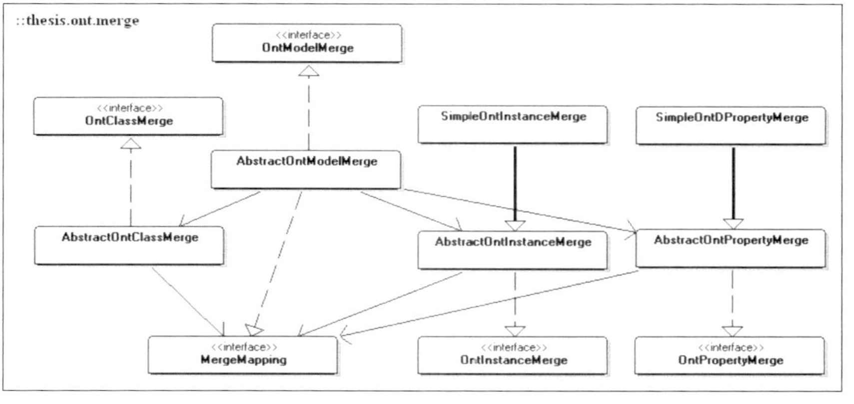

Abbildung 7.5.: Komponente *Merge*: Klassenübersicht

7.5. *Jena*-Framework

Jena ist ein Java-Framework für die Entwicklung von semantischen Web-Anwendungen, das von den Hewlett Packard Laboratories entwickelt wird. Jena implementiert die Modellierungssprachen RDF, RDFS und OWL, und stellt eine regelbasierte Inferenzmaschine zur Verfügung. Mit dem Jena-Framework ist es möglich, RDF-Aussagen z. B. aus RDF-,XML- oder OWL-Dateien in ein so genanntes Jena-Modell zu laden, in diesem Modell zu manipulieren und wieder als RDF/XML-Datei abzuspeichern.

Die wichtigste Komponente für den Einsatz von Jena ist die RDF API *(Application Programming Interface)*, die die Möglichkeit bietet RDF-Graphen bzw. Modelle zu erstellen und zu manipulieren. Das RDF-Datenmodell wird hierbei mit Java-Klassen nachgebildet. Jena bietet eine Anzahl von Java-Interfaces und entsprechenden Implementierungen mit deren Hilfe RDF *Ressourcen, Properties, Literale, Statements* und *Container* repräsentiert werden können. Abbildung 7.6 zeigt einen Überblick über die Jena-Architektur. Die Jena-Architektur besteht aus drei Schichten (*Layer*):

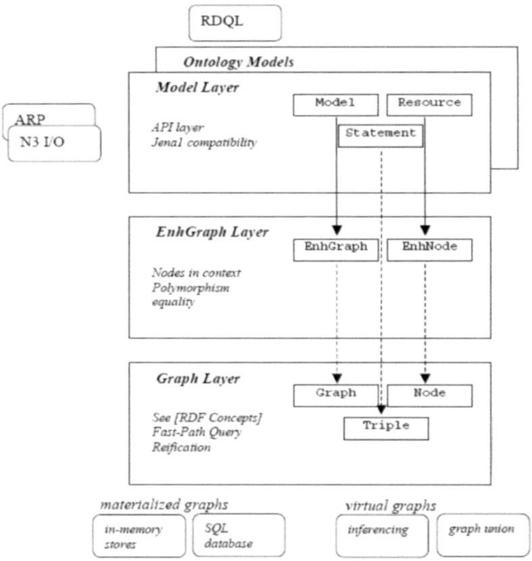

Abbildung 7.6.: Jena-Architektur nach (Carroll u. a., 2004)

- *Graph Layer*: Diese Schicht bietet eine Schnittstelle, um den RDF-Graphen zu erzeugen und zu manipulieren. Des Weiteren bietet diese Schicht verschiedene Möglichkeiten, um die RDF-Graphen zu speichern. Eine Möglichkeit ist, die RDF-Graphen im Hauptspeicher abzulegen. Eine andere Möglichkeit ist, die RDF-Graphen permanent in einer relationalen Datenbank zu speichern, und zwar mit Hilfe des Datenbanksubsystems. Das Jena-Datenbanksubsystem benutzt JDBC um eine Verbindung zu einer relationalen Datenbank zu erstellen. Momentan unterstützt Jena drei SQL-Datenbanksysteme: MySQL5, Oracle6 und PostgreSQL7
- *EnhGraph Layer*: Diese Schicht bietet die Möglichkeit verschiedene Sichten auf den Graphen bzw. verschiedene Sichten auf einen Knoten zu generieren. Dazu werden *EnhGraph* und den *EnhNode* definiert. Jede Instanz eines *EnhGraph* stellt eine Menge von Methoden zur Verfügung, die auf einen Graphen angewendet werden können. Diese Instanzen entsprechen verschiedenen Ansichten des Graphen. Jede Instanz des *EnhNode* stellt wiederum

eine Menge von Methoden zur Verfügung, die auch auf einen Knoten angewendet werden können. Diese Instanzen gelten als Ansichten eines Knotens in einem spezifischen Graphen.

- *Model Layer*: Diese Schicht definiert zwei Schnittstellen, die Model-API und die Ontolgy-API. Die *Model*-API definiert ein Interface für alle Bestandteile des RDF-Modells. Die *Ontology*-API stellt Klassen und Methoden zur Verfügung, die die Verwaltung der Ontologiesprache RDFS, OWL und DAML+OIL ermöglichen. Die Schicht *Model-Layer* unterstützt auch die Ein- und Ausgabe von RDF-Modellen (bzw. RDF-Graphen). Jena verfügt über mehrere Methoden `write` (um die RDF-Graphen in verschiedenen Darstellungen zu repräsentieren) und `read` (um die RDF-Graphen einzulesen).

Jena verfügt auch über die SPARQL, eine Abfragesprache für RDF. Dies ist eine datenorientierte Sprache und hat eine sehr ähnliche Syntax wie SQL. Jena ist über deren Projekt-Homepage bei Sourceforge[1] frei verfügbar.

[1] http://jena.sourceforge.net

8. Summative Usability Evaluation des Merge-Editors

Im Rahmen einer summativen Usability-Evaluation wurde iMERGE mit dem Referenztool PROMPT (Protégé) verglichen, und dadurch Schwierigkeiten der Nutzer bei der Verwendung der Vergleichs- und Integrationseditoren zu erfassen und zu bewerten, um so Schwachstellen der Systeme zu identifizieren und eventuell zu beheben. Für die Evaluation der beiden Ontologie-Editoren wurden drei Evaluationsmethoden verwendet:

- Cognitive Walkthrough
- Usability-Tests
- Eye-Tracking für die Komponenten MATRIX-SICHT und LISTEN-SICHT

Die Methode *Cognitive Walkthrough* wurde als erster Schritt der Evaluation durchgeführt, um schnell und kostengünstig erste Hinweise zur Verbesserung der Usability von iMERGE zu erhalten. In iMERGE aufgedeckte Schwierigkeiten wurden noch vor Durchführung der *Usability-Tests* behoben. Unter Anderem betraf dies die standardmäßige Konfiguration der Vergleichsalgorithmen, um dem Nutzer einen sofortigen Vergleich direkt nach dem Start des Programms zu ermöglichen und die Möglichkeit, Konzepte per *Drag & Drop* im Hierarchiebaum zu verschieben. *Cognitive Walkthrough* ist eine expertenbasierte Evaluationstechnik, bei der die Nutzbarkeit eines interaktiven Produktes von Usability-Experten untersucht wird. Mit einem Cognitive Walkthrough wird vor allem die leichte Erlernbarkeit der Bedienung eines Produktes ermittelt. Der Cognitive Walkthrough kann auch schon in frühen Stadien der Produktentwicklung durchgeführt werden. Er verlangt keine Testnutzer, außerdem ist er im Vergleich zu den klassischen benutzerzentrierten Evaluationsmethoden schnell durchführbar, kostengünstig und wenig komplex. Der *Cognitive Walkthrough* wurde von zwei Personen durchgeführt. Die Ergebnisse des *Cognitive Walkthrough* für iMERGE sind in Kapitel 8.1.3 dargestellt. Die Analyse von PROMPT ist in dem Kapitel 8.1.4 dargestellt.

Usability-Tests mit Nutzern wurden im zweiten Schritt der Evaluation durchgeführt. *Usability-Tests* sind eine empirische Methode, bei der Nutzer in realistischen Aufgaben testen, ob sie im System ihr Ziel erreichen. Aus den Beobachtungen und Äußerungen während der Durchführung, sowie Interviews nach dem Test können Usability-Experten Schlussfolgerungen über Probleme und Verbesserungsmöglichkeiten gewinnen (Sarodnick 2006 S.155). An den *Usability-Tests* haben 46 Probanden teilgenommen. Die Probanden wurden in zwei unabhängige Gruppen eingeteilt. Eine Gruppe evaluierte das System iMERGE, die andere Gruppe PROMPT. Beiden Gruppen wurden jeweils die gleichen vier Aufgaben gestellt und der gleiche Fragebogen zu Bewertung ausgeteilt. Die Auswertung zu den Fragebögen findet sich im Kapitel 8.2.3.

Die *Eye-Tracking-Studie* sollte die Annahme überprüfen, ob für die beiden Aufgaben *Überblick verschaffen* und *Details verstehen* unterschiedliche Visualisierungsformen sinnvoll sind. *Eye-Tracking* ist eine Evaluationsmethode bei der die Augenbewegungen einer Testperson aufgezeichnet werden. Es ist ein oft eingesetztes Mittel, um die visuelle Suche und die Aufmerksamkeitslenkung bei der Systemnutzung zu untersuchen. Es wurden die *Listen-Sicht* und die

Matrix-Sicht verglichen. Ziel der *Eye-Tracking-Studie* war herauszufinden, ob sich die Ansichten ergänzen, oder ob eine der Sichten redundant ist. An der *Eye-Tracking-Studie* haben 5 Probanden teilgenommen.

Für die Evaluation der beiden Ontologie-Editoren wurden zwei Ontologien zum Themenbereich Film so konstruiert, dass Aufgaben für den Vergleich und die Integration von Ontologien durchgeführt werden konnten. Die beiden Ontologien wurden von zwei verschiedenen Modellierern entwickelt, um unterschiedliche Perspektiven auf das Thema zu gewährleisten. Der Themenschwerpunkt der Ontologien wurde so gewählt, dass er den Probanden nicht fremd ist. Außerdem wurde darauf geachtet, dass beide Ontologien unterschiedlich strukturiert sind. In Ontologie A wird das Konzept *Film* nach technischen Gesichtspunkten eingeteilt, während in Ontologie B der *Film* auch nach Genres kategorisiert wird. Die vollständigen Ontologien sind im Anhang zu finden.

8.1. Cognitive Walkthrough

Im ersten Schritt der Evaluation von iMERGE wurde die Evaluationsmethode *Cognitive Walkthrough* durchgeführt. Es wurden korrekte Handlungsabläufe analysiert, wobei immer die Frage gestellt wurde, ob diese Abläufe tatsächlich von Nutzern verfolgt wurden. Das Ziel eines *Cognitive Walkthrough* ist es vorauszusagen, ob spätere Nutzer selbstständig die festgelegten Handlungen durchführen können (Sarodnick 2006 S.145). Differenzen zwischen den Annahmen der Entwickler und den Erwartungen der Nutzer sollen aufgedeckt werden und Grundlage für die Überarbeitung des Systems sein. Der *Cognitive Walkthrough* konzentriert sich bei der Analyse auf die mentalen Prozesse der Nutzer. Man geht davon aus, dass der Nutzer nach der Methode des explorierenden Lernens vorgeht, d. h. er lernt durch Ausprobieren. Aus diesem Grund soll das Programm selbsterklärend sein. Es erfolgt eine Annahme vom Wissen, welches der Nutzer besitzen sollte. Das Programm soll darüber hinaus nicht mehr vom Nutzer verlangen. Der Cognitive Walkthrough teilt sich in folgende Phasen auf:

- Planungsphase
- Durchführungsphase
- Analyse und Auswertungsphase

In der *Planungsphase* wird die Zielgruppe festgelegt. Außerdem werden gängige Aufgaben für den Gebrauch der Systeme festgelegt. Diese Aufgaben sollen im Verlauf des *Cognitive Walkthrough* analysiert werden. Danach folgt die *Durchführungsphase* in der die vorher festgelegten Aufgaben von Usability-Experten durchgeführt und analysiert werden. Abschließend, in der *Analyse- und Auswertungsphase*, werden die Ergebnisse ausgewertet und Probleme aufgezeigt.

8.1.1. Planungsphase

Die Planungsphase ist in verschiedene Schritte zu unterteilen. Zunächst muss der Ausgangspunkt der Untersuchung festgelegt werden. Es wird die Zielgruppe und die Handlungsabfolge für jede Aufgabe festgelegt. Das Wissen der Zielgruppe ist der Ausgangspunkt für den *Cognitive Walkthrough.* Während der Analyse des Systems wird geprüft, ob die Anforderungen, die das System an den Nutzer stellt, mit seinem Wissen übereinstimmen und ihn nicht überfordern.

Die Zielgruppe von iMERGE benutzt den Editor mit dem Ziel eine Ontologie zu öffnen und zu bearbeiten. Zusätzlich ist es gewünscht, Ontologien miteinander vergleichen zu können und zusammenzuführen. Ein Ontologieeditor muss verschiedene Anforderungen des Nutzers erfüllen:

- Das Öffnen einer oder mehrerer Ontologien
- Verschiedene Sichten auf eine Ontologie bieten
- Den direkten Vergleich mehrerer Ontologien unterstützen. Der Nutzer möchte Ähnlichkeiten und Unterschiede erkennen können
- Das Zusammenführen zweier Ontologien. Der Prozess soll durch das System unterstützt werden, aber für den Nutzer nachvollziehbar bleiben

Da Ontologien sehr komplex sind, ist es für den Nutzer wichtig, dass seine Arbeit im Editor nachvollziehbar bleibt, andernfalls verliert der Nutzer das Vertrauen zum System. Besonders die zwei letzten Punkte sind für den *Cognitive Walkthrough* interessant. Der Nutzer kann bei einem vollautomatischen Prozess oft nicht mehr nachvollziehen welche Schritte das System durchgeführt hat.

8.1.2. Durchführungsphase

Während der Durchführungsphase arbeiten sich die Usability-Experten durch die verschiedenen Arbeitsschritte, die in der Planungsphase festgelegt wurden. Hierbei werden für jeden Aufgabenschritt die folgenden Fragen beantwortet:

1. Wird der Benutzer erkennen, dass das Ziel erreicht werden kann?
2. Wird der Benutzer erkennen, dass die korrekte Aktion zur Verfügung steht?
3. Wird der Benutzer eine Verbindung herstellen zwischen der korrekten Aktion und dem gewünschten Effekt?
4. Wenn die korrekte Aktion ausgeführt worden ist: Wird der Benutzer den Fortschritt erkennen?

Wenn alle vier Fragen mit einem ja beantwortet werden, spricht man von einer *success-story*. Das System wird vom Nutzer verstanden und seine Aufgaben werden erfüllt. Wird eine der Frage mit einem nein beantwortet, so spricht man von einer *failure-story*. In diesem Fall muss das System noch einmal überarbeitet werden.

Während der Durchführung wird besonders auf kritische Aspekte geachtet. Kritische Aspekte für die Ontologieeditoren sind:

- Zu lange Ladezeiten, die dazu führen, dass der Nutzer nicht weiß, ob das Programm gerade etwas ausführt oder abgestürzt ist.
- Unverständliche Prozesse, wie etwa nicht eindeutig benannte Schaltflächen oder vollautomatische Vorgänge, die nicht nachzuvollziehen sind.

Prozesse die von Usability-Experten als problematisch eingestuft werden, werden in der Analyse- und Auswertungsphase dokumentiert und sollten im Programm überarbeitet werden.

Der *Cognitive Walkthrough* von iMerge und von Prompt wurde von zwei Personen durchgeführt. Folgende Aufgaben wurden dabei durchgeführt:

1. Das Finden von drei Konzepten die nur in der Ontologie A enthalten sind, jedoch nicht in B.
2. Das Finden von drei Konzepten die nur in der Ontologie B enthalten sind, jedoch nicht in A.
3. Das Vergleichen von zwei Ontologien. Worin unterscheiden sich die Konzepte in den beiden Ontologien?

4. Das Zusammenführen von zwei Ontologien, so dass eine neue Ontologie entsteht. Die neue Ontologie soll Konzepte aus beiden Ontologien enthalten.

Während des *Cognitive Walkthrough* wurde darauf geachtet, ob es bei der Durchführung der Aufgaben zu Problemen kommt. Es wurden zwei Arten von Informationen festgehalten:

- Welche Kenntnisse benötigt der Nutzer vor der Durchführung der Aufgabe über die Handlungsschritte, damit diese durchgeführt werden können?
- Was muss er während der Durchführung lernen? Welche seiner Aktionen führen zu Fehlbedingungen?

Neben einem schriftlichen Protokoll wurden Probleme auch mit Hilfe von Screenshots festgehalten.

8.1.3. Auswertung der Ergebnisse iMerge

In der **Listen-Sicht** werden beide Ontologien nebeneinander angezeigt, um miteinander verglichen werden zu können. Wird im Menü *Compare* der Menüpunkt *Structure Similarity* ausgewählt, kann man sich die Ähnlichkeitswerte der verschiedenen Konzepte anzeigen lassen. Wählt man eines der Konzepte aus, erscheint eine Verbindungslinie und der Ähnlichkeitswert wird angezeigt. Außerdem werden Detailinformationen, wie etwa Eigenschaften, Instanzen und Kommentare angezeigt. Bei der Evaluation der LISTEN-SICHT ergaben sich folgende Probleme:

- Der Menüpunkt *Structure Similarity* ist nicht standardmäßig ausgewählt. Vergisst man den Menüpunkt auszuwählen, sieht der Nutzer nur Ähnlichkeiten die aufgrund der lexikalischen Analyse ermittelt worden sind.
- Es ist für den Nutzer nicht nachvollziehbar, wie sich die Ähnlichkeitswerte berechnen. Der Wert wird angezeigt, aber nicht begründet.
- Es ist für den Nutzer nicht sichtbar, welche Konzepte sich nur in einer der beiden Ontologien befinden, oder ob sie sich in beiden befinden. Die Listenansicht versucht zwar dem Nutzer eine Möglichkeit zum Vergleich der Ontologien anzubieten, allerdings leistet sie wenig visuelle Unterstützung.

Die **InteractiveMerge-Sicht** (siehe Abbildung 8.1) vergleicht zunächst zwei Ontologien miteinander. Es wird visuell hervorgehoben, welche Konzepte ähnlich sind. Konzepte die ähnlich sind, werden rot markiert. Für das Merging werden Vorschläge gemacht, die jedoch vom Nutzer bestätigt werden müssen. Während dieses Prozesses, wird eine der beiden Ontologien zur Zielontologie zu der die Konzepte, der anderen Ontologie hinzugefügt werden. Es ist auf den ersten Blick zu erkennen, welche Konzepte nur in einer der beiden oder in beiden Ontologien vorkommen. Die Konzepte werden durch unterschiedliche Farben hervorgehoben, die in der Menüleiste erläutert werden. Sind sich Konzepte ähnlich, so wird angezeigt worin der Unterschied liegt. Die Unterschiede können begründet sein in unterschiedliche Konzeptnamen, Eigenschaften, Instanzen, Einschränkungen und Bedingungen, Unterklassen und dem Pfad von Konzept bis zur Wurzel (Elternknoten). Es erscheint ein Icon, das den Grund für den Unterschied anzeigt, außerdem macht das System einen Merging-Vorschlag. Der Nutzer wird visuell unterstützt, und kann selbst entscheiden, wie er bei der Integration der Ontologie vorgeht. Die Integration der Ontologien erfolgt nutzergesteuert. Das System bietet zwar Vorschläge an, aber der Nutzer entscheidet, wie er vorgeht. Folgende Probleme sind bei der Bewertung der Komponente INTERACTIVEMERGE aufgetreten:

- Möchte man den Namen eines Konzepts ändern, ist dies nach der Eingabe nur über den OK-Button möglich, es ist jedoch nicht möglich einfach nur die ENTER-Taste zu betätigen.

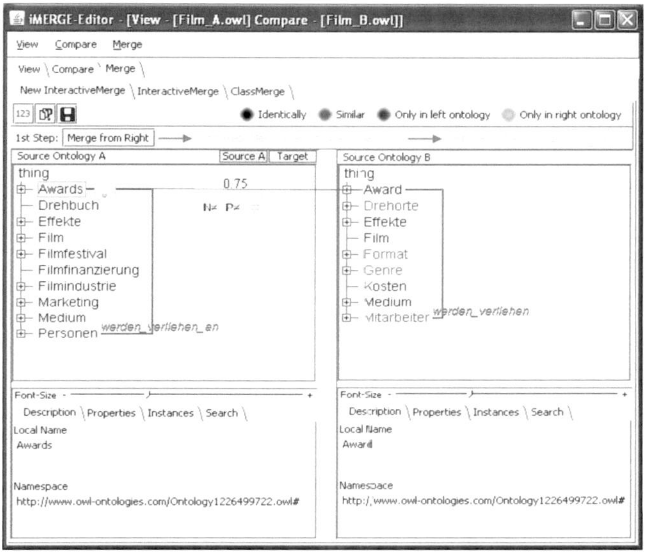

Abbildung 8.1.: Cognitive Walkthrough: iMERGE

- Beim Löschen einer Eigenschaft, wird nicht immer die *Property-View* aktualisiert (Fehler tritt sporadisch auf).
- *Drag* und *Drop* Möglichkeit zur Verschiebung der Konzepte im Hierarchiebaum fehlt.
- Es fehlt die Möglichkeit Verbindungslinien zu löschen, falls der Nutzer der Meinung ist, das System hat ein falsches Mapping vorgeschlagen.

Im Anschluss an das Cognitive Walkthrough für iMERGE wurden einige der aufgezeigten Probleme behoben. Z. B. wird nun standardmäßig die *StructureSimilarity* ausgewählt und *Drag* und *Drop* zur Verschiebung der Konzepte im Hierarchiebaum wurde umgesetzt. Auch das Ändern eines Konzeptnamens ist nun direkter möglich.

8.1.4. Auswertung der Ergebnisse iPrompt

In Protégé wird das PROMPT-Tab genutzt, um zwei Ontologien zu vergleichen und zu integrieren. Der Cognitive Walkthrough für das Prompt-Tab (Protégé) wurde auch von zwei Personen durchgeführt. Folgende Aufgaben wurden hierbei analysiert:

- Der direkte Vergleich zweier Filmontologien.
- Das Zusammenführen beider Ontologien.

Dabei wurde überprüft, in wieweit das PROMPT-Tab den Nutzer bei der Ermittlung von Unterschieden und Ähnlichkeiten innerhalb der Ontologien unterstützt.

Die ***Compare*-Funktion** in PROMPT ermöglicht das Vergleichen verschiedener Versionen derselben Ontologie. Neue, zuvor gelöschte, verschobene und geänderte Konzepte werden in verschiedenen Schriftarten und -farben angezeigt (siehe Abbildung 8.2, Bereich 1). Der Tool-Tip informiert zusätzlich über die Änderung. Änderungen in den verschiedenen Versionen können gemacht oder wieder zurückgesetzt werden. Beim Cognitive Walkthrough sind folgende Probleme aufgetreten:

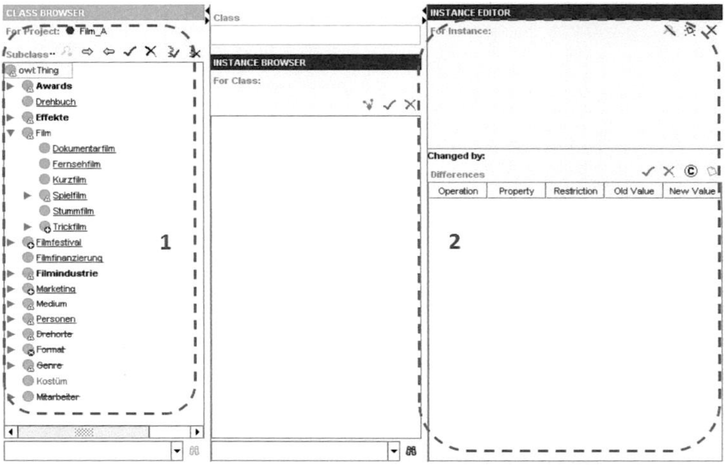

Abbildung 8.2.: Cognitive Walkthrough: *Compare*-Funktion in PROMPT

- Die Ursprungsontologien werden nicht angezeigt. Es wird eine Ontologie angezeigt, in der beide geladenen Versionen übereinander gelagert sind, vgl. Abbildung 8.2, Bereich 1.
- Die verschiedenen Instanzen werden angezeigt. Hierfür wird sehr viel Platz verwendet, wie in Abbildung 8.2, Bereich 2 zu sehen.
- Die einzelnen Konzepte werden farbig hinterlegt. Auf den ersten Blick findet sich keine Erklärung für die unterschiedlichen Farben. Die Farbwahl ist nicht intuitiv. Erst im Tooltip wird ihre Bedeutung erläutert.
- Für den Nutzer ist es schwierig die Versionen miteinander zu vergleichen, ohne die Ursprünge angezeigt zu bekommen.

Die ***Merge*-Funktion** in PROMPT führt Ontologie A mit Ontologie B zu einer neuen Ontologie C zusammen. PROMPT führt den Nutzer durch den Merging-Prozess, in dem Vorschläge gemacht werden und Konflikte durch Lösungsvorschläge vermieden werden. Bei diesem Prozess sind folgende Probleme aufgefallen:

- PROMPT macht eine lange Vorschlagsliste zum Zusammenführen der Ontologien. Die Liste ist sehr verwirrend, da man nicht nachvollziehen kann, wie diese Vorschläge zustande kommen. Bestätigt man die Vorschläge dauert es lange bis etwas passiert. Beim Zusammenführen der Film-Ontologien, werden zwischen 75 und 120 Klicks mit der Maus getätigt. Am Ende ist kein zufriedenstellendes Ergebnis sichtbar.
- Die zusammengeführten Konzepte werden an die vorhandene Ontologie gehängt. Die Konzepte bekommen Suffixe, die auf ihre Ursprungsontologie verweisen (siehe Abbildung 8.3, Bereich 3).

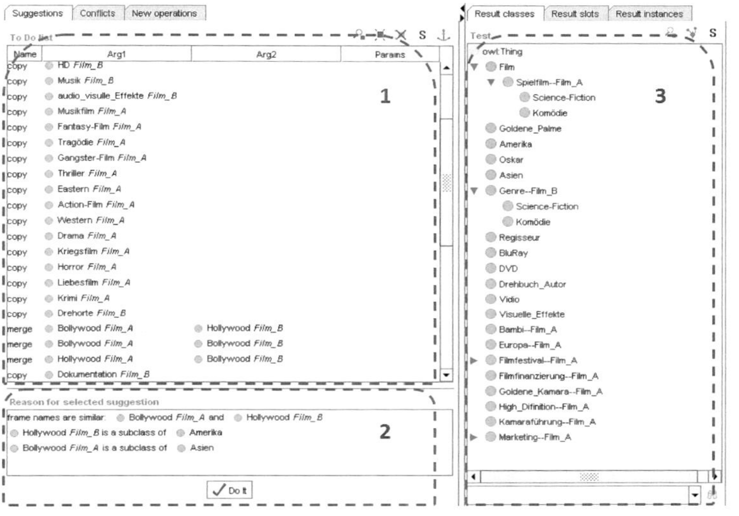

Abbildung 8.3.: Cognitive Walkthrough: *Merge*-Funktion in PROMPT

- Der Fortschritt des Prozesses ist nicht eindeutig erkennbar. In Bereich 1 (Abbildung 8.3) werden nach jedem Merging-Schritt neue Vorschläge generiert. Der Prozess ist unübersichtlich und aufwendig. Es dauert mehrere Minuten um den Vorgang durchzuführen. Für den Nutzer ist hierbei kein logisches Vorgehen erkennbar.
- Die Anzeige der resultierenden Ontologie (Abbildung 8.3, Bereich 3) ist unübersichtlich. Erst das Abspeichern in einem neuen Projekt und erneutes Öffnen mit Protégé führt zu einer übersichtlichen Anzeige, da die gelöschten Konzepte dann nicht mehr angezeigt werden. Allerdings wird der Nutzer nirgends darauf hingewiesen und kann dies erst durch Ausprobieren herausfinden.

8.2. Usability-Tests mit Nutzern

Usability-Tests liefern üblicherweise drei Arten von Daten: Quantitative Attributsausprägungen, qualitative Problembeschreibungen und subjektive, durch Fragebogen erhobene Daten. Diese Daten zeigen, ob die Usability-Ziele erfüllt worden sind, wo die Probleme bei der Bedienung liegen und für wie schwerwiegend diese Probleme erachtet werden.

In dieser Arbeit werden die Ontologieeditoren iMERGE und PROMPT (Protégé) miteinander verglichen. Hierbei geht es darum herauszufinden, ob es Verbesserungsmöglichkeiten gibt und wie gut die Nutzer mit den Funktionen zu recht kommen. Es werden insbesondere die beiden Aktivitäten: *Vergleichen* und *Integrieren* von Ontologien untersucht. Die beiden Aktivitäten *Explorieren* und *Editieren* von Ontologien stehen in dieser Evaluation nicht im Fokus. *Deduktive Tests* werden unter Laborbedingungen durchgeführt, da die Testbedingungen so standardisiert werden können. Die Standardisierung ist notwendig, um vergleichbare Ergebnisse zu erlangen.

Zur Durchführung werden dem Nutzer vorher festgelegte Aufgaben gestellt. Im Anschluss an die Durchführung wird der Nutzer befragt und seine subjektive Beurteilung des Systems erhoben. Die Aufgaben müssen dem typischen Aufgabenkontext des zukünftigen Endnutzers entsprechen, da die Beurteilung sonst nicht auf die Domäne übertragen werden kann.

Beim Vergleich verschiedener Systeme, die die selben Funktionen besitzen, kann zum Beispiel die Zeit oder die Anzahl von Fehlern bewertet werden, die gebraucht wird, um eine Aufgabe zu erfüllen. Es gibt verschiedene Möglichkeiten zwei Systeme von Nutzern testen zu lassen. Das *within-subjects design*, bei dem jede Testperson beide Programme testet und das *between-subjects design*, bei dem die Testpersonen in zwei Gruppen eingeteilt werden, die jeweils ein System testen. Problematisch beim *within-subjects design* ist, dass die Nutzung des ersten Systems die Nutzung des zweiten beeinflussen kann.

Beim Usability-Test hält sich der Versuchsleiter weitgehend im Hintergrund. Bei Problemen, die die Testperson selbst nicht lösen kann, gibt der Versuchsleiter Hilfestellung (Sarodnick, Brau, S.164). Bei der Evaluation von iMERGE und PROMPT (Protégé) wird der Versuchsleiter helfend eingreifen. Das PROMPT (Protégé) muss einmal komplett geschlossen und neu geöffnet werden, um vom *Compare-* zum *Merge*-Modus zu wechseln. Der Usability-Test teilt sich in verschiedene Abschnitte ein:

- Akquise von Testpersonen
- Erstellen des Fragebogens
- Durchführung des Tests
- Dokumentation und Auswertung der Ergebnisse

8.2.1. Akquise von Testpersonen

Die Gruppe der Testpersonen sollte repräsentativ für die Gruppe der Endnutzer sein. Außerdem sollen die Nutzer das System noch nicht kennen, da sie sonst viele Probleme unter Umständen nicht mehr wahrnehmen oder umgehen. Die Testpersonen von iMERGE und PROMPT (Protégé) sind Studenten der Universität Duisburg-Essen. Sie stammen aus verschiedenen Studiengängen, wie etwa den angewandten Kommunikations- und Medienwissenschaften oder der angewandten Informatik. Es wurde eine Gruppe aus 46 Testpersonen getestet. Das Zuweisen der verschiedenen Editoren ist zufällig erfolgt, so dass schließlich 23 Versuchspersonen iMERGE und 23 Versuchspersonen PROMPT(Protégé) getestet haben.

Der Umgang mit Ontologien ist 17 (Bewertung: 1-2) von 46 Probanden gut vertraut (siehe Abbildung 8.4). 10 Personen hingegen ist der Umgang überhaupt nicht vertraut. 14 Personen bewerten ihre Ontologie-Kenntnisse im Mittelfeld. Somit ist zufällig eine gleichverteilte Auswahl der Probanden über deren Ontologie-Kenntnisse gelungen. Dabei sind die Probanden die PROMPT getestet haben vertrauter mit Ontologien (5 Probanden zu 1, bei sehr vertrautem Umgang). Dies wird jedoch etwas aufgefangen durch die Probanden die überhaupt keinen Umgang mit Ontologien haben. iMERGE wurde von 4 Personen getestet die keinen Umgang mit Ontologien haben. PROMPT dagegen von 6 Personen. Somit kann davon ausgegangen werden, dass der Kenntnisstand über Ontologien in den beiden unterschiedlichen Gruppen keinen Einfluss auf die Ergebnisse der Umfrage hat.

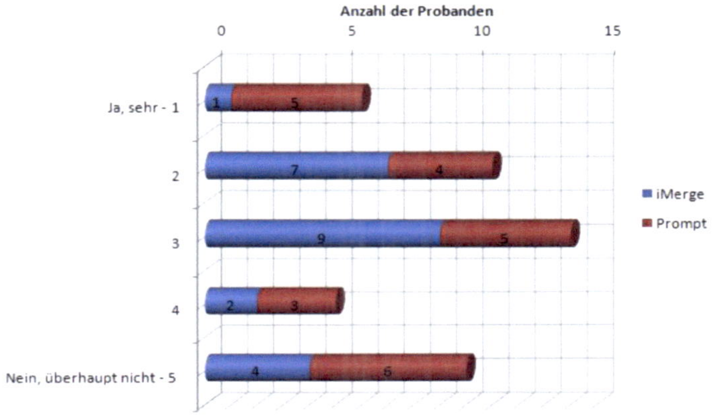

Abbildung 8.4.: Ist Ihnen der Umgang mit Ontologien vertraut?

8.2.2. Erstellen des Fragebogens

Den Testpersonen wurden vier Aufgaben gestellt, die innerhalb der Editoren gelöst werden sollen. Zu den vier Aufgaben wurden jeweils vier Fragen gestellt. Die Aufgaben beschäftigen sich mit dem Vergleich und der Integration von Ontologien. Es sollen Unterschiede zwischen den Ontologien *Film A* und *Film B* gefunden werden.

Außerdem soll herausgefunden werden, ob es möglich ist, dass der Nutzer auch differenzierte Unterschiede zwischen den einzelnen Konzepten findet, etwa unterschiedliche Eigenschaften oder Instanzen. Abschließend sollen die Testnutzer die Ontologien zusammenführen. Hier soll herausgefunden werden, ob der Nutzer soviel Kontrolle über das System hat, dass er diesem vertraut und die Prozesse nachvollziehen kann. Folgende Aufgaben wurden den Probanden gestellt:

1. Vergleichen Sie die beiden Ontologien *Film A* und *Film B* miteinander. Finden Sie drei Konzepte die nur in der Ontologie A enthalten sind, jedoch nicht in B.
2. Vergleichen Sie die beiden Ontologien *Film A* und *Film B* miteinander. Finden Sie drei Konzepte die nur in der Ontologie B enthalten sind, jedoch nicht in A.
3. Vergleichen Sie in den beiden Ontologien die Konzepte *Dokumentarfilm* und *Dokumentation* miteinander. Worin unterscheiden sich die beiden Konzepte in den unterschiedlichen Ontologien.
4. Führen Sie beide Ontologien zusammen, so dass eine neue Ontologie entsteht. Die neue Ontologie soll Konzepte aus beiden Ontologien enthalten und für Sie logisch und sinnvoll sein.

Den Probanden von IMERGE und PROMPT (Protégé) wurden die gleichen Aufgaben gestellt.

Die Testpersonen wurden mit Hilfe eines Fragebogens zu den Aufgaben befragt. Es wurden Effektivität, Effizienz und Zufriedenheit abgefragt. Die Fragen an die Probanden lauteten:

1. Haben Sie das Aufgabenziel erreicht?
2. Sind Sie mit dem Zeitaufwand für das Erreichen des Aufgabenziels zufrieden?

3. Sind Sie mit der Unterstützung des Programmes zufrieden?
4. Haben Sie weitere Anmerkungen zu dieser Aufgabe?

Bei der Erstellung des Fragebogens wurde darauf geachtet, dass die Fragen eindeutig sind. Die Fragen nach Effizienz und Zufriedenheit wurden mit Hilfe einer 5-stufigen Likert-Skala beantwortet, siehe Abbildung 8.5.

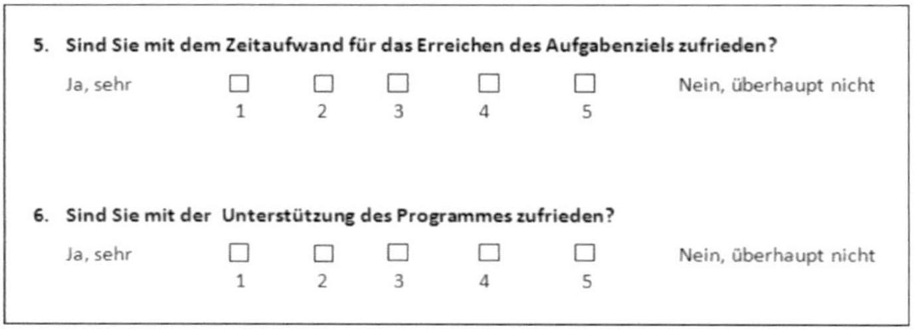

5. Sind Sie mit dem Zeitaufwand für das Erreichen des Aufgabenziels zufrieden?

Ja, sehr ☐ 1 ☐ 2 ☐ 3 ☐ 4 ☐ 5 Nein, überhaupt nicht

6. Sind Sie mit der Unterstützung des Programmes zufrieden?

Ja, sehr ☐ 1 ☐ 2 ☐ 3 ☐ 4 ☐ 5 Nein, überhaupt nicht

Abbildung 8.5.: Likert-Skala im Fragebogen

8.2.3. Auswertung der Ergebnisse

Um den Usability-Test zu dokumentieren gibt es verschiedene Möglichkeiten:

- Videoaufzeichnungen
- Eingabeprotokolle
- lautes Denken

Die *Videoaufzeichnung* wird genutzt, um das Verhalten der Testperson auch nach dem Versuch detailliert analysieren zu können. Verpasste und schnelle Sequenzen können wiederholt betrachtet werden. Außerdem lässt sich die Testperson noch einmal zu dem Videomaterial befragen. Das Video dient hierbei als Hilfestellung sich besser in die Situation zurückversetzen zu können. Die Auswertung des Videomaterials und eine wiederholte Befragung der Testperson verlängern die Testdauer erheblich. Die Gedankenprozesse der Testperson werden mit ihr erst bei der Sichtung des Videomaterials besprochen, so dass die Person sich während der Evaluation auf die Aufgaben konzentrieren kann.

Eingabeprotokolle werden genutzt um jede Systeminteraktion zu dokumentieren. Dies geschieht mit einer entsprechenden Software für das zu evaluierende System. Der Vorbereitungsaufwand ist sehr hoch, weswegen Eingabeprotokolle in der Praxis selten eingesetzt werden.

Beim *lauten Denken* ist die Verbalisierung des eigenen Denkens im Vordergrund. Die Testnutzer werden hierbei also darum gebeten ihre Kognitionen während des Handelns zu äußern. Auf diese Art und Weise ermöglicht der Nutzer ein größeres Verständnis für seinen Blick auf das System, es sollen auch Gedanken genannt werden, die den Probanden irrelevant erscheinen. Die Äußerungen werden durch den Versuchsleiter protokolliert. Die Doppelbelastung durch das Ausführen der Aufgaben und das Aussprechen der Gedanken kann sich nachteilig auswirken. Die Bearbeitungsgeschwindigkeit der Aufgaben sinkt. Der Testperson können durch das laute Aussprechen auch Inkonsistenzen bewusst werden, so dass weniger oder andere Probleme auftreten, als unter realen Bedingungen. Für die Testpersonen ist das laute Denken häufig ungewohnt, sie müssen unter Umständen vom Versuchsleiter immer wieder dazu aufgefordert werden.

Die Usability-Tests fanden im Usability-Labor der Arbeitsgruppe Interaktive Systeme und Interaktionsdesign innerhalb von zwei Wochen statt. Um die Ontologieeditoren zu evaluieren wurden die Testpersonen zum lauten Denken aufgefordert. Der Versuchsleiter hat diese Äußerungen notiert. Die Anmerkungen und Kommentare der Versuchspersonen dienten zur Optimierung und Verbesserung von iMERGE. Zusätzlich wurden die Fragebögen zu den einzelnen Aufgaben ausgewertet. Die Diagramme zu den einzelnen Aufgaben (1-4) wurden in verschiedenen Farben dargestellt.

Für die Aufgaben im Usability-Test wurden zwar die Zeiten gemessen, diese sind jedoch nicht in die Auswertung eingeflossen, weil die interindividuellen Unterschiede in den Bearbeitungszeiten so stark variierten, dass daraus keine Schlussfolgerungen über die Systeme getroffen werden konnten. Die Nutzer hatten verschiedene Vorstellungen davon, Aufgaben schnell zu bearbeiten und der Fragebogen bot keinen Anreiz zur schnellen Bearbeitung. In der Evaluation wurde jedoch der subjektive Zeitaufwand erhoben, damit konnte jeder Nutzer selbst urteilen, ob er mit der Bearbeitungszeit zufrieden war.

Aufgabe 1: Vergleichen Sie die beiden Ontologien Film A und Film B miteinander. Finden Sie drei Konzepte, die nur in der Ontologie A enthalten sind, jedoch nicht in B.

Haben Sie das Aufgabenziel erreicht? Wie in Abbildung 8.6 zu sehen, konnten alle Versuchspersonen die Aufgabe 1 mit Hilfe von iMERGE lösen, während in Prompt 7 der Probanden (30 %) das Aufgabenziel nicht erreicht haben.

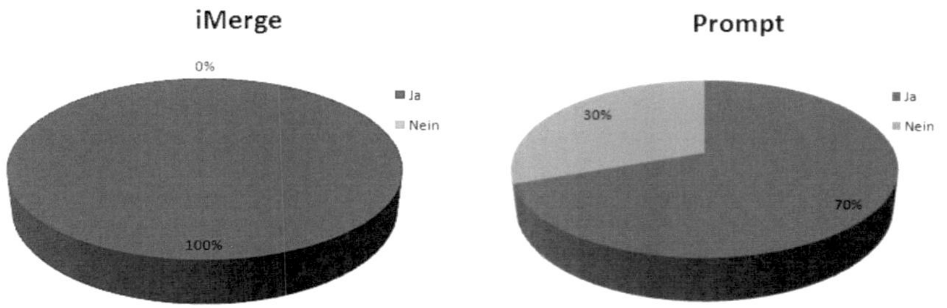

(a) iMerge (b) Prompt (Protégé)

Abbildung 8.6.: Aufgabe 1 - Haben Sie Ihr Aufgabenziel erreicht?

Das Auffinden von Konzepten, die nur in einer Ontologie vorhanden sind, ist in iMERGE deutlich einfacher. Das Aufgabenziel wird in iMERGE ohne Probleme erreicht, hierbei war die Farblegende im oberen rechten Bereich sehr hilfreich. Während der Evaluation wurde immer wieder von den Versuchspersonen angemerkt, dass in PROMPT eine Legende zur Erklärung der verschiedenen Farben und Icons fehlt, erschwerend kam hinzu, dass die beiden Ausgangsontologien nicht unabhängig voneinander betrachtet werden konnten. Es wurde nur eine Ontologie-Version angezeigt, in der Änderungen zu der vorherigen Version visuell dargestellt wurden.

Sind Sie mit dem *Zeitaufwand* für das Erreichen des Aufgabenziels zufrieden? Abbildung 8.7 zeigt, dass die Versuchspersonen, die iMERGE benutzten wesentlich zufriedener mit ihrer Bearbeitungszeit als Versuchspersonen, die PROMPT zur Bearbeitung der Aufgabe zur Verfügung hatten.

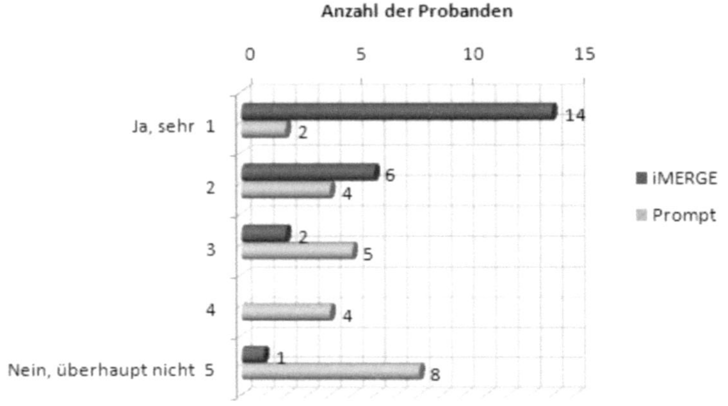

Abbildung 8.7.: Aufgabe 1 - Sind Sie mit dem Zeitaufwand für das Erreichen des Aufgabenziels zufrieden?

Bei der Benutzung von IMERGE waren 14 Versuchspersonen sehr zufrieden und 6 Probanden zufrieden mit der benötigten Zeit (also 20 von 23 Probanden zufrieden (87 %)). Nur eine Versuchsperson ist gar nicht zufrieden. Bei PROMPT gestaltet sich die Verteilung anders. 2 Personen waren mit der benötigten Zeit sehr zufrieden und 4 zufrieden (also 6 von 23 Probanden sind insgesamt zufrieden (26 %)). Unzufrieden mit dem benötigtem Zeitaufwand in PROMPT sind insgesamt 12 Probanden (52 %). Die Nutzer von PROMPT sind insgesamt unzufriedener, ihre Orientierungsphase in der Benutzeroberfläche war deutlich länger. Da viele selbst nach langem Suchen und der Verwendung der Tooltipps nicht zu einem Schluss gelangt sind, welche Konzepte zu welcher Ontologie gehören, steht für sie der Zeitaufwand in einem schlechten Verhältnis zu ihrem Ergebnis.

Sind Sie zufrieden mit der *Unterstützung* des Systems? In Abbildung 8.8 ist dargestellt, wie zufrieden die Probanden mit der Unterstützung des Systems bei der Aufgabe 1 waren. In der Gruppe von IMERGE waren insgesamt 20 (15+5) Personen zufrieden mit der Unterstützung des Systems, das sind 87 %. In der Gruppe von PROMPT hingegen waren es nur 4 Personen (17 %). Wobei in der IMERGE-Gruppe 15 Personen *sehr* zufrieden waren in der Gruppe von PROMPT hingegen niemand. Sehr unzufrieden mit der Unterstützung des Systems waren von den Probanden, die IMERGE getestet haben nur 1, und 10 Probanden (43 %) die PROMPT getestet haben.

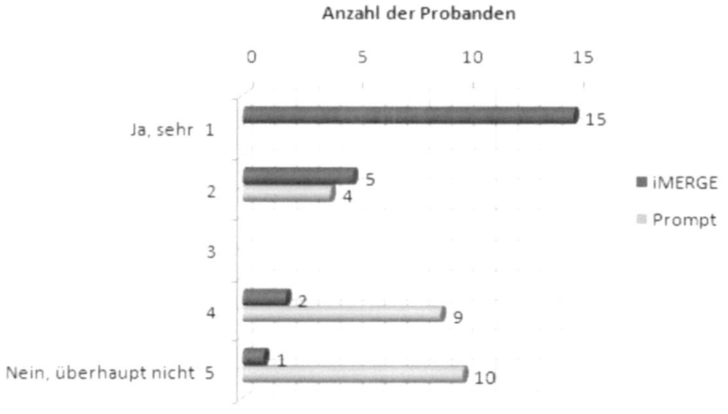

Abbildung 8.8.: Aufgabe 1 - Sind Sie zufrieden mit der Unterstützung des Systems?

Aufgabe 2: Vergleichen Sie die beiden Ontologien Film A und Film B miteinander. Finden Sie drei Konzepte, die nur in Ontologie B enthalten sind, jedoch nicht in A.

Haben Sie das Aufgabenziel erreicht? Konzepte zu finden, die nur in Ontologie *B* enthalten sind, hat sich in beiden Editoren als schwieriger herausgestellt, als Konzepte zu finden, die nur in Ontologie *A* enthalten sind.

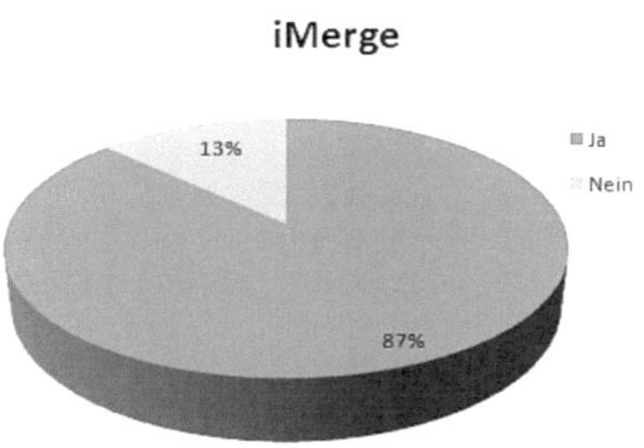

(a) iMerge

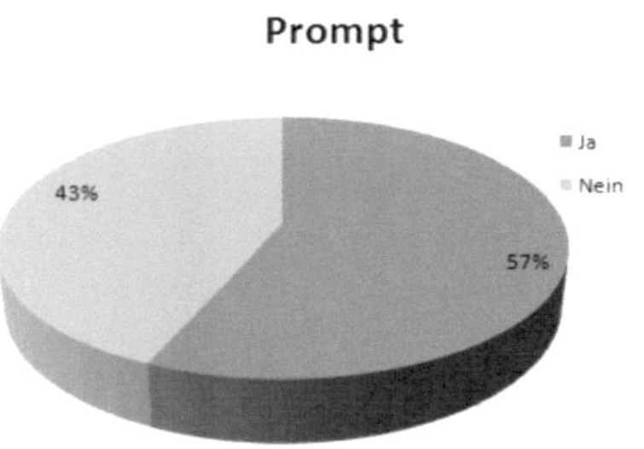

(b) Prompt (Protégé)

Abbildung 8.9.: Aufgabe 2 - Haben Sie Ihr Aufgabenziel erreicht?

In Abbildung 8.9 ist dennoch zu sehen, dass den Versuchspersonen auch das Erreichen dieses Aufgabenziels mit iMERGE besser gelungen ist. In PROMPT sind wieder große Verständnis-Probleme aufgetreten. Aufgabe 2 wurde in iMERGE von 20 Versuchspersonen (87%) erfolgreich absolviert. In iMERGE haben 3 Versuchspersonen die Lösung nicht erreicht, als Grund hierfür wurden Probleme mit der Legende genannt. Es werden die Konzepte, die nur in Ontologie B enthalten sind, farblich markiert. Allerdings werden sie allein durch das Öffnen der Ontologien schon in die Zielontologie kopiert. Für einige Nutzer ist dieser Prozess nicht nachzuvollziehen und irritierend. In PROMPT haben 13 Versuchspersonen (57%) eine Lösung gefunden. 10 Versuchspersonen (43 %) sind zu keinem Schluss gekommen. Problematisch an PROMPT war auch bei dieser Aufgabe, die fehlende Erklärung der Farben. Nachdem bei der ersten Aufgabe noch versucht wurde eine Lösung zu finden, gaben die Versuchspersonen hier auf.

Sind Sie mit dem Zeitaufwand für das Erreichen des Aufgabenziels zufrieden? Abbildung 8.10 zeigt die Zufriedenheit der Probanden mit dem Zeitaufwand, den sie bei der Lösung von Aufgabe 2 benötigt haben.

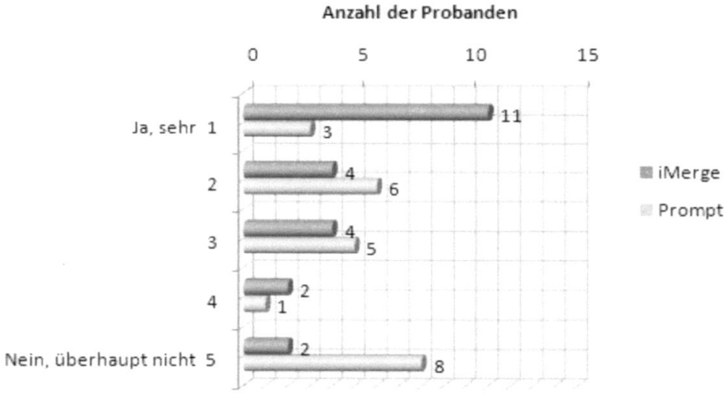

Abbildung 8.10.: Aufgabe 2 - Sind Sie mit dem Zeitaufwand für das Erreichen des Aufgabenziels zufrieden?

Zufrieden mit dem Zeitaufwand bei der Aufgabe 2 waren in der iMERGE-Gruppe 15 Personen (65 %). In der PROMPT-Gruppe waren 9 Personen (39 %) zufrieden mit dem Zeitaufwand. Obwohl Aufgabe 1 und 2 ähnlich gestellt waren, wurde iMERGE bei der 2 Aufgabe schlechter bewertet (87% waren bei der Aufgabe 1 und nur 65 % bei der Aufgabe 2 waren zufrieden), dies lag daran, dass in iMERGE Konzepte, die nur in einer Ontologie vorkamen, bereits im ersten Schritt in die Zielontologie kopiert wurden, dies führte bei einigen Probanden zu Irretationen. Dieses Problem wurde nach der Usability-Evaluation behoben. Das Kopieren der Konzepte erfolgt nicht mehr automatisch, sondern erst nach der Indizierung durch den Nutzer.

Dementsprechend höher war dann auch die Anzahl der Probanden die unzufrieden mit dem Zeitaufwand waren, die iMERGE bei der Lösung von Aufgabe 2 benötigte. 4 Probanden (17 %) waren unzufrieden. In der PROMPT-Gruppe waren 10 Probanden unzufrieden (43%) mit dem benötigten Zeitaufwand.

Sind Sie zufrieden mit der Unterstützung des Systems? Abbildung 8.11 zeigt die Zufriedenheit der Probanden mit der Unterstützung des Systems bei der Lösung von Aufgabe 2.

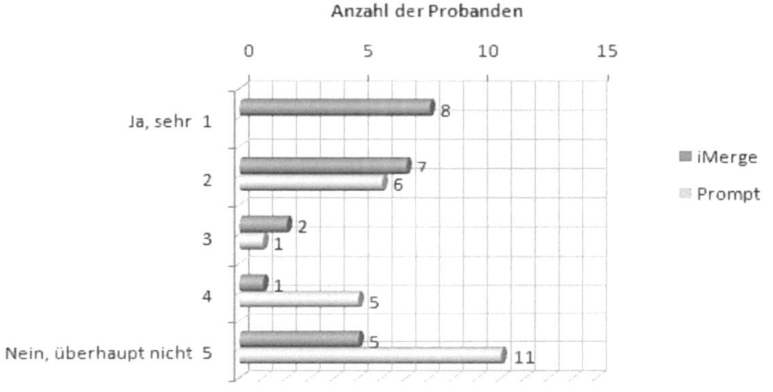

Abbildung 8.11.: Aufgabe 2 - Sind Sie zufrieden mit der Unterstützung des Systems

15 Probanden waren mit der Unterstützung von iMerge zufrieden (65 %). Mit der Unterstützung von Prompt waren 6 Testpersonen zufrieden (26%). Unzufrieden mit iMerge waren insgesamt 6 Personen, dies entspricht 26% der Probanden. Mit der Unterstützung von Prompt waren insgesamt 16 Personen unzufrieden, dies entspricht 70 % der Probanden.

Aufgabe 3: Vergleichen Sie in den beiden Ontologien die Konzepte Dokumentarfilm und Dokumentation miteinander. Worin unterscheiden sich die beiden Konzepte in den unterschiedlichen Ontologien

Haben Sie das Aufgabenziel erreicht? Mit iMerge konnten alle 23 Versuchspersonen die Aufgabe 3 lösen, siehe Abbildung 8.12 und so ihr Aufgabenziel erreichen. In iMerge konnte diese Aufgabe mit Hilfe der Verbindungslinie, die zwischen den Konzepten *Dokumentation* und *Dokumentarfilm* angezeigt wird, und den Icons, die hier ebenfalls angezeigt werden, gelöst werden.

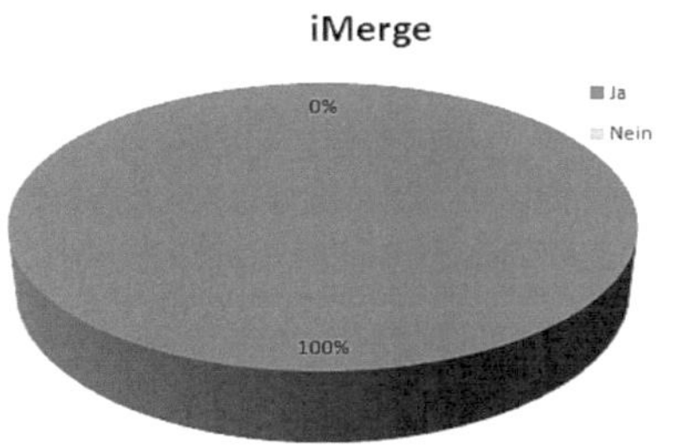

(a) iMerge

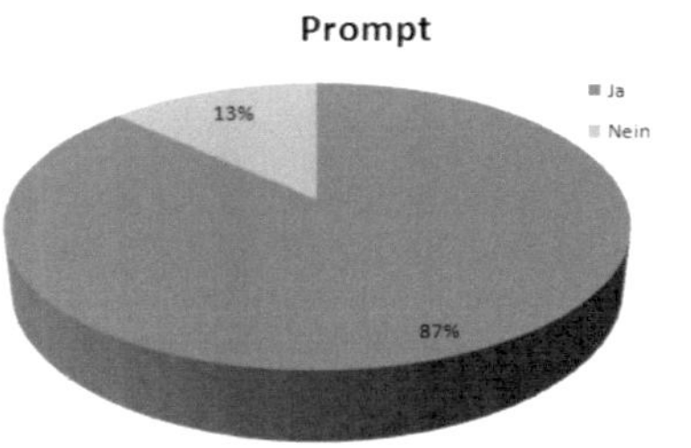

(b) Prompt (Protégé)

Abbildung 8.12.: Aufgabe 3 - Haben Sie Ihr Aufgabenziel erreicht?

In PROMPT haben 3 Versuchspersonen das Ziel nicht erreicht. Allerdings konnten nicht alle Personen die vollständige Lösung angeben. Während des Vergleichprozesses in PROMPT traten verschiedene Probleme auf:

- Die verschiedenen Farben und Icons sind nicht ausreichend selbsterklärend.
- Die Detailinformationen der Konzepte sind nicht auf den ersten Blick zu finden.
- Die Konzepte werden gemeinsam in einer neuen Ontologie angezeigt, so dass die Ausgangsontologien nicht zu erkennen sind.

Insgesamt hatten zwar 20 von 23 Versuchspersonen das Gefühl alle Unterschiede gefunden zu haben, allerdings entsprach ihre Lösung nicht der Musterlösung. Die Musterlösung besteht aus drei Punkten, die gefunden werden sollten:

- Unterschiedliche Namen
- Unterschiedliche Oberkonzepte
- Unterschiedliche Eigenschaften

Jede der 20 Versuchspersonen hat die unterschiedlichen Oberkonzepte erkannt. Der unterschiedliche Name war auf den ersten Blick sichtbar, konnte aber in der Regel nicht als Unterschied erkannt werden. Da die Detailansicht für die Eigenschaften in PROMPT nur schwer auffindbar war, konnte dieser Punkt nicht genannt werden.

Sind Sie mit dem Zeitaufwand für das Erreichen des Aufgabenziels zufrieden?
Abbildung 8.13 zeigt die Zufriedenheit der Probanden mit dem Zeitaufwand zur Erreichung von Aufgabe 3.

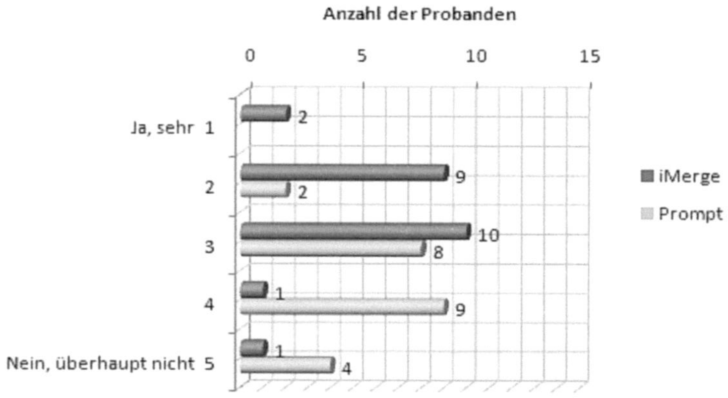

Abbildung 8.13.: Aufgabe 3 - Sind Sie mit dem Zeitaufwand für das Erreichen des Aufgabenziels zufrieden?

Insgesamt sind 11 Probanden mit dem Zeitaufwand bei IMERGE zufrieden (48 %). Und nur 2 Probanden sind mit dem Zeitaufwand unzufrieden (9 %). Bei PROMPT hingegen sind nur 2 Probanden mit dem Zeitaufwand zufrieden (9 %) und 13 Probanden unzufrieden (57%).

Sind Sie zufrieden mit der Unterstützung des Systems? In Abbildung 8.14 ist dargestellt, wie zufrieden die Probanden mit der Unterstützung des Systems bei der Aufgabe 3 waren.

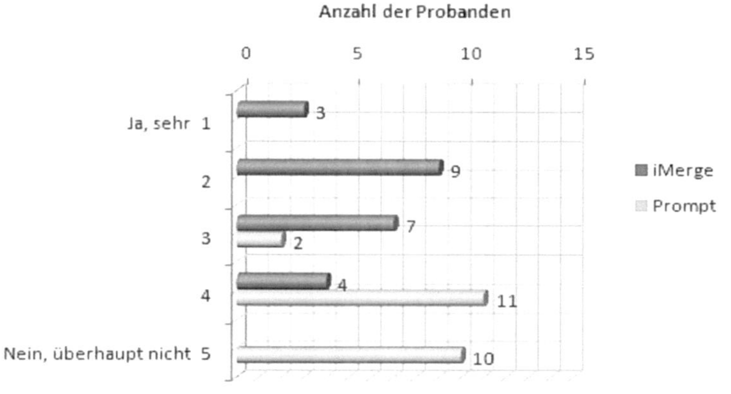

Abbildung 8.14.: Aufgabe 3 - Sind Sie zufrieden mit der Unterstützung des Systems?

Mit iMERGE sind 12 Testpersonen bei der Unterstützung des Systems zufrieden (52 %), und 4 Probanden unzufrieden (17 %). 7 Probanden fanden die Unterstützung des Systems akzeptabel. Bei PROMPT war keine einzige Testperson mit der Unterstützung des Systems zufrieden, dagegen waren jedoch 21 Probanden unzufrieden 91 %, dies liegt vor allem an der fehlenden Übersichtlichkeit, sowie fehlender Hilfestellung. Problematisch wurde hier auch empfunden, dass PROMPT dem Nutzer zwar mitteilt *Konzept eingefügt* oder *Konzept gelöscht*, aber keine Begründung des Programmes erfolgt, warum dies passiert.

Aufgabe 4: Führen Sie beide Ontologien zusammen, so dass eine neue Ontologie entsteht. Die neue Ontologie soll Konzepte aus beiden Ontologien enthalten und für Sie logisch und sinnvoll sein.

Haben Sie das Aufgabenziel erreicht? Wie in der Abbildung 8.15 zu sehen, hat das Zusammenführen von Ontologien in beiden Editoren zu Problemen geführt.

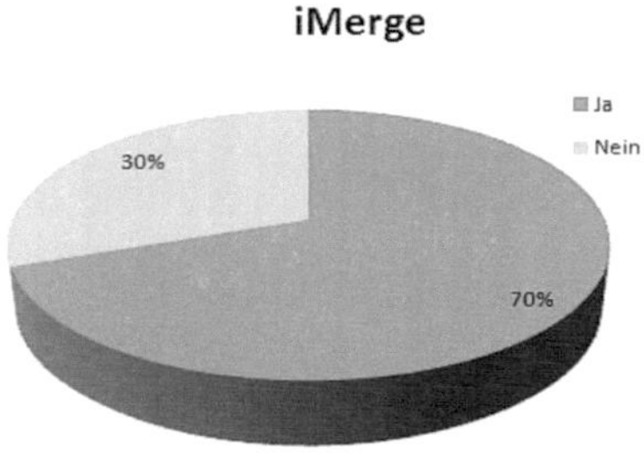

(a) iMerge

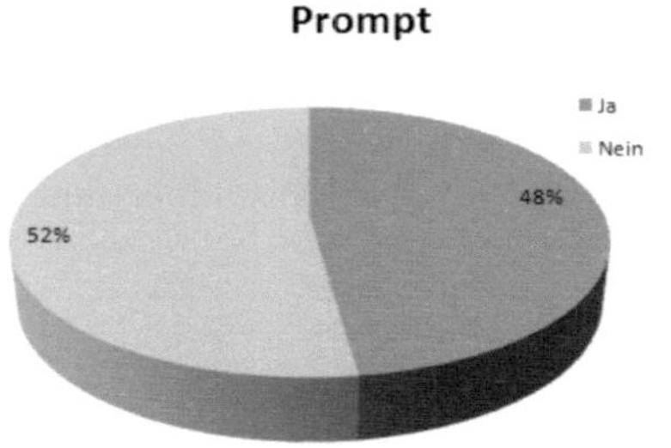

(b) Prompt (Protégé)

Abbildung 8.15.: Aufgabe 4 - Haben Sie Ihr Aufgabenziel erreicht?

Während in IMERGE 7 Testpersonen das Aufgabenziel nicht zu ihrer Zufriedenheit erfüllt haben, konnten mit PROMPT 12 Versuchspersonen das Aufgabenziel nicht erreichen.

Sind Sie mit dem Zeitaufwand für das Erreichen des Aufgabenziels zufrieden? 14 Versuchspersonen haben für IMERGE die vorderen drei Punkte der Skala ausgewählt, Siehe Abbildung 8.16.

Insgesamt sind die Versuchspersonen nicht sehr positiv überzeugt von IMERGE. Mit PROMPT sind die Nutzer sehr unzufrieden. Keine Testperson war mit der Bearbeitungszeit sehr zufrieden und nur 4 fanden sie akzeptabel. Für 15 Versuchspersonen (65 %) ist sie nicht akzeptabel. Verschiedene Versuchspersonen, haben während dem Bearbeiten der Aufgabe auch angemerkt, dass sie die Arbeit mit dem Programm schon abgebrochen hätten, wenn dies kein Usability-Test wäre.

Das Merging ist generell sehr zeitaufwändig, da die einzelnen Konzepte von Hand überprüft werden müssen, sowie Vorschläge und Änderungen bestätigt und editiert werden müssen. Die Versuchspersonen haben IMERGE durchschnittlich mit 3 bewertet, es liegt also im Mittelfeld und der benötigte Zeitaufwand ist akzeptabel. Dadurch, dass PROMPT mit einer langen Vorschlagsliste arbeitet, die sich immer wieder ändert und neue Vorschläge auftauchen, wirkt der Zeitaufwand für den Nutzer viel höher. Zusätzlich kommt noch eine lange Reaktionszeit des Systems hinzu und das Gefühl die Ergebnissontologie nur schlecht beeinflussen zu können. Das Ergebnis befriedigt die Versuchspersonen nicht, so dass sie das zeitaufwändige Abarbeiten der Vorschlagsliste als frustrierend empfinden.

Sind Sie zufrieden mit der Unterstützung des Systems? Abbildung 8.17 zeigt, dass nur 7 Probanden (30%) mit der Unterstützung von IMERGE bei der Aufgabe 4 zufrieden waren. 4

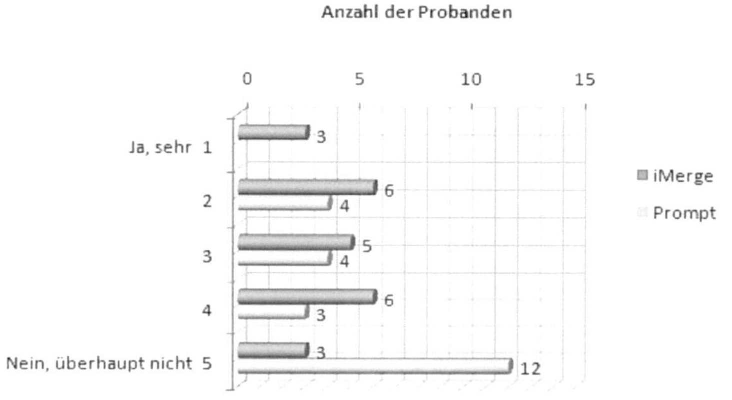

Abbildung 8.16.: Aufgabe 4 - Sind Sie mit dem Zeitaufwand für das Erreichen des Aufgabenziels zufrieden?

Probanden fanden die Unterstützung akzeptabel (17%). Bei PROMPT war gar keiner der Probanden mit der Unterstützung des Systems zufrieden und nur ein Proband fand die Unterstützung akzeptabel. 22 Probanden hingegen waren unzufrieden mit der Unterstützung des Systems.

Haben Sie weitere Anmerkungen zu dieser Aufgabe? Folgende Anmerkungen wurden von den Probanden bei der Integration mit IMERGE notiert:

- Es ist schwer zu erkennen, welche Konzepte bearbeitet werden müssen.
- Konzepte können nicht per *Drag & Drop* verschoben werden.
- Es fehlt die Funktion, Konzepte direkt aus der Quellontologie in die Zielontologie kopieren zu können (per *Drag & Drop*).
- Wenn in Ontologie *B* eines der roten Konzepte markiert wird, sollte das passende in Ontologie *A* hervorgehoben werden.
- Es erfolgt kein Feedback vom System, wenn ein Konflikt aufgelöst wurde.
- Die Ontologien sollten deutlicher beschriftet werden.

Einige der hier genannten Funktionen, wurden nach der Evaluation behoben. Siehe dazu Kapitel 8.4. Dazu gehören beispielsweise die Umsetzung der *Drag & Drop*-Funktion und der Suchfunktion, sowie der Möglichkeit mitten im Integrationsprozess die ursprünglichen Ontologien anzuzeigen.

Bei der Integration der Ontologien *Film A* und *Film B* mit PROMPT wurden von den Testpersonen folgende Anmerkungen notiert:

- Das System hat lange Reaktionszeiten.(5 Nennungen)
- In der Vorschlagsliste werden automatisch immer neue Vorschläge generiert, so dass es schwierig ist einen Überblick zu behalten. (4 Nennungen)
- Eine Übersicht über die Ursprungsontologien wäre sinnvoll. (3 Nennungen)
- Die entstandene Ontologie ist nicht veränderbar. (3 Nennungen)

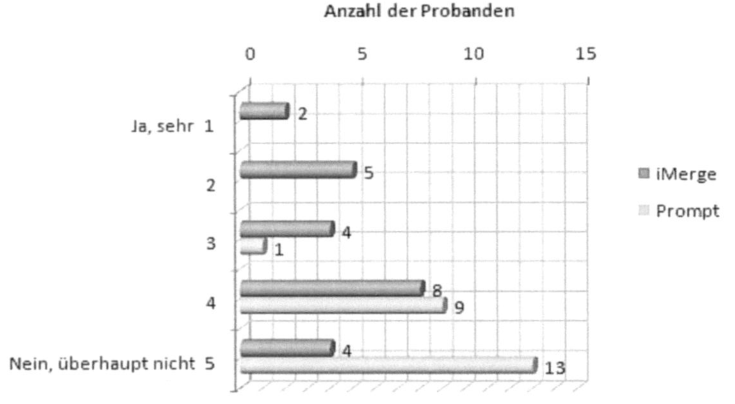

Abbildung 8.17.: Aufgabe 4 - Sind Sie zufrieden mit der Unterstützung des Systems?

- Konflikte werden nicht erklärt. Es wird kein Dialog angeboten, um die Konflikte zu lösen.
- Der Merging-Prozess ist für den Probanden nicht ausreichend transparent. Es ist nicht möglich herauszufinden, ob die gefundene Ähnlichkeit zwischen den Konzepten ausreicht. Dadurch wird die anschließende Beurteilung der zusammengeführten Ontologie unmöglich.
- Einen Prozess rückgängig machen, ist nicht möglich.
- Waren Konzepte nur in einer der Ursprungsontologien vorhanden, wurde der Name der Ontologie (Film A / Film B) automatisch als Suffix angefügt. Die Suffixe sind nicht editierbar.
- Eine vollständige Einarbeitung in den Editor würde für den Laien sehr viel Zeit in Anspruch nehmen.
- Dem Nutzer wird nicht klar, wie man eigene Merging-Vorschläge machen kann oder die Vorschläge des Systems editieren kann.
- Das Merging ist sehr zeitaufwändig und bietet keinen ausreichenden Bedienkomfort.
- Das Feedback an den Nutzer ist nicht ausreichend. Oftmals ist unklar, was passiert bzw. welcher Befehl ausgeführt wurde.
- Es ist nicht sichtbar, ob Properties und Instanzen übernommen wurden.
- Der Nutzer hat keine Kontrolle über die Struktur der neuen Ontologie.

8.3. Eye Tracking für die Komponenten Matrix-Sicht und Listen-Sicht

Mit Hilfe von *Eye Tracking* (Blickmessung) wird eine Aufmerksamkeitsanalyse durchgeführt. Die Blickbewegung einer Testperson wird aufgezeichnet und anschließend ausgewertet. Hierbei gilt es herauszufinden, ob der Nutzer in der Lage ist die relevanten Informationen zu erkennen. Eye

Tracking wird besonders dann angewandt, wenn eine Oberfläche auf ihre Funktionalität geprüft werden soll. Es lassen sich verschiedene Arten von Augenbewegungen klassifizieren, die bei der Auswertung der Ergebnisse berücksichtigt werden:

- **Fixation:** Ein bestimmter Punkt im Raum, der so genannte Fixationspunkt, wird fokussiert, um diese Stelle visuell zu fixieren. Allerdings ist es nicht möglich, die Augen in eine absolute Ruheposition zu zwingen. Bei einer Fixation treten leichte Zitterbewegungen des Augapfels auf, die zu kleinen Veränderungen in der Positionierung des Auges führen. Das eintreffende Bild fällt also nicht ständig auf dieselben visuellen Rezeptoren auf der Netzhaut, die dadurch entlastet werden.
- **Saccade:** Der Sprung von einer Fixation zur nächsten wird als Saccade bezeichnet. Es sind ruckartige und sehr schnelle Augenbewegungen, während der Bewegung wird keine optische Information wahrgenommen.
- **Verfolgungsbewegung:** Die Verfolgungsbewegung ist eine abwechselnde Folge von Fixationen und Saccaden, bei der bewegende Objekte fixiert werden, wobei während der Fixationsphasen neurologisch verwertbare Informationen an das Gehirn geleitet werden, die auch während der Saccadenphase weiter ausgewertet werden können.

Form und Ausprägung von Augenbewegung, zum Beispiel die Dauer von Fixationen, werden von biologischen Faktoren, wie Müdigkeit, Koffeinpegel Geschlecht und Alter, oder individuellen Faktoren, wie Gewohnheiten, Fähigkeiten, Intention der Beobachtung und Interesse am beobachteten Gegenstand beeinflusst. Die Qualität des visuellen Gegenstandes selbst nimmt auch Einfluss auf die Augenbewegung, zum Beispiel die Komplexität einer grafischen Darstellung.

Mit der Blickmessung können die Blickbewegungen, bzw. die Fixierungen bestimmter Regionen, aufgezeichnet und damit die Oberflächen des Systems hinsichtlich der Aufmerksamkeitsverteilung beurteilt werden. Über die Visualisierung der Fixationspfade können Schwierigkeiten und Ablenkungen sichtbar gemacht und so, dass Layout bzw. die Handlungspfade überarbeitet werden. Das Eye Tracking wird oft bei Marktforschungsanalysen zur Wirksamkeit von Werbekampagnen oder auch Untersuchungen zur Benutzerfreundlichkeit z. B. von Webseiten eingesetzt. Beim Evaluieren einer Programmoberfläche können verschiedene Fragen und Aspekte näher beleuchtet werden:

- Was wird auf der Bildschirmoberfläche wahrgenommen?
- Welche Betrachtungsdauer haben einzelne Bereiche?

Diese Fragen sollen dabei helfen, zu analysieren, ob die Annahme, dass für beide Aufgaben *Überblick verschaffen* und *Details verstehen* unterschiedliche Visualisierungsformen sinnvoll sind. Es werden die *Listen-Sicht* und die *Matrix-Sicht* verglichen. Es soll herausgefunden werden, ob sich die Ansichten ergänzen oder, ob eine der Sichten redundant ist.

8.3.1. Durchführung

Um die beiden Ansichten zu evaluieren wurden fünf Versuchspersonen getestet. Die Versuchspersonen haben sich bereits mit Ontologien und Ontologie-Editoren auseinander gesetzt. Den Versuchspersonen wurde folgende Aufgabe gestellt: *Vergleichen Sie die Konzepte Dokumentation und Dokumentarfilm miteinander. Finden Sie Unterschiede.*

Bei dieser Aufgabe müssen die Versuchspersonen die Ontologien explorieren, herausfinden, wo sich die Konzepte befinden und versuchen die Unterschiede zu identifizieren. Es werden der *Matrix-Sicht*, sowie die *Listen-Sicht* evaluiert. Ziel ist es herauszufinden welche Bereiche besonders im Blickfeld der Versuchspersonen liegen und ob die Ansichten genutzt werden um unterschiedliche Informationen über die Ontologien und insbesondere die Konzepte *Dokumentation* und *Dokumentarfilm* zu sammeln.

Die Evaluation erfolgt mit dem Eye-Tracker *Tobii T60*. Am Eye-Tracker befinden sich über und unter dem Monitor Infrarot-Leuchtdioden. Von diesen wird Licht ausgesendet, das für den Menschen nicht sichtbar ist. Die Augen der Versuchsperson reflektieren das Licht in verschiedenen Winkeln. Die Software detektiert die Augen des Nutzers in einem von einer Kamera aufgenommenen Videobild, sucht die Pupille und berechnet den Pupillenmittelpunkt. Außerdem erfasst die Software die Reflexionen der Infrarotlampen in den Augen des Nutzers. Durch die Berechnung der Differenz zwischen Pupillenmittelpunkt und Reflexionen bei unterschiedlichen Augenstellungen lässt sich die Blickposition berechnen. Die Blickpositionen der Fixationen werden zusammen mit anderen Daten aufgezeichnet und können später ausgewertet werden.

Die Versuchsperson bekommt zunächst eine kurze Einweisung in die Vorgehensweise und das Gerät wird kalibriert. Zur Kalibrierung ist es notwendig, dass die Versuchsperson in aufrechter Haltung vor dem Computer Platz nimmt. Der optimale Abstand zwischen Proband und Monitor beträgt ca. 60 cm. Gesicht und Bildschirm sollten parallel ausgerichtet sein, dafür kann der Neigungswinkel des Eye-Trackers verstellt werden und an die Sitzposition des Probanden angepasst werden. Bei Brillenträgern kann es zu einer ungenauen Aufzeichnung kommen, so dass hier beim Kalibrieren drauf geachtet werden sollte, ob alle Einstellungen in Ordnung sind, gegebenenfalls kann noch einmal rekalibriert werden

8.3.2. Auswertung der Ergebnisse

Die aufgezeichneten Blickbewegungen können auf verschiedene Arten dargestellt werden. Für die folgende Auswertung wurden zwei Darstellungsarten gewählt:

- *Gazeplot:*
  In dem Gazeplot werden die Bereiche durch Punkte markiert, die der Nutzer betrachtet hat. Kleine Punkte bedeuten eine kurze Verweildauer des Blickes, je größer der Punkt desto länger ist die Verweildauer. Die Punkte sind chronologisch nummeriert.
- *Heat Map:*
  Bei der Heat Map werden die Bereiche markiert, die vom Nutzer besonders häufig oder lang betrachtet werden. Die Fixationen werden als farbige Bereiche dargestellt. Die grünen Bereiche, sind die, die am kürzesten betrachtet wurden. Die roten Bereiche wurden am längsten betrachtet. Mit beiden Darstellungsarten ist eine quantitative Analyse der Blickbewegung möglich. Es lässt sich keine qualitative Aussage treffen, da es nicht möglich ist mit Hilfe von Eye-Tracking herauszufinden, ob die fixierten Punkte wirklich wahrgenommen wurden.

Im Folgenden werden zunächst die Aufzeichnungen einer einzelnen Versuchsperson ausgewertet und abschließend die übereinandergelegten Aufzeichnungen mehrere Versuchspersonen.

Die Komponente *Matrix-Vergleich* wurde in dieser Arbeit entwickelt, um einen schnellen Überblick über die Ontologien und die Vergleichsergebnisse zu vermitteln. Die *Listen-Sicht* dagegen wurde für den detaillierten Vergleich zweier Konzepte entwickelt.

Die Ergebnisse der *Eye-Tracking-Analyse* bestätigen die Annahme, dass für die beiden Aufgaben *Überblick verschaffen* und *Details verstehen* unterschiedliche Visualisierungsformen sinnvoll sind.

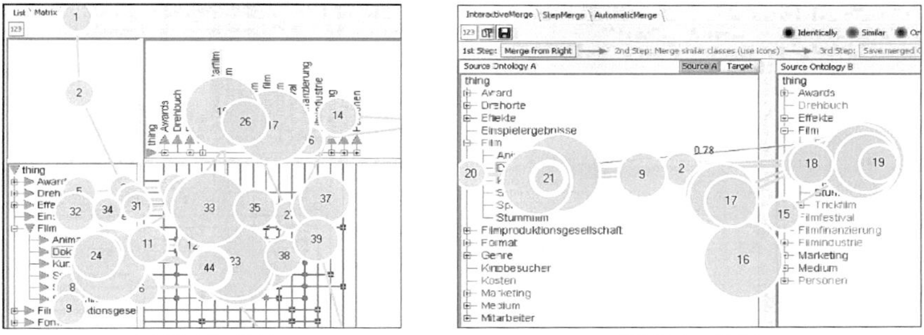

(a) Matrix-Sicht (b) Listen-Sicht

Abbildung 8.18.: *Gazeplot* der Blickbewegungen einer Versuchsperson

In der *Matrix-Sicht* wurden nicht nur die zu vergleichenden Konzepte, sondern auch benachbarte Konzepte betrachtet. Die aufgespannte Matrix verleitet dazu auch benachbarte Konzepte zu betrachten. Es ist möglich die verschiedenen Bäume weiter aufzuklappen und sich so die Unterkonzepte anzeigen zu lassen. Abbildung 8.18a zeigt durch die großen Blickpunkte, dass die Konzepte *Dokumentation* und *Dokumentarfilm* durch die großen Blickpunkte länger betrachtet wurden. Die Blickpunkte, die in der gesamten Ansicht zu sehen sind, zeigen aber auch, dass die gesamte Ontologie betrachtet wurde. In der *Matrix-Sicht* erkennt man auch, dass die Anzahl der fixierten Punkte im gleichen Zeitabschnitt größer, die Fixationsdauer jedoch geringer ist. Dies zeigt, dass der Nutzer sich einen schnellen Überblick über die beiden Ontologien verschaffen wollte.

In der *Listen-Sicht* hingegen konzentrieren sich die fixierten Punkte fast nur auf die beiden zu vergleichenden Konzepte und der Blickverlauf verläuft direkt im Wechsel zwischen diesen Konzepten. Beim Betrachten der *Listen-Sicht*, sieht die Versuchsperson vor allem auf die Konzepte *Dokumentation* und *Dokumentarfilm*. Die benachbarten Konzepte werden nicht betrachtet. Da es Aufgabe ist herauszufinden, welche Unterschiede die Konzepte beinhalten, werden auch die Icons, die sich an der Verbindungslinie befinden besonders betrachtet. Wie in Abbildung 8.18 zu sehen ist, springt das Auge immer wieder zwischen beiden Ontologien und der Verbindungslinie hin und her.

Die *Heatmap* in Abbildung 8.19 zeigt deutlich, wo die *Fixationen* der Versuchsperson liegen. Die Bereiche, die kaum oder nur kurz betrachtet wurden, sind grün markiert. Die Bereiche, die besonders lange betrachtet wurden sind rot.

In der *Matrix-Sicht* wurde der Bereich in dem sich die Konzepte *Dokumentarfilm* und *Dokumentation* befinden, besonders lange betrachtet. Außerdem wurde auch der Bereich, in dem die Unterschiede und Ähnlichkeitswerte der verschiedenen Ontologien angeben werden, besonders lange betrachtet. Die Versuchsperson hat die verschiedenen Werte genau betrachtet, um wahrscheinlich möglichst viele Informationen zu sammeln. Allerdings wurden auch andere Bereiche der Ontologie betrachtet, so dass man darauf schließen kann, dass die Versuchspersonen diese Ansicht nutzen, um einen Überblick über die Ontologien zu gewinnen.

Im Gegensatz dazu sind die Markierungen innerhalb der *Listen-Sicht* punktuell und auf die Informationsbeschaffung zu den beiden Konzepten beschränkt. Außer den Konzepten *Dokumentarfilm* und *Dokumentation* werden die Icons in der Mitte genau betrachtet. Hier wird dem Nutzer vermittelt, dass die Unterschiede zwischen den Konzepten in verschiedenen Elternknoten, dem Namen und den Properties liegen. Durch die gezielte Betrachtung der Icons kann sich der Nutzer dies erschließen, bzw. könnte sich dann auch dazu entscheiden das Konzept in der Zielontologie zu editieren.

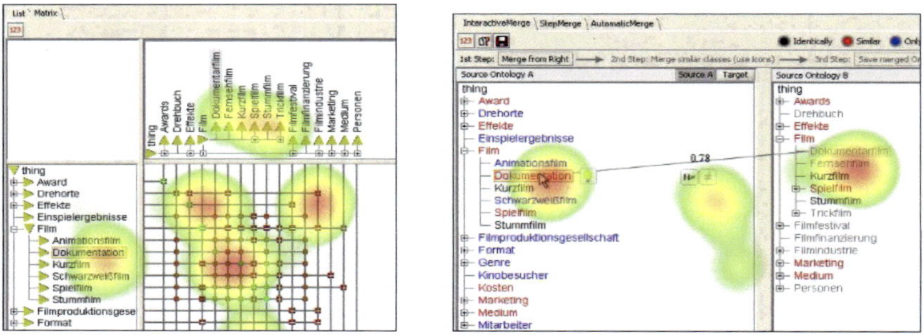

(a) Matrix-Sicht (b) Listen-Sicht

Abbildung 8.19.: *Heatmap* der Blickbewegungen einer Versuchsperson

In Abbildung 8.20 werden in der *Matrix-Sicht* die *Saccaden* und *Fixationen* aller Versuchspersonen übereinander gelegt, um zu vergleichen, ob es grundlegende Unterschiede in der Blickbewegung gibt. Wie in der Abbildung 8.20a zu sehen ist, verteilen sich die Fixationen über die gesamte *Matrix-Sicht*, wohingegen in der *Listen-Sicht* der Schwerpunkt der Fixationen auf den beiden Konzepten *Dokumentation* und *Dokumentarfilm*, sowie auf den Icons zur Visualisierung der Unterschiede liegt (vgl. Abbildung 8.20b).

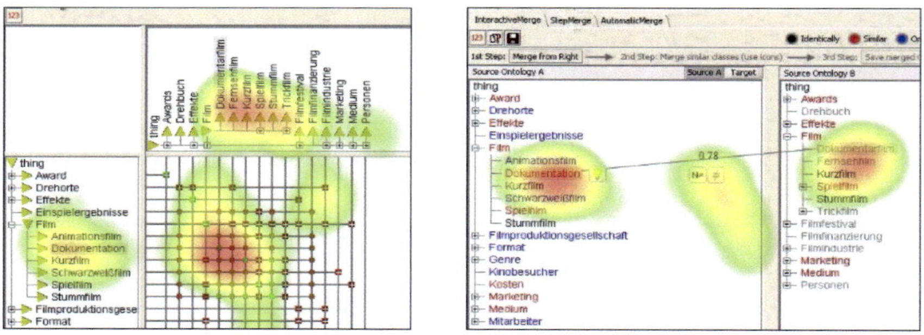

(a) Matrix-Sicht (b) Listen-Sicht

Abbildung 8.20.: *Heatmap* der Blickbewegungen *aller* Versuchspersonen

Nach Auswertung aller *Eye-Tracking-Aufzeichnungen* der Versuchspersonen, konnte die Richtigkeit der Annahme bestätigt werden, dass für die beiden Aufgaben *Überblick verschaffen* und *Details verstehen* unterschiedliche Visualisierungsformen sinnvoll sind. Die *Matrix-Sicht* ist hilfreich, um sich eine Übersicht über die Schnittpunkte zweier Ontologien zu verschaffen. Die *Listen-Sicht* ist im Gegensatz dazu für den Nutzer nützlich, um sich gezielt Detailinformationen über einzelne

Konzepte zu verschaffen. Hilfreich ist hier besonders, dass in dieser Ansicht Informationen angezeigt werden, wie etwa der Ähnlichkeitswert und der Unterschied zwischen zwei Konzepten.

8.4. Abschließende Diskussion der Evaluationsergebnisse

Für die Usability-Evaluation des iMERGE-Editors wurden drei verschiedene Studien mit teilweise unterschiedlichen Fragestellungen durchgeführt:

1. *Cognitive Walkthrough*
2. *Usability-Tests*
3. *Eye-Tacking-Studie*

Der *Cognitive Walkthrough* wurde in einer frühen Entwicklungsphase von iMERGE durchgeführt, um vorab zu testen, ob die Erwartungen des Nutzers erfüllt werden können und ob die gewünschte Funktionalität vorhanden ist. Der *Cognitive Walkthrough* wurde von zwei Personen durchgeführt. Die in iMERGE aufgedeckten Schwierigkeiten wurden noch vor Durchführung der *Usability Tests* behoben. Unter Anderem betraf dies die standardmäßige Konfiguration der Vergleichsalgorithmen, um dem Nutzer einen sofortigen Vergleich direkt nach dem Start des Programms zu ermöglichen. Die Ergebnisse des *Cognitive Walkthrough* für iMERGE sind in Kapitel 8.1.3 dargestellt. Die Analyse von PROMPT ist in dem Kapitel 8.1.4 dargestellt.

An den *Usability Tests* haben 46 Probanden teilgenommen. Die Probanden wurden in zwei unabhängigen Gruppen eingeteilt. Eine Gruppe evaluierte das System iMERGE, die andere Gruppe PROMPT. Beiden Gruppen wurden jeweils die gleichen vier Aufgaben gestellt und der gleiche Fragebogen zu Bewertung ausgeteilt. Aus den Beobachtungen und Äußerungen während der Durchführung konnten Schlussfolgerungen über Probleme und Verbesserungsmöglichkeiten gewonnen werden.

Die Auswertung im Kapitel 8.2.3 zeigen, dass iMERGE sehr gute Ergebnisse geliefert hat und bei allen Aufgaben besser abgeschnitten hat als PROMPT. In iMERGE konnten Aufgabe 1 und Aufgabe 3 vollständig von allen Nutzern (100 %) gelöst werden. Diese Aufgaben bereitete in PROMPT jedoch Probleme. Aufgabe 1 konnte in PROMPT von nur 70% der Nutzer und Aufgabe 3 von 87% der Nutzer gelöst werden. Trotz der positiven Ergebnisse für iMERGE, konnten aus der Usability-Evaluation wertvolle Erkenntnisse und Verbesserungsvorschläge für iMERGE gewonnen werden.

Die Aufgabe 2 konnte mit iMERGE von 3 Versuchspersonen nicht gelöst werden, als Grund hierfür wurden Probleme mit der Legende genannt. In iMERGE werden Konzepte, die nur in Ontologie B enthalten sind, farblich markiert. Diese wurden in einem direkten Schritt in die Ontologie A übernommen. Für einige Nutzer ist dieser Schritt nicht nachvollziehbar und irritierend. Deshalb wurde der iMERGE-Editor überarbeitet. Die fehlenden Konzepte werden nun erst durch die Initiierung durch den Benutzer kopiert. In PROMPT haben 10 Versuchspersonen (43 %) für diese Aufgabe keine Lösung gefunden.

Die Probanden hatten während der Evaluation einige Verbesserungsvorschläge und Änderungswünsche, die die Gebrauchstauglichkeit von iMERGE erhöhen würden. Davon wurden folgende Funktionen, nach der Evaluation, in das System eingearbeitet:

- Eine *Drag* & *Drop*-Funktion zum direkten Verschieben von Konzepten
- Eine Suchfunktion für die direkte Suche der Konzepte

- Einen Benutzer-Guide der schrittweise durch den Integrationsprozess führt
- Die Möglichkeit mitten im Integrationsprozess die ursprüngliche Ontologie anzuzeigen
- Die Möglichkeit falsch vorgeschlagene Mappings abzulehnen
- Die Möglichkeit innerhalb von InteractiveMerge direkt die Konzepte zu editieren
- Das Mapping funktioniert für die zu vergleichenden Ontologien sowohl von links nach rechts, als auch von rechts nach links in der Visualisierungssicht

Anschließend an den Usability-Tests wurde eine *Eye-Tracking-Studie* durchgeführt. An der Eye-Tracking-Studie haben 5 Probanden teilgenommen. Die Eye-Tracking-Studie soll die Annahme überprüfen, ob für die beiden Aufgaben *Überblick verschaffen* und *Details verstehen* unterschiedliche Visualisierungsformen sinnvoll sind. Es wurden die *Listen-Sicht* und die *Matrix-Sicht* verglichen. Nach Auswertung aller Eye-Tracking-Aufzeichnungen der Versuchspersonen, konnte die Richtigkeit der Annahme bestätigt werden, dass für beide Aufgaben unterschiedliche Visualisierungsformen sinnvoll sind. Die *Matrix-Sicht* ist hilfreich, um sich eine Übersicht über die Schnittpunkte zweier Ontologien zu verschaffen. Die *Listen-Sicht* ist im Gegensatz dazu für den Nutzer nützlich, um sich gezielt Detailinformationen über einzelne Konzepte zu verschaffen. Hilfreich ist hier besonders, dass in dieser Ansicht Informationen angezeigt werden, wie etwa der Ähnlichkeitswert und die Unterschiede zwischen zwei Konzepten.

9. Diskussion der Arbeit und Ausblick

In dieser Arbeit wurde eine interaktive Vorgehensweise für den Vergleich und der Integration von Ontologien entwickelt, die automatische Ontologie-Analyseverfahren mit interaktiven Visualisierungstechniken verbindet und nahtlos Aktivitäten zur *Exploration*, zum *Vergleich* und zur *Integration* von komplexen Ontologien unterstützt. Der Schwerpunkt der Arbeit liegt auf der expliziten Kontrolle des Merging-Prozesses durch den Nutzer, der Bereitstellung von Kontextinformationen zur Entscheidungsunterstützung bei der Integration und auf einer inkrementellen Vorgehensweise, um die Revidierbarkeit von Schritten mit unerwünschten Konsequenzen zu unterstützen. Der hier vorgestellte Ontologie-Editor iMERGE erlaubt nicht nur die Erzeugung aussagekräftiger visueller Darstellungen, sondern ermöglicht auch ein hohes Maß an Interaktion. Dies bezieht sich sowohl auf die Steuerung der visuellen Repräsentation der Ontologie, als auch auf die Interaktion mit den Ergebnissen des Vergleichsprozesses.

Bisher entwickelte Verfahren für den Vergleich und die Integration von Ontologien versuchen mittels Verfahren des maschinellen Lernens, des Data Minings sowie der statistischen Analyse interessante Muster und Strukturen zu entdecken. Automatische Verfahren haben in einigen Anwendungsdomänen nur eingeschränkte Effektivität, da sie nicht das Wissen des Nutzers und seine Erfahrung mit einbeziehen. Es stellt sich außerdem die Frage, inwieweit der Nutzer einem automatischen Ergebnis vertraut, bei dem er nicht nachvollziehen kann, in welchen Bereichen und aus welchen Gründen bestimmte Ausschnitte aus der Ontologie zusammengeführt worden sind. In Usability-Tests mit 46 Probanden, wurde im Rahmen dieser Arbeit (siehe Kapitel 8) ermittelt, dass ein Domänenexperte (Nutzer) kein Vertrauen in vollautomatisch generierte Merging-Ergebnisse hat, weil er nicht nachvollziehen kann, was genau passiert ist, welche Konzepte vereinigt wurden und aus welchen Gründen sie vereinigt wurden. Es ist fraglich, ob ein Domänenexperte eine automatisch zusammengeführte Ontologie für praktische Anwendungen auch weiterverwenden würde.

Das System iMERGE zeigt erfolgreich einen neuen Ansatz auf, wie durch eine Kombination von automatischen Ontologie-Vergleichsverfahren mit auf impliziten Nutzereingaben beruhender Interaktionsformen, sowie Techniken der Informationsvisualisierung neue Unterstützungsperspektiven für den interaktiven Vergleich und der Integration von Ontologien ermöglicht werden.

9.1. Methoden und Ergebnisse der Arbeit

Der Vergleich und die Integration von Ontologien sind ein zeitaufwändiger und ressourcenintensiver Prozess, der für den Nutzer herausfordernde Aufgabenstellungen bereit hält. In dieser Arbeit wurden Aufgaben definiert, die sich für einen Domänenexperten stellen, der zwei Ontologien miteinander vergleichen und daran anschließend integrieren möchte (siehe Kapitel 1.1). Diese Aufgaben wurden in dieser Arbeit in vier Phasen eingeteilt. Der Nutzer möchte die Ontologien *Explorieren*, *Vergleichen* und *Integrieren* können. In jeder dieser drei Phasen muss er die Möglichkeit haben die Ontologien zu *Editieren*. In dieser Arbeit wurden verschiedene Komponenten entwickelt, um die einzelnen Phasen im Integrationsprozess zu unterstützen:

Explorieren: Im ersten Schritt möchte der Nutzer *Verständnis* über die beiden Ontologien *gewinnen* und einen *Überblick erhalten*. Dem Nutzer sollten an dieser Stelle unterschiedliche Zugangspunkte zur Ontologie geboten werden. Dazu wurden in dieser Arbeit folgende Komponenten entwickelt:

1. SMARTTREE eignet sich zur *Visualisierung* und *Exploration* der Ontologien. Er erweitert die konventionelle Baumkomponente, um einige Funktionalitäten, die die Ontologie-Exploration erleichtern. Zusätzlich zu der hierarchischen Struktur werden auch Relationen zwischen Konzepten visualisiert, wenn ein Knoten selektiert wird.
2. GRAPH-SICHT visualisiert den strukturellen Zusammenhang der Konzepte als Graphen und bietet so einen Überblick über den Vernetzungsgrad der Ontologie.

Vergleichen: Das Ziel beim Vergleich zweier Ontologien besteht darin, eine Abbildung zwischen der Quell- und Zielontologie zu finden, die dem Nutzerverständnis einer semantischen Entsprechung am nächsten kommt. In diesem Schritt ist es wichtig, dass der Nutzer *Abhängigkeiten erkennt*, *Unterschiede identifiziert* und *Gemeinsamkeiten feststellt*. Dabei unterstützen ihn folgende Komponenten:

1. Der MATRIX-VERGLEICH bietet einen Überblick über die Vergleichsergebnisse. Dabei werden die zu vergleichenden Ontologien im Matrix-Browser auf zwei Achsen gegenübergestellt. Eine hohe Übereinstimmung der beiden Ontologien wird mit grünen Verbindungspunkten signalisiert, Teilbereiche in denen Unterschiede auftauchen, werden mit roten Verbindungspunkten kenntlich gemacht. So erhält der Domänen-Experte erste Hinweise in welchen Regionen der Ontologien sich hohe Übereinstimmungen finden lassen und in welchen Bereichen die Ontologien eher unterschiedlich sind. Ein Pluszeichen in der Matrix deutet an, dass der Unterbaum weitere ähnliche Konzepte enthält.
2. Der LISTEN-VERGLEICH eignet sich eher für eine genauere Betrachtung der Mapping-Kandidaten. Für jeden selektierten Knoten werden mit einer Verbindungslinie der ähnlichste/ die ähnlichsten Knoten angegeben. In dieser Sicht werden die Mapping-Kandidaten im Kontext der Ontologie angezeigt, wobei Detailinformationen wie Eigenschaften, Instanzen und Kommentare in einer *semantischen Lupe* angezeigt werden.

Integrieren: Bei der Zusammenführung zweier Ontologien O_1 und O_2 soll basierend auf dem vorangehenden Vergleich und den daraus resultierenden Abbildungen $map : O_1 \rightarrow O_2$ eine neue Ontologie entstehen. Dabei muss der Nutzer *Entscheidungen treffen*, *Konsequenzen nachvollziehen* und *Konflikte auflösen* können. Folgende Komponenten unterstützen den Domänenexperten bei der Integration:

1. STEPMERGE ermöglicht die Schritt für Schritt Integration zweier Ontologien. Um dies zu unterstützen, werden die beiden Ausgangsontologien farblich unterschiedlich markiert. Der Integrationsprozess läuft schrittweise ab. Dem Nutzer werden zunächst in den Quellontologien die Unterschiede angezeigt und danach in der Ergebnisontologie visuell angezeigt, wie ein Merging-Schritt aussehen könnte. Der Domänenexperte kann die Vorschläge akzeptieren oder Änderungen vornehmen.
2. INTERACTIVEMERGE erlaubt eine nutzergesteuerte Integration der Ontologien. Dem Nutzer werden Unterschiede angezeigt und systemseitig auch Merging-Vorschläge unterbreitet, die der Nutzer aber erst annehmen und bearbeiten muss, bevor sie ausgeführt werden.

Editieren: Der Nutzer muss fortlaufend die Möglichkeit haben, Änderungen an den Ontologien vorzunehmen, dies bezieht sich sowohl auf das Hinzufügen von neuen Konzepten, Instanzen und

Eigenschaften, als auch auf das Bearbeiten von schon vorhandenen Ressourcen. Dazu wurde sowohl eine separate Editiersicht entwickelt, als auch die Möglichkeit die Konzepte über Mausklick in jeder der entwickelten Komponente zu bearbeiten.

Für den Vergleich der Konzepte wurden unterschiedliche Vergleichsalgorithmen entwickelt, denn um eine hohe und auch genaue Abbildungsrate zwischen einer Vielzahl unterschiedlicher Konzepte zu erzielen, genügt es nicht nur ein Vergleichskriterium, wie zum Beispiel Namensähnlichkeit zu berücksichtigen. Aus diesem Grund wird in dieser Arbeit für den Vergleich der Ontologien, die Ergebnisse verschiedener Vergleichsalgorithmen miteinander kombiniert. Dies ermöglicht einen hohen Flexibilitätsgrad, da der Nutzer auch die Möglichkeit hat, die einzelnen Vergleichsalgorithmen manuell zu starten oder unterschiedlich zu gewichten. Für zwei Konzepte aus verschiedenen Ontologien, werden folgende Ähnlichkeiten ermittelt:

linguistische Ähnlichkeit: Bei diesem Vergleich werden die Konzeptnamen syntaktisch miteinander verglichen. Dabei wurden in dieser Arbeit zwei Methoden umgesetzt.

1. Mit der Methode *EditDistance* (Levenshtein, 1966)) wird berechnet, wie viele Editieroperationen (Löschen, Einfügen eines Buchstabens) nötig sind, um einen String in den anderen umzuwandeln. Die Anzahl der Editieroperationen wird in Verhältnis gesetzt zu der String-Länge, so dass kurze Wörter das Ergebnis nicht verfälschen können.
2. Alternativ kann auch die Methode *N-Gramme* (Damashek, 1995) verwendet werden. Diese Methode teilt die beiden Namen in Substrings der Länge n auf und ermittelt die Anzahl der Substrings der Länge n für die zu vergleichenden Wörter. Danach wird die Anzahl der übereinstimmenden Substrings der Länge n ermittelt und in Verhältnis gesetzt zur Gesamtzahl der Substrings mit der Länge n in den zu vergleichenden Wörtern.

strukturelle Ähnlichkeit: Bei diesem Vorgehen werden Beziehungen zwischen Konzepten anhand von strukturellen Informationen ermittelt. Um die Ähnlichkeit von zwei Konzepten zu bewerten, können verschiedene Nachbarschaftsbeziehungen berücksichtigt werden. Man kann die Eltern, Kinder oder auch Eigenschaften (properties) eines Konzepts betrachten.

1. Die Ähnlichkeit zwischen zwei Konzepten kann z.B. von der Ähnlichkeit der Kinder (Unterknoten) abgeleitet werden. Dabei werden für die zu vergleichenden Konzepte die Unterknoten verglichen (basierend auf Namensähnlichkeit), sind die Unterknoten ähnlich, so wird davon ausgegangen, dass die zu vergleichenden Konzepte auch ähnlich sind, auch wenn die Namensähnlichkeit für die beiden Vergleichskonzepte nicht gegeben ist.
2. Eine andere Methode ist, die Elternknoten bis zur Wurzel zu betrachten. Dabei wird ausgehend von den zu vergleichenden Konzepten, die Knoten auf dem Pfad bis zur Wurzel verglichen. Ist hier die Übereinstimmung hoch, kann man davon ausgehen, dass die zu vergleichenden Konzepte ähnlich sind.
3. Die Eigenschaften (properties) der Konzepte bilden durch die Relation zu anderen Konzepten einen Graphen mit den Konzepten als Knoten und den Eigenschaften als Kanten. Deshalb liegt es nahe für die strukturelle Ähnlichkeitsbetrachtung der Ontologien die zugrunde liegenden Graphen zu betrachten.

semantische Ähnlichkeit: Bei dieser Methode wird versucht, den semantischen Kontext von zwei Konzepten zu berücksichtigen. Oft werden Ontologien zur Annotation von Text- oder HTML-Dokumenten verwendet, um ein besseres Retrieval-Ergebnis zu erhalten. In diesem Fall kann die Dokumentenkollektion als semantischen Kontext betrachtet werden. Die Annahme hierbei ist, wenn die Dokumente, die mit einem Konzept x (aus der Ontologie O_1) verknüpft sind, ähnlich sind zu den Dokumenten, die mit dem Konzept y (aus O_2) verknüpft sind, dann müssen auch x und y ähnlich sein. Dieses Verfahren beruht jedoch auf der Annahme, dass jedem

Konzept eine bestimmt Anzahl von Dokumenten zugewiesen worden ist. Dies ist nur in den Anwendungsgebieten möglich, in denen die Ontologie zur Indexierung eines vorhandenen Textkorpus verwendet wird.

Die Vergleichs-Funktionalität erfolgt nutzergesteuert und mit kontextabhängiger grafischer Repräsentation der Vergleichsergebnisse, so dass zu jedem Zeitpunkt nachvollzogen werden kann, was im Rahmen des Vergleichs- und Integrationsprozesses passiert.

9.2. Erweiterungsmöglichkeiten und Ausblick

Erste Verbesserungsmöglichkeiten für das System iMerge konnten in der Usability-Evaluation gewonnen werden. An den Usability-Tests haben 46 Probanden teilgenommen. Aus den Beobachtungen und Äußerungen während der Durchführung konnten Schlussfolgerungen über Probleme und Verbesserungsmöglichkeiten gewonnen werden. Einige dieser Anmerkungen wurden direkt nach der Evaluation umgesetzt (siehe Kapitel 8.4). Darüber hinaus ergeben sich noch Erweiterungsmöglichkeiten auf folgenden Gebieten:

1. *Interaktive visuelle Datenanalyse:* Weitergehende Forschungsarbeiten im Bereich der interaktiven Exploration von Ontologien und der Vergleichsergebnisse, die sich mit der Verknüpfung von automatischen und interaktiv visuellen Methoden beschäftigen, können weitere Lösungsansätze für die Ontologie-Integration bieten. Die interaktive Manipulation der erzeugten Darstellungen ist dabei eine wichtige Komponente, die es oft erleichtert, diese Darstellungen zu verstehen, Erkenntnisse zu gewinnen und Entscheidungen zu treffen. Neben der reinen Größe der Ontologien, die große Herausforderungen an die Datenverarbeitung stellt, kann die zunehmende visuelle Komplexität der erzeugten Darstellungen das menschliche Wahrnehmungsvermögen übersteigen, (z. B. bei dem Vergleich von zwei sehr komplexen Ontologien). Neue effiziente Darstellungsmethoden, die durch Merkmalsextraktion und Interaktionsmöglichkeiten unterstützt werden, können Lösungsansätze für eine effektive Exploration komplexer Ontologien bereitstellen.
2. *Heuristische Kombination der Vergleichsmethoden*: Je nach Anwendungsgebiet und dem Übereinstimmungsgrad der Ontologien, können unterschiedliche Vergleichsmethoden sinnvoll sein. Beispielsweise würde für den Vergleich von Ontologien mit einem sehr hohen Übereinstimmungsgrad (z. B. zwei verschiedene Versionen), die *linguistische Ähnlichkeit* alleine nicht zielbringend sein, denn die meisten Konzepte werden in diesem Fall den gleichen Namen haben, wichtig an dieser Stelle ist es, *Differenzen* festzustellen, in denen sich die Konzepte unterscheiden, wie sie nur durch die *strukturelle Ähnlichkeit* bestimmt werden kann. Soll jedoch für zwei Ontologien bestimmt werden, ob sie Überschneidungsbereiche haben, ist die linguistische Methode in dem Verfahren stärker zu gewichten. Auf diesem Gebiet gilt es, Heuristiken für unterschiedliche Anwendungsgebiete zu entwickeln, die geeignet sind, eine zumindest hinreichend gute oder plausible Lösung durch Gewichtung der verschiedenen Vergleichsmethoden zu finden.
3. *Auflösung von Konflikten:* Die Zusammenführung von Konzepten lässt sich nicht auf die mengentheoretische Vereinigung zurückführen, da die Konzepte strukturell miteinander in Beziehung stehen. Zukünftige Arbeiten auf diesem Gebiet müssen deshalb weitergehende Vereinigungsoperationen für korrespondierende Elemente einer Ontologie definieren, um sie aus der Quellontologie in die globale Ontologie zu transformieren. Darüber hinaus kann das Ergebnis der Vereinigung zu Konflikten in der Ergebnisontologie führen, die im Nachgang gelöst werden müssen.

4. *Technische Optimierung:* Ein Problem beim Vergleich von sehr großen Ontologien ist die Effizienz. Der Aufwand für die Ähnlichkeitsberechnung wächst exponentiell. Der Vergleich von jedem Konzept aus der Quellontologie mit jedem Konzept in der Zielontologie gestaltet sich bei sehr großen Ontologien als sehr zeitaufwendig. Eine fragmentarische Vorgehensweise nach dem *Divide-and-Conquer*-Prinzip wäre für diesen Anwendungsfall zu untersuchen, da sie bessere Performanz als auch eine höhere Nutzerkontrolle verspricht. Der Nutzer könnte dann zu einem beliebigen Zeitpunkt abbrechen, wenn er ungenauere Ergebnisse in Kauf nimmt.
5. *Nutzung von semantischen Ressourcen für die Integration:* Bei dem *semantischen Vergleich* wird der semantische Kontext von zwei Konzepten berücksichtigt. Oft werden Ontologien zur Annotation von Text- oder HTML-Dokumenten verwendet, um ein besseres Retrieval-Ergebnis zu erhalten. In diesem Fall kann die Dokumentenkollektionen als semantischer Kontext betrachtet werden. Auf dieser Ebene wird die Ähnlichkeit aufgrund zusätzlich vorhandenen Informationen, wie der Verknüpfung mit Dokumenten untersucht. Das Verfahren beruht jedoch auf der Annahme, dass jedem Konzept eine bestimmt Anzahl von Dokumenten zugewiesen worden ist. Dies ist nur in den Anwendungsgebieten möglich, in denen die Ontologie zur Indexierung eines vorhandenen Textkorpus verwendet wird. Auf diesem Gebiet wären Methoden zur nachträglichen automatischen Verknüpfung von Ontologien mit einem bestehenden Textkorpus hilfreich.

Das hier vorgestellte System iMerge weist an einigen Stellen noch Entwicklungspotential auf (siehe Kapitel 9.2). Insgesamt setzt das entwickelte System iMerge aber erfolgreich einen neuen Ansatz um, der darauf beruht durch eine Kombination von automatischen Ontologie-Vergleichsverfahren mit auf impliziten Nutzereingaben beruhender Interaktionsformen sowie Techniken der Informationsvisualisierung neue Unterstützungsperspektiven für den interaktiven Vergleich und der Integration von Ontologien zu ermöglichen.

Literaturverzeichnis

[Aberer u. a. 2007] ABERER, Karl (Hrsg.) ; CHOI, Key-Sun (Hrsg.) ; NOY, Natasha F. (Hrsg.) ; AND, Dean A. (Hrsg.): *The Semantic Web, 6th International Semantic Web Conference, 2nd Asian Semantic Web Conference, ISWC 2007 + ASWC 2007, Busan, Korea, November 11-15, 2007.* Bd. *4825.* Springer, 2007 (Lecture Notes in Computer Science)

[Agrawal u. Srikant 1994] AGRAWAL, Rakesh ; SRIKANT, Ramakrishnan: Fast Algorithms for Mining Association Rules in Large Databases. In: BOCCA, Jorge B. (Hrsg.) ; JARKE, Matthias (Hrsg.) ; ZANIOLO, Carlo (Hrsg.): *Proceedings of the 20th International Conference on Very Large Data Bases, VLDB.* Santiago, Chile, September 1994, S. 487–499

[Aleksovski u. a. 2006] ALEKSOVSKI, Zharko ; KATE, Warner ten ; HARMELEN, Frank van: Ontology matching using comprehensive ontology as background knowledge. In: AL., P. S. (Hrsg.): *Proceedings of the International Workshop on Ontology Matching at ISWC 2006*, CEUR, 2006, S. 13–24

[Antoniou u. van Harmelen 2004] ANTONIOU, Grigoris ; HARMELEN, Frank van: Web Ontology Language: OWL. In: **(Staab u. Studer, 2004)**, S. 67–92

[Aschoff u. a. 2004] ASCHOFF, F. ; SCHMALHOFER, F. ; ELST, L. van: Knowledge Mediation: A procedure for the cooperative construction of domain ontologies. In: MOTTA, E. (Hrsg.): *EKAW 2004*, Springer-Verlag Berlin Heidelberg, 2004 (LNAI), S. 506–508

[Baader u. a. 1990] BAADER, F. ; BÜRCKERT, H.-J. ; HEINSOHN, J. ; MÜLLER, J. ; HOLLUNDER, B. ; NEBEL, B. ; NUTT, W. ; PROFITLICH, H.-J.: Terminological Knowledge Representation: A Proposal for a Terminological Logic / Deutsches Forschungszentrum für Künstliche Intelligenz, Kaiserslautern. 1990 (TM-90-04). – DFKI Technical Memo. – Updated version, taking into account the results of a discussion at the "International Worksop on Terminological Logics," Dagstuhl, May 1991.

[Bai u. ElJerroudi 2008] BAI, Fan ; ELJERROUDI, Zoulfa: Interactive and Collaborative Ontology Developing. In: SEEHUSEN, Silke (Hrsg.) ; HERCZEG, Michael (Hrsg.) ; FISCHER, Stefan (Hrsg.) ; KINDSMÜLLER, Martin (Hrsg.) ; LUCKE, Ulrike (Hrsg.): *Workshop Proceedings der Tagungen Mensch & Computer 2008.* Berlin : Logos, 2008, S. 174–179

[Baranauskas u. a. 2007] BARANAUSKAS, Maria Cecília C. (Hrsg.) ; PALANQUE, Philippe A. (Hrsg.) ; ABASCAL, Julio (Hrsg.) ; BARBOSA, Simone Diniz J. (Hrsg.): *Human-Computer Interaction - INTERACT 2007, 11th IFIP TC 13 International Conference, Rio de Janeiro, Brazil, September 10-14, 2007, Proceedings, Part I.* Bd. *4662.* Springer, 2007 (Lecture Notes in Computer Science). – ISBN 978–3–540–74794–9

[Bengoetxea 2002] BENGOETXEA, E.: *Inexact Graph Matching Using Estimation of Distribution Algorithms.* Paris, France, Ecole Nationale Supérieure des Télécommunications, Diss., Dec 2002

[Berners-Lee u. Hendler 2001] BERNERS-LEE, Tim ; HENDLER, James: The semantic web. In: *Scientific American* 284 (2001), S. 34–43

[Bernstein u. Ho 2007] BERNSTEIN, Philip A. ; HO, Howard: Model management and schema mappings: theory and practice. In: *VLDB '07: Proceedings of the 33rd international conference on Very large data bases*, VLDB Endowment, 2007. – ISBN 978–1–59593–649–3, S. 1439–1440

[Bernstein u. Melnik 2007] BERNSTEIN, Philip A. ; MELNIK, Sergey: Model management 2.0: manipulating richer mappings. In: *SIGMOD '07: Proceedings of the 2007 ACM SIGMOD international conference on Management of data*. New York, NY, USA : ACM, 2007, S. 1–12

[Bernstein u. a. 2006] BERNSTEIN, Philip A. ; MELNIK, Sergey ; CHURCHILL, John E.: Incremental schema matching. In: *VLDB '06: Proceedings of the 32nd international conference on Very large data bases*, VLDB Endowment, 2006, S. 1167–1170

[Bisson 1995] BISSON, G.: Why and How to Define a Similarity Measure for Object Based Representation Systems. In: *Towards Very Large Knowledge Bases*, IOS press, 1995

[Blumauer u. Pellegrini 2006] BLUMAUER, Andreas ; PELLEGRINI, Tassilo: Semantic Web und semantische Technologien: Zentrale Begriffe und Unterscheidungen. In: PELLEGRINI, Tassilo (Hrsg.) ; BLUMAUER, Andreas (Hrsg.): *Semantic Web - Wege zur vernetzten Wissensgesellschaft*. Springer Verlag, 2006, S. 9–25

[Braun u. a. 2007] BRAUN, Simone ; SCHMIDT, Andreas ; ZACHARIAS, Valentin: SOBOLEO: vom kollaborativen Tagging zur leichtgewichtigen Ontologie. In: **(Gross, 2007)**, S. 209–218

[Bunke 2000] BUNKE, H.: Recent developments in graph matching. In: *15th International Conference on Pattern Recognition* Bd. 2, 2000, S. 117–124

[Calvanese u. a. 2001a] CALVANESE, Diego ; GIACOMO, Giuseppe D. ; LENZERINI, Maurizio: A Framework for Ontology Integration. In: **(Cruz u. a., 2002)**

[Calvanese u. a. 2001b] CALVANESE, Diego ; GIACOMO, Giuseppe D. ; LENZERINI, Maurizio: Ontology of Integration and Integration of Ontologies. In: *Description Logics*, 2001

[Carroll u. a. 2004] CARROLL, Jeremy J. ; DICKINSON, Ian ; DOLLIN, Chris ; REYNOLDS, Dave ; SEABORNE, Andy ; WILKINSON, Kevin: Jena: implementing the semantic web recommendations. In: *WWW Alt. '04: Proceedings of the 13th international World Wide Web conference on Alternate track papers & posters*, ACM Press, 2004. – ISBN 1581139128, S. 74–83

[Choi u. a. 2006] CHOI, Namyoun ; SONG, Il-Yeol ; HAN, Hyoil: A survey on ontology mapping. In: *SIGMOD Rec.* 35 (2006), Nr. 3, S. 34–41

[Conte u. a. 2004] CONTE, D. ; FOGGIA, P. ; SANSONE, C. ; VENTO, M.: Thirty Years Of Graph Matching In Pattern Recognition. In: *International Journal of Pattern Recognition and Artificial Intelligence* (2004)

[Corcho u. a. 2003] CORCHO, Oscar ; FERNÁNDEZ, Mariano ; GÓMEZ-PÉREZ, A.: Methodologies, tools and languages for building ontologies: where is their meeting point? In: *Data Knowledge Engineering* 46 (2003), Nr. 1, S. 41–64

[Cordella u. a. 1998] CORDELLA, L. P. ; FOGGIA, P. ; SANSONE, C. ; TORTORELLA, F. ; VENTO, M.: Graph matching: A fast algorithm and its evaluation. In: *In Proc. of the 14th International Conference on Pattern Recognition*, 1998, S. 1582–1584

[Cruz u. a. 2002] CRUZ, Isabel F. (Hrsg.) ; DECKER, Stefan (Hrsg.) ; EUZENAT, Jérôme (Hrsg.) ; MCGUINNESS, Deborah L. (Hrsg.): *The Emerging Semantic Web, Selected papers from the first Semantic web working symposium, Stanford University, California, USA, July 30 - August 1, 2001*. IOS press, 2002

[Cruz u. a. 2007] CRUZ, Isabel F. ; SUNNA, William ; MAKAR, Nalin ; BATHALA, Sujan: A visual tool for ontology alignment to enable geospatial interoperability. In: *J. Vis. Lang. Comput.* 18 (2007), Nr. 3, S. 230–254. – ISSN 1045–926X

[Damashek 1995] DAMASHEK, Marc: Gauging similarity with n-grams: Language-independent categorization of text. In: *Science* 267 (1995), Nr. 5199, S. 843–849

[Do u. Rahm 2007] DO, Hong-Hai ; RAHM, Erhard: Matching large schemas: Approaches and evaluation. In: *Inf. Syst.* 32 (2007), Nr. 6, S. 857–885

[Doan u. a. 2003] DOAN, AnHai ; MADHAVAN, Jayant ; DHAMANKAR, Robin ; DOMINGOS, Pedro ; HALEVY, Alon: Learning to match ontologies on the Semantic Web. In: *The VLDB Journal* 12 (2003), Nr. 4, S. 303–319

[Ehrig 2006a] EHRIG, Marc: *Ontology Alignment - Bridging the Semantic Gap*. Universität Karlsruhe (TH), Institut AIFB, D-76128 Karlsruhe, Universität Karlsruhe (TH), Diss., 2006

[Ehrig 2006b] EHRIG, Marc: *Ontology Alignment: Bridging the Semantic Gap (Semantic Web and Beyond)*. Secaucus, NJ, USA : Springer-Verlag New York, Inc., 2006. – ISBN 038732805X

[Ehrig u. a. 2004] EHRIG, Marc ; HAASE, Peter ; STOJANOVIC, Nenad ; HEFKE, Mark: Similarity for Ontologies - a Comprehensive Framework. In: *Workshop Enterprise Modelling and Ontology: Ingredients for Interoperability, at PAKM 2004*, Springer, DEC 2004

[Ehrig u. Staab 2004a] EHRIG, Marc ; STAAB, Steffen: Efficiency of Ontology Mapping Approaches. In: *International Workshop on Semantic Intelligent Middleware for the Web and the Grid at ECAI 04*. Valencia, Spain, AUG 2004

[Ehrig u. Staab 2004b] EHRIG, Marc ; STAAB, Steffen: QOM - Quick Ontology Mapping. In: MCILRAITH, Sheila A. (Hrsg.) ; PLEXOUSAKIS, Dimitris (Hrsg.) ; HARMELEN, Frank van (Hrsg.): *Proceedings of the Third International Semantic Web Conference* Bd. volume 3298 of LNCS. Hiroshima, Japan : Springer, 2004, S. 683–697

[ElJerroudi u. a. 2008] ELJERROUDI, Zoulfa ; WEINBRENNER, Stefan ; MAINZ, Dominic ; WELLER, Katrin: ONTOVERSE: Kollaborative Ontologieentwicklung mit interaktiver visueller Unterstützung. In: **(Herczeg u. Kindsmüller, 2008)**, S. 87–96

[ElJerroudi u. Ziegler 2007] ELJERROUDI, Zoulfa ; ZIEGLER, Jürgen: Interaktives Vergleichen und Zusammenführungen von Ontologien. In: *i-com: Zeitschrift für interaktive und kooperative Medien* 6 (2007), Nr. 3, S. 44–49

[ElJerroudi u. Ziegler 2008a] ELJERROUDI, Zoulfa ; ZIEGLER, Jürgen: iMERGE: Interactive Ontology Merging. In: *EKAW 2008 – 16th International Conference on Knowledge Engineering and Knowledge Management Knowledge Patterns*, 2008

[ElJerroudi u. Ziegler 2008b] ELJERROUDI, Zoulfa ; ZIEGLER, Jürgen: Interaktive visuelle Analyse für die Zusammenführung von Ontologien. In: **(Herczeg u. Kindsmüller, 2008)**, S. 137–146

[van Elst u. Kiesel 2004] ELST, Ludger van ; KIESEL, Malte: Generating and Integrating Evidence for Ontology Mappings. In: *Engineering Knowledge in the Age of the Semantic Web: Proceedings of the 14th International Conference, EKAW 2004*. Heidelberg : Springer, 2004, S. 15–29

[Euzenat u. Valtchev 2004] EUZENAT, J. ; VALTCHEV, P.: Similarity-based Ontology Alignment in OWL-Lite. In: MÁNTARAS, R. L. (Hrsg.) ; SAITTA, L. (Hrsg.): *Proceedings of the 16th European Conference on Artificial Intelligence (ECAI-04)*, IOS Press, 2004, S. 333–337

[Euzenat u. Shvaiko 2007] EUZENAT, Jérôme ; SHVAIKO, Pavel: *Ontology Matching*. Heidelberg (DE) : Springer-Verlag, 2007

[Faatz u. Steinmetz 2004] FAATZ, Andreas ; STEINMETZ, Ralf: Ontology Enrichment Evaluation. In: **(Motta u. a., 2004)**, S. 497–498

[Falconer u. a. 2007] FALCONER, Sean ; NOY, Natasha ; STOREY, Margaret-Anne: Ontology Mapping - A User Survey. In: SHVAIKO, Pavel (Hrsg.) ; EUZENAT, Jérôme (Hrsg.) ; GIUNCHIGLIA, Fausto (Hrsg.) ; HE, Bin (Hrsg.): *Proceedings of the Workshop on Ontology Matching (OM2007) at ISWC/ASWC2007, Busan, South Korea*, 2007

[Falconer u. a. 2006] FALCONER, Sean M. ; NOY, Natalya F. ; STOREY, Margaret-Anne D.: Towards Understanding the Needs of Cognitive Support for Ontology Mapping. In: **(Shvaiko u. a., 2006)**

[Falconer u. Storey 2007] FALCONER, Sean M. ; STOREY, Margaret-Anne D.: A Cognitive Support Framework for Ontology Mapping. In: **(Aberer u. a., 2007)**, S. 114–127

[Fensel 2003] FENSEL, Dieter: *Ontologies: A Silver Bullet for Knowledge Management and Electronic Commerce.* Springer, 2003. – ISBN 3540003029

[Fernánde-López u. Gómez-Pérez 2002] FERNÁNDE-LÓPEZ, Mariano ; GÓMEZ-PÉREZ, Asunción: Overview and analysis of methodologies for building ontologies. In: *The Knowledge Engineering Review* 17 (2002), Nr. 2, S. 129–156. – ISSN 0269–8889

[Fernández u. a. 1999] FERNÁNDEZ, Mariano ; GÓMEZ-PÉREZ, A. ; SIERRA, Juan P. ; SIERRA, Alejandro P.: Building a Chemical Ontology Using Methontology and the Ontology Design Environment. In: *IEEE Intelligent Systems* 14 (1999), Nr. 1, S. 37–46

[Fluit u. a. 2004] FLUIT, Christiaan ; SABOU, Marta ; HARMELEN, Frank van: Supporting User Tasks through Visualisation of Light-weight Ontologies. In: **(Staab u. Studer, 2004)**, S. 415–434

[Furnas 1986] FURNAS, G. W.: Generalized fisheye views. In: *CHI '86: Proceedings of the SIGCHI conference on Human factors in computing systems.* New York, NY, USA : ACM Press, 1986. – ISSN 0736–6906, S. 16–23

[Gahleitner u. a. 2005] GAHLEITNER, Eva ; BEHRENDT, Wernher ; PALKOSKA, Jürgen ; WEIPPL, Edgar: On cooperatively creating dynamic ontologies. In: *Proceedings of the sixteenth ACM conference on Hypertext and hypermedia (HYPERTEXT '05).* New York, USA : ACM Press, 2005, S. 208–210

[Gangemi u. a. 1999] GANGEMI, Aldo ; PISANELLI, Domenico M. ; STEVE, Geri: An overview of the ONIONS project: applying ontologies to the integration of medical terminologies. In: *Data Knowl. Eng.* 31 (1999), Nr. 2, S. 183–220. – ISSN 0169–023X

[Ganter u. Wille 1997] GANTER, Bernhard ; WILLE, Rudolf: *Formal Concept Analysis: Mathematical Foundations.* Secaucus, NJ, USA : Springer-Verlag New York, Inc., 1997. – ISBN 3540627715. – Translator-C. Franzke

[Gennari u. Musen 1998] GENNARI, P. ; MUSEN, J.: Mappings for Reuse in Knowledge-based Systems. In: *11 th Workshop on Knowledge Acquisition, Modelling and Management*, 1998

[Gil u. a. 2005] GIL, Yolanda (Hrsg.) ; MOTTA, Enrico (Hrsg.) ; BENJAMINS, V. R. (Hrsg.) ; MUSEN, Mark A. (Hrsg.): *The Semantic Web - ISWC 2005, 4th International Semantic Web Conference, ISWC 2005, Galway, Ireland, November 6-10, 2005, Proceedings.* Bd. *3729.* Springer, 2005 (Lecture Notes in Computer Science). – ISBN 3–540–29754–5

[Gligorov u. a. 2007] GLIGOROV, Risto ; KATE, Warner ten ; ALEKSOVSKI, Zharko ; HARMELEN, Frank van: Using Google distance to weight approximate ontology matches. In: *WWW '07: Proceedings of the 16th international conference on World Wide Web.* New York, NY, USA : ACM, 2007, S. 767–776

[Gomez-Perez u. a. 2003] GOMEZ-PEREZ, Asuncion ; CORCHO-GARCIA, Oscar ; FERNANDEZ-LOPEZ, Mariano: *Ontological Engineering: with examples from the areas of Knowledge Manage-*

ment, e-Commerce and the Semantic Web. First Edition (Advanced Information and Knowledge Processing. Secaucus, NJ, USA : Springer-Verlag New York, Inc., 2003. – ISBN 1852335513

[Gómez-Pérez u. Euzenat 2005] GÓMEZ-PÉREZ, Asunción (Hrsg.) ; EUZENAT, Jérôme (Hrsg.): *The Semantic Web: Research and Applications, Second European Semantic Web Conference, ESWC 2005, Heraklion, Crete, Greece, May 29 - June 1, 2005, Proceedings.* Bd. *3532.* Springer, 2005 (Lecture Notes in Computer Science)

[Grüninger u. Fox 1995] GRÜNINGER, M. ; FOX, M.: Methodology for the Design and Evaluation of Ontologies. In: *IJCAI'95, Workshop on Basic Ontological Issues in Knowledge Sharing,* 1995

[Gross 2007] GROSS, Tom (Hrsg.): *Mensch & Computer 2007: Konferenz für interaktive und kooperative Medien, Bauhaus-Universität Weimar, Weimar, Germany, 2-5 September 2007.* Oldenbourg Verlag, 2007

[Gruber 1993] GRUBER, Thomas R.: A translation approach to portable ontology specifications. In: *Knowledge Acquisition* 5 (1993), June, Nr. 2, S. 199–220

[Grüninger u. Lee 2002] GRÜNINGER, Michael ; LEE, Jintae: Ontology Applications and Design - Introduction. In: *Commun. ACM* 45 (2002), Nr. 2, S. 39–41

[Guarino 1998] GUARINO, Nicola: *Formal Ontology in Information Systems: Proceedings of the 1st International Conference June 6-8, 1998, Trento, Italy.* Amsterdam, The Netherlands, The Netherlands : IOS Press, 1998. – 3–15 S. – ISBN 9051993994

[Guzman-Arenas u. Olivares-Ceja 2004] GUZMAN-ARENAS, Adolfo ; OLIVARES-CEJA, Jesus M.: Finding the Most Similar Concepts in Two Different Ontologies. 2004, S. 129–138

[Haase u. Motik 2005] HAASE, Peter ; MOTIK, Boris: A mapping system for the integration of OWL-DL ontologies. In: *IHIS '05: Proceedings of the first international workshop on Interoperability of heterogeneous information systems.* New York, NY, USA : ACM, 2005, S. 9–16

[Herczeg u. Kindsmüller 2008] HERCZEG, Michael (Hrsg.) ; KINDSMÜLLER, Martin C. (Hrsg.): *Mensch & Computer 2008: Viel Mehr Interaktion, Interdisziplinäre Fachtagung, 7.10. September 2008, Lübeck, Germany.* Oldenbourg Verlag, 2008

[Herczeg u. Oberquelle 2002] HERCZEG, Michael (Hrsg.) ; OBERQUELLE, Horst (Hrsg.): *Mensch & Computer 2002: Vom interaktiven Werkzeug zu kooperativen Arbeits- und Lernwelten, 2. bis 5. September 2002 in Hamburg.* Teubner, 2002

[Hitzler u. a. 2007] HITZLER, Pascal ; KRÖTZSCH, Markus ; RUDOLPH, Sebastian ; SURE, York: *Semantic Web: Grundlagen (eXamen.press).* 1. Springer, 2007. – ISBN 3540339930

[Holsapple u. Joshi 2002] HOLSAPPLE, Clyde W. ; JOSHI, K. D.: A collaborative approach to ontology design. In: *Communications of the ACM* 45 (2002), Nr. 2, S. 42–47

[Hummel u. Zucker 1987] HUMMEL, R. A. ; ZUCKER, S. W.: On the foundations of relaxation labeling processes. (1987), S. 585–605

[Hüsken u. Ziegler 2007] HÜSKEN, Peter ; ZIEGLER, Jürgen: Degree-of-Interest Visualization for Ontology Exploration. In: **(Baranauskas u. a., 2007)**, S. 116–119

[Kalfoglou u. Schorlemmer 2005] KALFOGLOU, Yannis ; SCHORLEMMER, Marco: Ontology Mapping: The State of the Art. In: KALFOGLOU, Y. (Hrsg.) ; SCHORLEMMER, M. (Hrsg.) ; SHETH, A. (Hrsg.) ; STAAB, S. (Hrsg.) ; USCHOLD, M. (Hrsg.): *Semantic Interoperability and Integration.* Schloss Dagstuhl, Germany : Internationales Begegnungs- und Forschungszentrum fuer Informatik (IBFI), 2005 (Dagstuhl Seminar Proceedings)

[Kaltz 2006] KALTZ, Wolfgang: *An Engineering Method for Adaptive, Context-aware Web Applications.* Interaktive Systeme und Interaktionsdesign - Universität Duisburg-Essen (47057 Duisburg), Universiät Duisburg-Essen, Diss., 2006

[Keim 2002] KEIM, Daniel A.: Datenvisualisierung und Data Mining. In: *Datenbank-Spektrum* 2 (2002), S. 30–39

[Keim u. a. 2008] KEIM, Daniel A. ; MANSMANN, Florian ; SCHNEIDEWIND, Jörn ; THOMAS, Jim ; ZIEGLER, Hartmut: Visual Analytics: Scope and Challenges. (2008), S. 76–90. ISBN 978–3–540–71079–0

[Klein u. a. 2002] KLEIN, Michel C. A. ; KIRYAKOV, Atanas ; OGNYANOV, Damyan ; FENSEL, Dieter: Finding and Characterizing Changes in Ontologies. In: *ER '02: Proceedings of the 21st International Conference on Conceptual Modeling.* London, UK : Springer-Verlag, 2002, S. 79–89

[Kong u. a. 2005] KONG, Hyunjang ; HWANG, Myunggwon ; KIM, Pankoo: A New Methodology for Merging the Heterogeneous Domain Ontologies Based on the WordNet. In: *NWESP '05: Proceedings of the International Conference on Next Generation Web Services Practices.* Washington, DC, USA : IEEE Computer Society, 2005, S. 235

[Kotis u. a. 2006] KOTIS, Konstantinos ; VOUROS, George A. ; STERGIOU, Konstantinos: Towards automatic merging of domain ontologies: The HCONE-merge approach. In: *J. Web Sem.* 4 (2006), Nr. 1, S. 60–79

[Kuropka 2004] KUROPKA, Dominik: *Modelle zur Repräsentation natürlichsprachlicher Dokumente. Ontologie-basiertes Information-Filtering und -Retrieval mit relationalen Datenbanken.* Berlin : Verlag Berlin, 2004 (Advances in Information Systems and Management Science,). – 211–277 S.

[Kwon u. a. 2006] KWON, Juhum ; CHOI, O-Hoon ; MOON, Chang-Joo ; PARK, Soo-Hyun ; BAIK, Doo-Kwon: Deriving similarity for Semantic Web using similarity graph. In: *Journal of Intelligent Information Systems* 26 (2006), Nr. 2, S. 149–166

[Lanzenberger u. Sampson 2006] LANZENBERGER, Monika ; SAMPSON, Jennifer: AlViz - A Tool for Visual Ontology Alignment. In: *IV '06: Proceedings of the conference on Information Visualization.* Washington, DC, USA : IEEE Computer Society, 2006, S. 430–440

[Lee u. a. 2007] LEE, Chang-Shing ; KAO, Yuan-Fang ; KUO, Yau-Hwang ; WANG, Mei-Hui: Automated ontology construction for unstructured text documents. In: *Data Knowl. Eng.* 60 (2007), Nr. 3, S. 547–566

[Levenshtein 1966] LEVENSHTEIN, Vladimir I.: Binary codes capable of correcting deletions, insertions, and reversals. 1966 (8). – Forschungsbericht. – 707–710 S.

[Li u. a. 2005] LI, Li ; WU, Baolin ; YANG, Yun: Agent-based ontology integration for ontology-based applications. In: *Proceedings of the 2005 Australasian Ontology Workshop (AOW '05).* Darlinghurst, Australia, Australia : Australian Computer Society, Inc., 2005, S. 53–59

[Li u. a. 2003] LI, Y. ; BANDAR, Z.A. ; MCLEAN, S.: An Approach for Measuring Semantic Similarity between Words Using Multiple Information Sources. In: *Transactions on Data and Knowledge Engineering* 15 (2003), July, Nr. 4, S. 871–882

[Lottspeich 2006] LOTTSPEICH, F.: *Bioanalytik.* 2. Spektrum, Akad. Verl., 2006

[Madhavan u. a. 2002] MADHAVAN, Jayant ; BERNSTEIN, Philip A. ; DOMINGOS, Pedro ; HALEVY, Alon Y.: Representing and Reasoning about Mappings between Domain Models. In: *Proceedings of the Eighteenth National Conference on Artificial Intelligence and Fourteenth Conference on Innovative Applications of Artificial Intelligence.* Edmonton, Alberta, Canada

: AAAI Press, 2002, S. 80–86

[Maedche u. a. 2002a] MAEDCHE, Alexander ; MOTIK, Boris ; SILVA, Nuno ; VOLZ, Raphael: MAFRA - A Mapping Framework for Distributed Ontologies. In: *Proc. of 13th European Conference on Knowledge Engineering and Knowledge Management (EKAW).* Siquenca, Spain, 10 2002

[Maedche u. a. 2002b] MAEDCHE, Alexander ; MOTIK, Boris ; SILVA, Nuno ; VOLZ, Raphael: MAFRA - An Ontology Mapping FRAmework in the context of the Semantic Web. In: *ECAI-Workshop on Knowledge Transformation for the Semantic Web.* Lyon, France, 07 2002. – Workshop Version of Maedche u. a. (2002a)

[Maedche u. Staab 2000] MAEDCHE, Alexander ; STAAB, Steffen: Mining Ontologies from Text. In: *EKAW-2000 - 12th International Conference on Knowledge Engineering and Knowledge Management, October 2-6, 2000, Juan-les-Pins, France*, Springer, OCT 2000 (LNAI)

[Maedche u. Staab 2002] MAEDCHE, Alexander ; STAAB, Steffen: Measuring Similarity between Ontologies. In: *EKAW '02: Proceedings of the 13th International Conference on Knowledge Engineering and Knowledge Management. Ontologies and the Semantic Web.* London, UK : Springer-Verlag, 2002, S. 251–263

[Mainz 2006] MAINZ, Indra: *Entwicklung einer Prototypontologie für bioinformatische Werkzeuge.* Heinrich Heine Universität Düsseldorf, Institut für Informatik, Diplomarbeit, Juli 2006

[Malzahn u. a. 2007] MALZAHN, Nils ; WEINBRENNER, Stefan ; HÜSKEN, Peter ; ZIEGLER, Jürgen ; HOPPE, H. U.: Collaborative Ontology Development — Distributed Architecture and Visualization. In: *Proceedings of the German E-Science Conference*, Max Planck Digital Library, 2007. – Open-Archive-Publikation

[McGuinness u. a. 2000a] MCGUINNESS, Deborah ; FIKES, Richard ; RICE, James ; WILDER, Steve: The Chimaera Ontology Environment. In: *Proceedings of the Seventeenth National Conference on Artificial Intelligence (AAAI 2000)*, 2000

[McGuinness 2002] MCGUINNESS, Deborah L.: Ontologies Come of Age. In: FENSEL, Dieter (Hrsg.) ; HENDLER, Jim (Hrsg.) ; LIEBERMAN, Henry (Hrsg.) ; WAHLSTER, Wolfgang (Hrsg.): *Spinning the Semantic Web: Bringing the World Wide Web to Its Full Potential.* MIT Press, 2002, S. 171–194

[McGuinness 2003] MCGUINNESS, Deborah L.: Ontologies Come of Age. In: FENSEL, Dieter (Hrsg.) ; HENDLER, James A. (Hrsg.) ; LIEBERMAN, Henry (Hrsg.) ; WAHLSTER, Wolfgang (Hrsg.): *The Semantic Web: Why, What, and How*, MIT Press, 2003

[McGuinness u. a. 2000b] MCGUINNESS, Deborah L. ; FIKES, Richard ; RICE, James ; WILDER, Steve: An Environment for Merging and Testing Large Ontologies. In: *rinciples of Knowledge Representation and Reasoning Proceedings of the Seventh International Conference (KR200).* Breckenridge, Colorado, USA : Morgan Kaufmann Publishers, 2000, S. 483–493

[Melnika u. a. 2002] MELNIKA, Sergey ; GARCIA-MOLINA, Hector ; RAHM, Erhard: Similarity Flooding: A Versatile Graph Matching Algorithm and Its Application to Schema Matching. In: *ICDE '02: Proceedings of the 18th International Conference on Data Engineering.* Washington, DC, USA : IEEE Computer Society, 2002, S. 117

[Minsky 1975] MINSKY, Marvin: *A framework for representing knowledge.* New York : McGraw-Hill, 1975 (The Psychology of Computer Vision). – 211–277 S.

[Mitra u. a. 2005] MITRA, Prasenjit ; NOY, Natasha F. ; JAISWAL, Anuj: OMEN: A Probabilistic Ontology Mapping Tool. In: **(Gil u. a., 2005)**, S. 537–547

[Mitra u. Wiederhold 2002] MITRA, Prasenjit ; WIEDERHOLD, Gio: *Resolving terminological heterogeneity in ontologies.* 2002

[Mitra u. a. 2000] MITRA, Prasenjit ; WIEDERHOLD, Gio ; KERSTEN, Martin: A Graph-Oriented Model for Articulation of Ontology Interdependencies. In: *Lecture Notes in Computer Science* 1777 (2000), S. 86+

[Mork u. Bernstein 2004] MORK, Peter ; BERNSTEIN, Philip A.: Adapting a Generic Match Algorithm to Align Ontologies of Human Anatomy. In: *ICDE '04: Proceedings of the 20th International Conference on Data Engineering.* Washington, DC, USA : IEEE Computer Society, 2004, S. 787

[Motta u. a. 2004] MOTTA, Enrico (Hrsg.) ; SHADBOLT, Nigel (Hrsg.) ; STUTT, Arthur (Hrsg.) ; GIBBINS, Nicholas (Hrsg.): *Engineering Knowledge in the Age of the Semantic Web, 14th International Conference, EKAW 2004, Whittlebury Hall, UK, October 5-8, 2004, Proceedings.* Bd. *3257.* Springer, 2004 (Lecture Notes in Computer Science). – ISBN 3–540–23340–7

[Noy u. Musen 1999] NOY, N. ; MUSEN, M.: *SMART: Automated Support for Ontology Merging and Alignment.* 1999

[Noy u. Musen 2001] NOY, Natalya ; MUSEN, Mark: Anchor-PROMPT: Using non-local context for semantic matching. In: *In Proc. IJCAI 2001 workshop on ontology and information sharing,* 2001, S. 63–70

[Noy u. Musen 2002] NOY, Natalya F. ; MUSEN, Mark A.: PromptDiff: A Fixed-Point algorithm for Comparing Ontology Versions. In: *Eighteenth national conference on Artificial intelligence(AAAI).* Menlo Park, CA, USA : American Association for Artificial Intelligence, 2002, S. 744–750

[Noy u. Musen 2003] NOY, Natalya F. ; MUSEN, Mark A.: The PROMPT suite: interactive tools for ontology merging and mapping. In: *Int. J. Hum.-Comput. Stud.* 59 (2003), Nr. 6, S. 983–1024. – ISSN 1071–5819

[Noy 2004a] NOY, Natalya F.: Semantic Integration: A Survey Of Ontology-Based Approaches. In: *SIGMOD Record, Special Issue on Semantic Integration* 33 (2004), December, Nr. 4

[Noy 2004b] NOY, Natalya F.: Tools for Mapping and Merging Ontologies. In: **(Staab u. Studer, 2004)**, S. 365–384

[Noy u. Musen 2000] NOY, Natalya F. ; MUSEN, Mark A.: PROMPT: Algorithm and Tool for Automated Ontology Merging and Alignment. In: *Proceedings of the Seventeenth National Conference on Artificial Intelligence and Twelfth Conference on Innovative Applications of Artificial Intelligence (AAAI)/(IAAI).* Austin, Texas, USA : AAAI Press/The MIT Press, 2000, S. 450–455

[Pan u. a. 2005] PAN, Rong ; DING, Zhongli ; YU, Yang ; PENG, Yun: A Bayesian Network Approach to Ontology Mapping. In: **(Gil u. a., 2005)**, S. 563–577

[Pinto u. Martins 2001] PINTO, Helena S. ; MARTINS, Joao P.: A methodology for ontology integration. In: *Proceedings of the 1st international conference on Knowledge capture(K-CAP '01).* New York, USA : ACM Press, 2001, S. 131–138

[Pirro u. Talia 2007] PIRRO, Giuseppe ; TALIA, Domenico: An approach to Ontology Mapping based on the Lucene search engine library. In: *DEXA '07: Proceedings of the 18th International Conference on Database and Expert Systems Applications (DEXA 2007).* Washington, DC, USA : IEEE Computer Society, 2007, S. 407–411

[Qu u. a. 2006] QU, Yuzhong ; HU, Wei ; CHENG, Gong: Constructing virtual documents for ontology matching. In: *WWW '06: Proceedings of the 15th international conference on World*

Wide Web. New York, NY, USA : ACM, 2006, S. 23–31

[Quillian 1968] QUILLIAN, Ross: Semantic Memory. In: *Semantic Information Processing*. MIT Press, 1968, S. 216–270

[Rahm u. Bernstein 2001] RAHM, Erhard ; BERNSTEIN, Philip A.: A survey of approaches to automatic schema matching. In: *The VLDB Journal* 10 (2001), Nr. 4, S. 334–350. – ISSN 1066–8888

[Rasgado u. Guzman 2006] RASGADO, Alma Delia C. ; GUZMAN, Adolfo A.: A Language and Algorithm for Automatic Merging of Ontologies. In: *CIC '06: Proceedings of the 15th International Conference on Computing*. Washington, DC, USA : IEEE Computer Society, 2006, S. 180–185

[Resnik 1999] RESNIK, Philip: Semantic Similarity in a Taxonomy: An Information-Based Measure and its Application to Problems of Ambiguity in Natural Language. In: *Journal of Artificial Intelligence Research* 11 (1999), S. 95–130

[Robertson u. a. 2005] ROBERTSON, George G. ; CZERWINSKI, Mary P. ; CHURCHILL, John E.: Visualization of mappings between schemas. In: *CHI '05: Proceedings of the SIGCHI conference on Human factors in computing systems*. New York, NY, USA : ACM, 2005, S. 431–439

[Rodríguez u. Egenhofer 2003] RODRÍGUEZ, M. A. ; EGENHOFER, Max J.: Determining Semantic Similarity among Entity Classes from Different Ontologies. In: *IEEE Transactions on Knowledge and Data Engineering* 15 (2003), Nr. 2, S. 442–456. – ISSN 1041–4347

[Salton u. a. 1975] SALTON, G. ; WONG, A. ; YANG, C. S.: A vector space model for automatic indexing. In: *Commun. ACM* 18 (1975), Nr. 11, S. 613–620. – ISSN 0001–0782

[Sarodnick u. Brau 2006] SARODNICK, Florian ; BRAU, Henning: *Methoden der Usability Evaluation: Wissenschaftliche Grundlagen und praktische Anwendung*. 1. Huber, Bern, 2006. – ISBN 3456842007

[Selkow 1977] SELKOW, Stanley M.: The Tree-to-Tree Editing Problem. In: *Inf. Process. Lett.* 6 (1977), Nr. 6, S. 184–186

[Shneiderman 1996] SHNEIDERMAN, Ben: The Eyes Have It: A Task by Data Type Taxonomy for Information Visualizations. In: *VL '96: Proceedings of the 1996 IEEE Symposium on Visual Languages*. Washington, DC, USA : IEEE Computer Society, 1996. – ISBN 0–8186–7508–X, S. 336

[Shvaiko u. Euzenat 2005] SHVAIKO, Pavel ; EUZENAT, Jérôme: A survey of schema-based matching approaches. In: *Journal on Data SemanticsIV* 4 (2005), S. 146–171

[Shvaiko u. a. 2006] SHVAIKO, Pavel (Hrsg.) ; EUZENAT, Jérôme (Hrsg.) ; NOY, Natalya F. (Hrsg.) ; STUCKENSCHMIDT, Heiner (Hrsg.) ; BENJAMINS, V. R. (Hrsg.) ; USCHOLD, Michael (Hrsg.): *Proceedings of the 1st International Workshop on Ontology Matching (OM-2006) Collocated with the 5th International Semantic Web Conference (ISWC-2006), Athens, Georgia, USA, November 5, 2006*. Bd. *225*. CEUR-WS.org, 2006 (CEUR Workshop Proceedings)

[Shvaiko u. a. 2005] SHVAIKO, Pavel ; GIUNCHIGLIA, Fausto ; SILVA, Paulo P. ; MCGUINNESS, Deborah L.: Web Explanations for Semantic Heterogeneity Discovery. In: **(Gómez-Pérez u. Euzenat, 2005)**, S. 303–317

[de Souza u. a. 2003] SOUZA, Kleber X. S. ; SANTOS, Adriana D. ; EVANGELISTA, Silvio R. M.: Visualization of ontologies through hypertrees. In: *CLIHC '03: Proceedings of the Latin American conference on Human-computer interaction*. New York, USA : ACM Press, 2003, S. 251–255

[Staab u. Studer 2004] STAAB, Steffen (Hrsg.) ; STUDER, Rudi (Hrsg.): *Handbook on Ontologies.* Springer, 2004 (International Handbooks on Information Systems). – ISBN 3–540–40834–7

[Stumme u. Maedche 2001] STUMME, G. ; MAEDCHE, A.: FCA-MERGE: Bottom-Up Merging of Ontologies. In: *Proc. of the 17th International Joint Conference on Artificial Intelligence (IJCAI)*, 2001, S. 225–234

[Stumme u. a. 2003] STUMME, Gerd ; EHRIG, Marc ; HANDSCHUH, Siegrfried ; HOTHO, Andreas ; MAEDCHE, Alecander ; MOTIK, Boris ; OBERLE, Daniel ; SCHMITZ, Christoph ; STAAB, Steffen ; STOJANOVIC, Ljiljana ; STOJANOVIC, Nenad ; STUDER, Rudi ; SURE, York ; VOLZ, Raphael ; ZACHARIAS, Valentin: The Karlsruhe View on Ontologies / University of Karlsruhe, Institute AIFB. 2003. – Forschungsbericht

[Stumme u. a. 2000] STUMME, Gerd ; TAOUIL, Rafik ; BASTIDE, Yves ; PASQUIER, Nicolas ; LAKHAL, Lotfi: Fast Computation of Concept Lattices using Data Mining Techniques. In: *Proceedings of the KRDB 2000 international conference on Knowledge Representation Meets Databases* Bd. 29, CEUR, August 2000 (CEUR Proceedings), S. 129–139

[Su u. Gulla 2006] SU, Xiaomeng ; GULLA, Jon A.: An information retrieval approach to ontology mapping. In: *Data Knowl. Eng.* 58 (2006), Nr. 1, S. 47–69

[Sure u. a. 2004] SURE, York ; STAAB, Steffen ; STUDER, Rudi: On-To-Knowledge Methodology (OTKM). In: **(Staab u. Studer, 2004)**, S. 117–132

[Tang u. a. 2006] TANG, Jie ; LI, Juanzi ; LIANG, Bangyong ; HUANG, Xiaotong ; LI, Yi ; WANG, Kehong: Using Bayesian decision for ontology mapping. In: *Web Semant.* 4 (2006), Nr. 4, S. 243–262

[Thomas u. Cook 2006] THOMAS, James J. ; COOK, Kristin A.: A Visual Analytics Agenda. In: *IEEE Comput. Graph. Appl.* 26 (2006), Nr. 1, S. 10–13. – ISSN 0272–1716

[Tukey 1977] TUKEY, J. W.: *Exploratory data analysis.* Addison-Wesley Series in Behavioral Science: Quantitative Methods, Reading, Mass. Addison-Wesley, 1977, 1977

[Tun 2006] TUN, Nwe N.: Semantic enrichment in ontologies for matching. In: *AOW '06: Proceedings of the second Australasian workshop on Advances in ontologies.* Darlinghurst, Australia, Australia : Australian Computer Society, Inc., 2006, S. 91–100

[Tversky 1977] TVERSKY, Amos: Features of Similarity. In: *Psychological Review* Bd. 84, 1977, S. 327–352

[Ukkonen 1992] UKKONEN, E.: Approximate String-Matching with Q-Grams and Maximal Matches. In: *Theoretical Computer Science* 92 (1992), Nr. 1

[Ullrich u. a. 2004] ULLRICH, Mike ; MAIER, Andreas ; ANGELE, Jürgen: *Taxonomie, Thesaurus, Topic Map, Ontologie – ein Vergleich.* 2004 (White Paper)

[Uschold u. King 1995] USCHOLD, M. ; KING, M.: Towards a Methodology for Building Ontologies. In: *Workshop on Basic Ontological Issues in Knowledge Sharing, held in conduction with IJCAI-95*, 1995

[Wang u. a. 1999] WANG, Jason T. L. ; ZHANG, Kaizhong ; CHANG, Chia-Yo: Identifying approximately common substructures in trees based on a restricted edit distance. In: *Inf. Sci.* 121 (1999), Nr. 3-4, S. 367–386. – ISSN 0020–0255

[Wang u. a. 2006] WANG, Junli ; DING, Zhijun ; JIANG, Changjun: GAOM: Genetic Algorithm Based Ontology Matching. In: *APSCC '06: Proceedings of the 2006 IEEE Asia-Pacific Conference on Services Computing.* Washington, DC, USA : IEEE Computer Society, 2006, S. 617–620

[Wu u. Palmer 1994] WU, Zhibiao ; PALMER, Martha: Verbs semantics and lexical selection. In: *Proceedings of the 32nd annual meeting on Association for Computational Linguistics*. Morristown, NJ, USA : Association for Computational Linguistics, 1994, S. 133–138

[York Sure 2006] YORK SURE, Rudi S. Marc Ehrig E. Marc Ehrig: Automatische Wissensintegration mit Ontologien. In: *Workshop Modellierung fuer Wissensmanagement auf der Modellierung*, AT, 2006, S. 131–138

[Zhang u. Shasha 1989] ZHANG, K. ; SHASHA, D.: Simple fast algorithms for the editing distance between trees and related problems. In: *SIAM J. Comput.* 18 (1989), Nr. 6, S. 1245–1262

[Zhang u. a. 1995] ZHANG, Kaizhong ; WANG, Jason ; SHASHA, Dennis ; JIANG, Communicated T.: *On the Editing Distance between Undirected Acyclic Graphs*. 1995

[Zhao u. Halang 2006] ZHAO, Yi ; HALANG, Wolfgang: Rough concept lattice based ontology similarity measure. In: *InfoScale '06: Proceedings of the 1st international conference on Scalable information systems*. New York, NY, USA : ACM, 2006, S. 15

[Ziegler u. a. 2004] ZIEGLER, Jürgen ; ELJERROUDI, Zoulfa ; BÖHM, Carsten ; BEINHAUER, Wolfgang ; BUSCH, Reinhard ; RÄTHER, Christian: Automatische Themenextraktion aus gesprochener Sprache. In: KEIL-SLAWIK, R. (Hrsg.) ; SELKE, H. (Hrsg.) ; SZWILLUS, G. (Hrsg.): *Mensch & Computer 2004: Allgegenwärtige Interaktion in Padarborn*. München : Oldenbourg Verlag, 2004, S. 281–290

[Ziegler u. a. 2005] ZIEGLER, Jürgen ; ELJERROUDI, Zoulfa ; BÖHM, Karsten: Generating semantic contexts from spoken conversation in meetings. In: *IUI '05: Proceedings of the 10th international conference on Intelligent user interfaces*. New York, NY, USA : ACM Press, 2005, S. 290–292

[Ziegler u. a. 2002a] ZIEGLER, Jürgen ; KUNZ, Christoph ; BOTSCH, Veit: Matrix Browser - Visualisierung und Exploration vernetzter Informationsräume. In: **(Herczeg u. Oberquelle, 2002)**

[Ziegler u. a. 2002b] ZIEGLER, Jürgen ; KUNZ, Christoph ; BOTSCH, Veit ; SCHNEEBERGER, Josef: Visualizing and Exploring Large Networked Information Spaces with Matrix Browser. In: *: Information Visualisation, 2002. Proceedings. Sixth International Conference on*, 2002, S. 361–366

[Ziegler u. a. 2006] ZIEGLER, Patrick ; KIEFER, Christoph ; STURM, Christoph ; DITTRICH, Klaus R. ; BERNSTEIN, Abraham: Generic similarity detection in ontologies with the SOQA-SimPack toolkit. In: *SIGMOD '06: Proceedings of the 2006 ACM SIGMOD international conference on Management of data*. New York, USA : ACM, 2006, S. 751–753

Anhang

Aufgabenblatt für die Usability-Tests

Aufgaben für die Usability-Evaluation

Liebe Teilnehmer,

Durch Ihre Mitarbeit an dieser Evaluation helfen Sie uns dabei Probleme und Anregungen für den zu testenden Ontologie-Editor zu finden. Wir bitten Sie ihre Beobachtungen und Anmerkungen während der Durchführung laut zu äußern, um später Änderungen und Verbesserungen des Systems zu ermöglichen.

In den folgenden Teilaufgaben sollen zwei Filmontologien (Film_A und Film_B) miteinander verglichen und hinterher zusammengeführt werden. Die Ontologien wurden von zwei unterschiedlichen Gruppen modelliert, deshalb wurden sie nach unterschiedlichen Gesichtspunkten eingeteilt.

Aufgabe I:

Vergleichen Sie die beiden Ontologien **Film A** und **Film B** miteinander. Finden Sie drei Konzepte die nur in der Ontologie A enthalten sind, jedoch nicht in B.
Bitte beantworten Sie in dem Fragebogen die Fragen zu Aufgabe I

Aufgabe II:

Vergleichen Sie die beiden Ontologien **Film A** und **Film B** miteinander. Finden Sie drei Konzepte die nur in der Ontologie B enthalten sind, jedoch nicht in A.
Bitte beantworten Sie in dem Fragebogen die Fragen zu Aufgabe II

Aufgabe III:

Vergleichen Sie in den beiden Ontologien die Konzepte **Dokumentarfilm** und **Dokumentation** miteinander. Worin unterscheiden sich die beiden Konzepte in den unterschiedlichen Ontologien.
Bitte beantworten Sie in dem Fragebogen die Fragen zu Aufgabe III

Aufgabe IV:

Führen Sie beide Ontologien zusammen, so dass eine neue Ontologie entsteht. Die neue Ontologie soll Konzepte aus beiden Ontologien enthalten und für Sie logisch und sinnvoll sein.
Bitte beantworten Sie in dem Fragebogen die Fragen zu Aufgabe IV

Fragebogen für die Usability-Tests

Fragebogen zur Evaluation eines Ontologie Editors

Datum: ____________________

Teilnehmer-Nr.: ____________________

Liebe Teilnehmer, Liebe Teilnehmerinnen,

wir danken Ihnen für die Teilnahme an der Evaluation. Der folgende Fragebogen wird nur für wissenschaftliche Zwecke im Rahmen dieser Studie verwendet. Ihre Angaben werden vertraulich behandelt und bleiben anonym, ein Rückschluss auf Ihre Person ist nicht möglich.

1. **Wie alt sind Sie?**

   _____ Jahre

2. **Angaben zu ihrem Geschlecht**

   ☐ weiblich ☐ männlich

3. **Ist Ihnen der Umgang mit Ontologien vertraut?**

Ja, sehr	☐	☐	☐	☐	☐	Nein, überhaupt nicht
	1	2	3	4	5	

   Falls Ja, mit welchen Ontologie-Editoren haben Sie bisher gearbeitet?

   ____

   ____

Aufgabe I:

4. Haben Sie das Aufgabenziel erreicht?

☐ **Ja**, bitte Lösung in Stichworten angeben

___

___

___

☐ **Nein**, welche Probleme sind aufgetreten?

___

___

___

5. Ist der Zeitaufwand für das Erreichen des Aufgabenziels angemessen?

Ja, sehr	☐	☐	☐	☐	☐	Nein, überhaupt nicht
	1	2	3	4	5	

6. Sind Sie mit der Unterstützung des Programms zufrieden?

Ja, sehr	☐	☐	☐	☐	☐	Nein, überhaupt nicht
	1	2	3	4	5	

7. Haben Sie weitere Anmerkungen zu dieser Aufgabe?

___

___

___

___

___

Aufgabe II:

8. Haben Sie das Aufgabenziel erreicht?

☐ **Ja**, bitte Lösung in Stichworten angeben

____

____

____

☐ **Nein**, welche Probleme sind aufgetreten?

____

____

____

9. Ist der Zeitaufwand für das Erreichen des Aufgabenziels angemessen?

Ja, sehr	☐	☐	☐	☐	☐	Nein, überhaupt nicht
	1	2	3	4	5	

10. Sind Sie mit der Unterstützung des Programms zufrieden?

Ja, sehr	☐	☐	☐	☐	☐	Nein, überhaupt nicht
	1	2	3	4	5	

11. Haben Sie weitere Anmerkungen zu dieser Aufgabe?

____

____

____

____

____

Aufgabe III:

12. Haben Sie das Aufgabenziel erreicht?

☐ **Ja**, bitte Lösung in Stichworten angeben

____

____

____

☐ **Nein**, welche Probleme sind aufgetreten?

____

____

____

13. Ist der Zeitaufwand für das Erreichen des Aufgabenziels angemessen?

Ja, sehr	☐	☐	☐	☐	☐	Nein, überhaupt nicht
	1	2	3	4	5	

14. Sind Sie mit der Unterstützung des Programmes zufrieden?

Ja, sehr	☐	☐	☐	☐	☐	Nein, überhaupt nicht
	1	2	3	4	5	

15. Haben Sie weitere Anmerkungen zu dieser Aufgabe?

____

____

____

____

____

Ontologie: Film A


```xml
<?xml version="1.0"?>
<rdf:RDF
    xmlns:rdf="http://www.w3.org/1999/02/22-rdf-syntax-ns#"
    xmlns:owl="http://www.w3.org/2002/07/owl#"
    xmlns:xsd="http://www.w3.org/2001/XMLSchema#"
    xmlns="http://www.owl-ontologies.com/Ontology1226499722.owl#"
    xmlns:daml="http://www.daml.org/2001/03/daml+oil#"
    xmlns:rdfs="http://www.w3.org/2000/01/rdf-schema#"
  xml:base="http://www.owl-ontologies.com/Ontology1226499722.owl">
  <owl:Ontology rdf:about=""/>
  <owl:Class rdf:ID="Kurzfilm">
    <rdfs:subClassOf>
      <owl:Class rdf:ID="Film"/>
    </rdfs:subClassOf>
  </owl:Class>
  <owl:Class rdf:ID="Goldene_Palme">
    <rdfs:subClassOf>
      <owl:Class rdf:ID="Awards"/>
    </rdfs:subClassOf>
  </owl:Class>
  <owl:Class rdf:ID="Musikfilm">
    <rdfs:subClassOf>
      <owl:Class rdf:ID="Spielfilm"/>
    </rdfs:subClassOf>
  </owl:Class>
  <owl:Class rdf:ID="Spiele">
    <rdfs:subClassOf>
      <owl:Class rdf:ID="Merchandising"/>
    </rdfs:subClassOf>
  </owl:Class>
  <owl:Class rdf:ID="Fantasy-Film">
    <rdfs:subClassOf>
      <owl:Class rdf:about="#Spielfilm"/>
    </rdfs:subClassOf>
  </owl:Class>
  <owl:Class rdf:ID="Produzent">
    <rdfs:comment rdf:datatype="http://www.w3.org/2001/XMLSchema#string"
    ></rdfs:comment>
    <rdfs:subClassOf>
      <owl:Class rdf:ID="Personen"/>
    </rdfs:subClassOf>
  </owl:Class>
  <owl:Class rdf:ID="Goldener_Bär">
    <rdfs:subClassOf>
      <owl:Class rdf:about="#Awards"/>
    </rdfs:subClassOf>
  </owl:Class>
  <owl:Class rdf:ID="Gangster-Film">
    <rdfs:subClassOf>
      <owl:Class rdf:about="#Spielfilm"/>
    </rdfs:subClassOf>
```

```
</owl:Class>
<owl:Class rdf:ID="Buch_zum_Film">
  <rdfs:subClassOf>
    <owl:Class rdf:about="#Merchandising"/>
  </rdfs:subClassOf>
</owl:Class>
<owl:Class rdf:ID="Filmsoundtrack">
  <rdfs:subClassOf>
    <owl:Class rdf:about="#Merchandising"/>
  </rdfs:subClassOf>
</owl:Class>
<owl:Class rdf:ID="Tragödie">
  <rdfs:subClassOf>
    <owl:Class rdf:about="#Spielfilm"/>
  </rdfs:subClassOf>
</owl:Class>
<owl:Class rdf:ID="Computer-Animations-Film">
  <rdfs:subClassOf>
    <owl:Class rdf:ID="Trickfilm"/>
  </rdfs:subClassOf>
</owl:Class>
<owl:Class rdf:ID="Filmfestival"/>
<owl:Class rdf:ID="Science-Fiction">
  <rdfs:subClassOf>
    <owl:Class rdf:about="#Spielfilm"/>
  </rdfs:subClassOf>
</owl:Class>
<owl:Class rdf:ID="Drama">
  <rdfs:subClassOf>
    <owl:Class rdf:about="#Spielfilm"/>
```

Ontologie: Film B

```
<?xml version="1.0"?>
<rdf:RDF
    xmlns:rdf="http://www.w3.org/1999/02/22-rdf-syntax-ns#"
    xmlns:owl="http://www.w3.org/2002/07/owl#"
    xmlns:xsd="http://www.w3.org/2001/XMLSchema#"
    xmlns="http://www.owl-ontologies.com/Ontology1226499722.owl#"
    xmlns:daml="http://www.daml.org/2001/03/daml+oil#"
    xmlns:rdfs="http://www.w3.org/2000/01/rdf-schema#"
  xml:base="http://www.owl-ontologies.com/Ontology1226499722.owl">
  <owl:Ontology rdf:about=""/>
  <owl:Class rdf:ID="Goldene_Palme">
    <rdfs:comment rdf:datatype="http://www.w3.org/2001/XMLSchema#string"
    ></rdfs:comment>
    <rdfs:subClassOf>
      <owl:Class rdf:ID="Award"/>
    </rdfs:subClassOf>
  </owl:Class>
  <owl:Class rdf:ID="Kosten">
    <rdfs:comment rdf:datatype="http://www.w3.org/2001/XMLSchema#string"
    ></rdfs:comment>
  </owl:Class>
  <owl:Class rdf:ID="Oscar">
    <rdfs:subClassOf>
      <owl:Class rdf:about="#Award"/>
    </rdfs:subClassOf>
    <rdfs:comment rdf:datatype="http://www.w3.org/2001/XMLSchema#string"
    ></rdfs:comment>
  </owl:Class>
  <owl:Class rdf:ID="Film">
    <rdfs:comment rdf:datatype="http://www.w3.org/2001/XMLSchema#string"
    ></rdfs:comment>
  </owl:Class>
  <owl:Class rdf:ID="Sciencefiction">
    <rdfs:comment rdf:datatype="http://www.w3.org/2001/XMLSchema#string"
    ></rdfs:comment>
    <rdfs:subClassOf>
      <owl:Class rdf:ID="Genre"/>
    </rdfs:subClassOf>
  </owl:Class>
  <owl:Class rdf:ID="Regisseur">
    <rdfs:comment rdf:datatype="http://www.w3.org/2001/XMLSchema#string"
    ></rdfs:comment>
    <rdfs:subClassOf>
      <owl:Class rdf:ID="Mitarbeiter"/>
    </rdfs:subClassOf>
  </owl:Class>
  <owl:Class rdf:ID="Medium">
    <rdfs:comment rdf:datatype="http://www.w3.org/2001/XMLSchema#string"
    ></rdfs:comment>
  </owl:Class>
  <owl:Class rdf:ID="Produzent">
```

```
<rdfs:subClassOf>
  <owl:Class rdf:about="#Mitarbeiter"/>
</rdfs:subClassOf>
<rdfs:comment rdf:datatype="http://www.w3.org/2001/XMLSchema#string"
></rdfs:comment>
</owl:Class>
<owl:Class rdf:ID="audio_visulle_Effekte">
  <rdfs:comment rdf:datatype="http://www.w3.org/2001/XMLSchema#string"
  ></rdfs:comment>
  <rdfs:subClassOf>
    <owl:Class rdf:ID="Effekte"/>
  </rdfs:subClassOf>
</owl:Class>
<owl:Class rdf:ID="England">
  <rdfs:comment rdf:datatype="http://www.w3.org/2001/XMLSchema#string"
  ></rdfs:comment>
  <rdfs:subClassOf>
    <owl:Class rdf:ID="Frankreich"/>
  </rdfs:subClassOf>
</owl:Class>
<owl:Class rdf:ID="DVD">
  <rdfs:subClassOf rdf:resource="#Medium"/>
  <rdfs:comment rdf:datatype="http://www.w3.org/2001/XMLSchema#string"
  ></rdfs:comment>
</owl:Class>
<owl:Class rdf:ID="Musik">
  <rdfs:subClassOf>
    <owl:Class rdf:about="#Effekte"/>
  </rdfs:subClassOf>
  <rdfs:comment rdf:datatype="http://www.w3.org/2001/XMLSchema#string"
  ></rdfs:comment>
</owl:Class>
<owl:Class rdf:ID="Darsteller">
  <rdfs:comment rdf:datatype="http://www.w3.org/2001/XMLSchema#string"
  ></rdfs:comment>
  <rdfs:subClassOf>
    <owl:Class rdf:about="#Mitarbeiter"/>
  </rdfs:subClassOf>
</owl:Class>
<owl:Class rdf:ID="Format">
  <rdfs:comment rdf:datatype="http://www.w3.org/2001/XMLSchema#string"
  ></rdfs:comment>
</owl:Class>
<owl:Class rdf:about="#Award">
  <rdfs:comment rdf:datatype="http://www.w3.org/2001/XMLSchema#string"
  ></rdfs:comment>
</owl:Class>
<owl:Class rdf:about="#Frankreich">
  <rdfs:comment rdf:datatype="http://www.w3.org/2001/XMLSchema#string"
  ></rdfs:comment>
  <rdfs:subClassOf>
    <owl:Class rdf:ID="Drehorte"/>
  </rdfs:subClassOf>
</owl:Class>
<owl:Class rdf:ID="Hollywood">
```

```
  <rdfs:comment rdf:datatype="http://www.w3.org/2001/XMLSchema#string"
  ></rdfs:comment>
  <rdfs:subClassOf>
    <owl:Class rdf:ID="Amerika"/>
  </rdfs:subClassOf>
</owl:Class>
<owl:Class rdf:about="#Amerika">
  <rdfs:subClassOf>
    <owl:Class rdf:about="#Drehorte"/>
  </rdfs:subClassOf>
  <rdfs:comment rdf:datatype="http://www.w3.org/2001/XMLSchema#string"
  ></rdfs:comment>
</owl:Class>
<owl:Class rdf:about="#Effekte">
  <rdfs:comment rdf:datatype="http://www.w3.org/2001/XMLSchema#string"
  ></rdfs:comment>
</owl:Class>
<owl:Class rdf:ID="Dolby">
  <rdfs:subClassOf rdf:resource="#Format"/>
  <rdfs:comment rdf:datatype="http://www.w3.org/2001/XMLSchema#string"
  ></rdfs:comment>
</owl:Class>
<owl:Class rdf:ID="Visuelle_Effekte">
  <rdfs:subClassOf rdf:resource="#Effekte"/>
  <rdfs:comment rdf:datatype="http://www.w3.org/2001/XMLSchema#string"
  ></rdfs:comment>
</owl:Class>
<owl:Class rdf:ID="HD">
  <rdfs:subClassOf rdf:resource="#Medium"/>
  <rdfs:comment rdf:datatype="http://www.w3.org/2001/XMLSchema#string"
  ></rdfs:comment>
</owl:Class>
<owl:Class rdf:ID="Asien">
  <rdfs:subClassOf>
    <owl:Class rdf:about="#Drehorte"/>
  </rdfs:subClassOf>
  <rdfs:comment rdf:datatype="http://www.w3.org/2001/XMLSchema#string"
  ></rdfs:comment>
</owl:Class>
<owl:Class rdf:about="#Drehorte">
  <rdfs:comment rdf:datatype="http://www.w3.org/2001/XMLSchema#string"
  ></rdfs:comment>
</owl:Class>
<owl:Class rdf:about="#Genre">
  <rdfs:comment rdf:datatype="http://www.w3.org/2001/XMLSchema#string"
  ></rdfs:comment>
</owl:Class>
<owl:Class rdf:ID="Deutschland">
  <rdfs:subClassOf rdf:resource="#Frankreich"/>
  <rdfs:comment rdf:datatype="http://www.w3.org/2001/XMLSchema#string"
  ></rdfs:comment>
</owl:Class>
<owl:Class rdf:ID="Bambini">
  <rdfs:subClassOf rdf:resource="#Award"/>
  <rdfs:comment rdf:datatype="http://www.w3.org/2001/XMLSchema#string"
```

```
  ></rdfs:comment>
</owl:Class>
<owl:Class rdf:ID="Bollywood">
  <rdfs:comment rdf:datatype="http://www.w3.org/2001/XMLSchema#string"
  ></rdfs:comment>
  <rdfs:subClassOf rdf:resource="#Asien"/>
</owl:Class>
<owl:Class rdf:ID="Komödie">
  <rdfs:subClassOf rdf:resource="#Genre"/>
  <rdfs:comment rdf:datatype="http://www.w3.org/2001/XMLSchema#string"
  ></rdfs:comment>
</owl:Class>
<owl:Class rdf:ID="PAL">
  <rdfs:comment rdf:datatype="http://www.w3.org/2001/XMLSchema#string"
  ></rdfs:comment>
  <rdfs:subClassOf rdf:resource="#Format"/>
</owl:Class>
<owl:Class rdf:ID="Video">
  <rdfs:comment rdf:datatype="http://www.w3.org/2001/XMLSchema#string"
  ></rdfs:comment>
  <rdfs:subClassOf rdf:resource="#Medium"/>
</owl:Class>
<owl:Class rdf:ID="Drehbuchautor">
  <rdfs:comment rdf:datatype="http://www.w3.org/2001/XMLSchema#string"
  ></rdfs:comment>
  <rdfs:subClassOf>
    <owl:Class rdf:about="#Mitarbeiter"/>
  </rdfs:subClassOf>
</owl:Class>
<owl:Class rdf:ID="B_Ray">
  <rdfs:subClassOf rdf:resource="#Medium"/>
  <rdfs:comment rdf:datatype="http://www.w3.org/2001/XMLSchema#string"
  ></rdfs:comment>
</owl:Class>
<owl:Class rdf:about="#Mitarbeiter">
  <rdfs:comment rdf:datatype="http://www.w3.org/2001/XMLSchema#string"
  ></rdfs:comment>
</owl:Class>
<owl:Class rdf:ID="Dokumentation">
  <rdfs:subClassOf rdf:resource="#Genre"/>
  <rdfs:comment rdf:datatype="http://www.w3.org/2001/XMLSchema#string"
  ></rdfs:comment>
</owl:Class>
<owl:ObjectProperty rdf:ID="wird_gedreht_in">
  <rdfs:range rdf:resource="#Drehorte"/>
</owl:ObjectProperty>
<owl:ObjectProperty rdf:ID="wirkt_mit">
  <rdfs:range rdf:resource="#Film"/>
  <rdfs:domain rdf:resource="#Darsteller"/>
</owl:ObjectProperty>
<owl:ObjectProperty rdf:ID="hat">
  <rdfs:domain rdf:resource="#Film"/>
  <rdfs:range rdf:resource="#Effekte"/>
</owl:ObjectProperty>
<owl:ObjectProperty rdf:ID="wirken_mit">
```

```
    <rdfs:range rdf:resource="#Mitarbeiter"/>
    <rdfs:domain rdf:resource="#Film"/>
  </owl:ObjectProperty>
  <owl:ObjectProperty rdf:ID="werden_verursacht_durch">
    <rdfs:domain rdf:resource="#Kosten"/>
    <rdfs:range rdf:resource="#Mitarbeiter"/>
  </owl:ObjectProperty>
  <owl:ObjectProperty rdf:ID="dreht">
    <rdfs:range rdf:resource="#Film"/>
    <rdfs:range rdf:resource="#Drehorte"/>
    <rdfs:domain rdf:resource="#Regisseur"/>
    <rdfs:domain rdf:resource="#Darsteller"/>
  </owl:ObjectProperty>
  <owl:ObjectProperty rdf:ID="gewinnt">
    <rdfs:range rdf:resource="#Award"/>
    <rdfs:domain rdf:resource="#Mitarbeiter"/>
    <rdfs:domain rdf:resource="#Darsteller"/>
    <rdfs:domain rdf:resource="#Film"/>
  </owl:ObjectProperty>
  <owl:ObjectProperty rdf:ID="werden_gedreht_von">
    <rdfs:domain rdf:resource="#Dokumentation"/>
    <rdfs:range rdf:resource="#Regisseur"/>
  </owl:ObjectProperty>
  <owl:ObjectProperty rdf:ID="kommen_vor">
    <rdfs:domain rdf:resource="#Visuelle_Effekte"/>
    <rdfs:range rdf:resource="#Sciencefiction"/>
  </owl:ObjectProperty>
  <owl:ObjectProperty rdf:ID="werden_verliehen">
    <rdfs:domain rdf:resource="#Award"/>
    <rdfs:range rdf:resource="#Mitarbeiter"/>
  </owl:ObjectProperty>
  <owl:ObjectProperty rdf:ID="wird_gedreht_von">
    <rdfs:domain rdf:resource="#Komödie"/>
    <rdfs:range rdf:resource="#Regisseur"/>
  </owl:ObjectProperty>
  <owl:ObjectProperty rdf:ID="archiviert_auf">
    <rdfs:range rdf:resource="#Medium"/>
    <rdfs:domain rdf:resource="#Film"/>
  </owl:ObjectProperty>
  <owl:ObjectProperty rdf:ID="produziert">
    <rdfs:domain rdf:resource="#Produzent"/>
    <rdfs:range rdf:resource="#Film"/>
  </owl:ObjectProperty>
  <owl:ObjectProperty rdf:ID="verursacht">
    <rdfs:domain rdf:resource="#Film"/>
    <rdfs:range rdf:resource="#Kosten"/>
  </owl:ObjectProperty>
</rdf:RDF>
```

Klassenübersicht für die Komponente *User Interface*

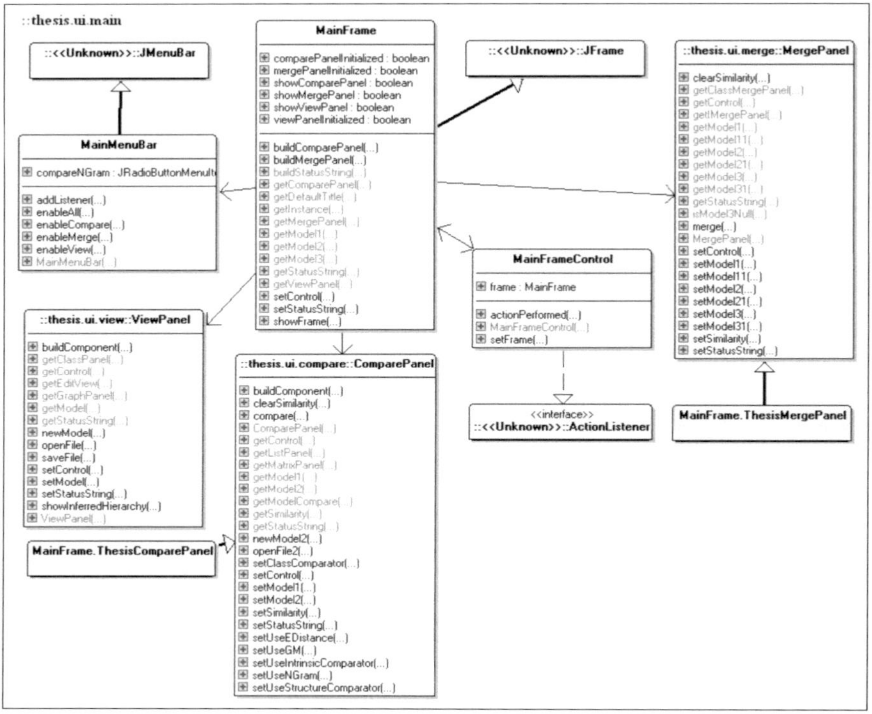

Klassenübersicht für die Komponente *Model*

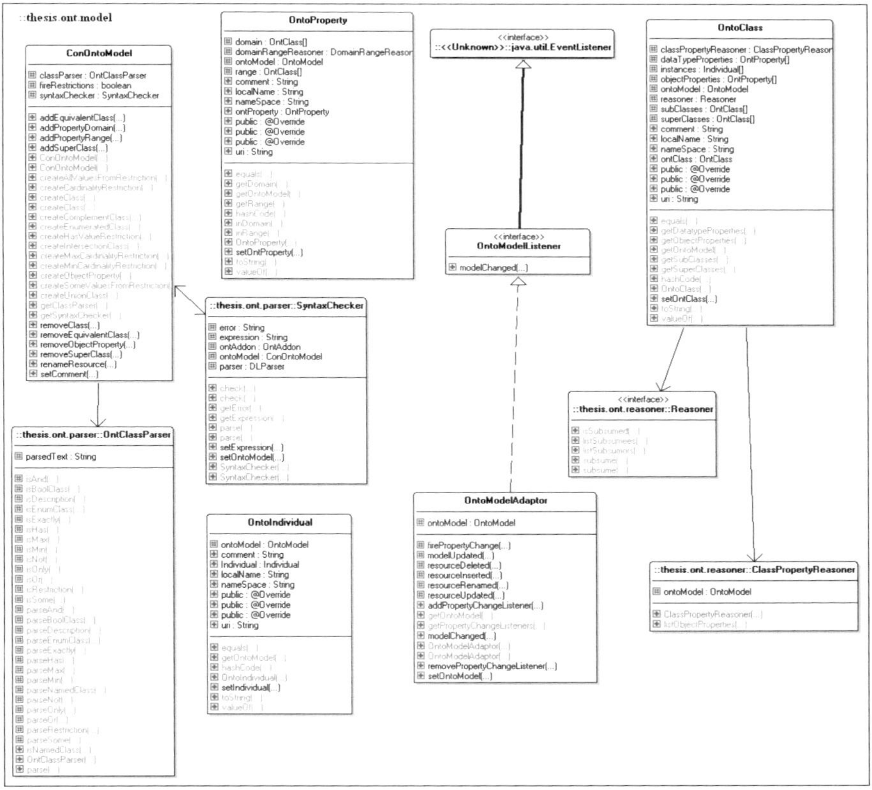

Klassenübersicht für die Komponente *Compare*

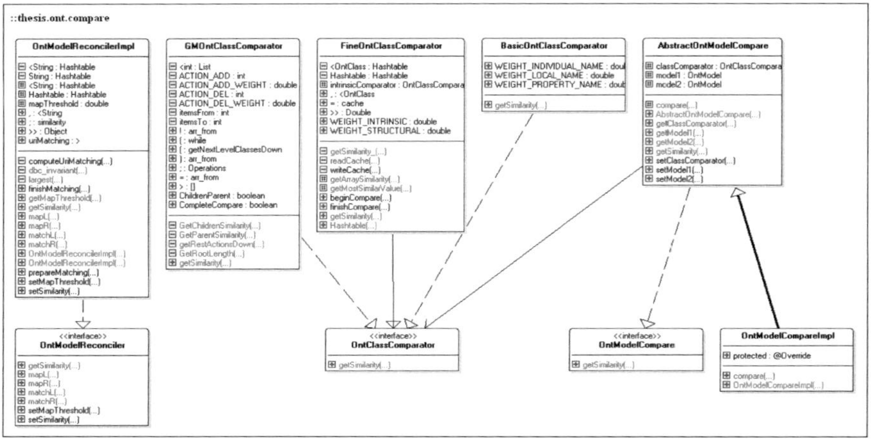

Klassenübersicht für die Komponente *Merge*

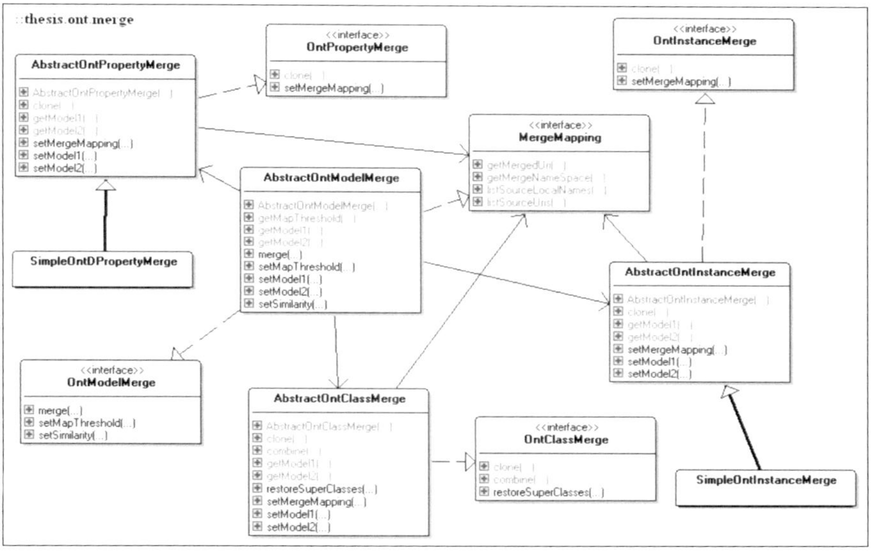

Index